CSR会計への展望

倍 和博 著

東京 森山書店 発行

はしがき

　最近，毎日のようにCSR（企業の社会的責任）に関連した企業スキャンダルがメディアでとり上げられているが，その度に，一体，企業内部で何が起きているのかと考えさせられる。今日，私たちが直面するCSR問題は，企業にとって見過ごすことのできない「リスク」として顕在化しはじめているだけに，その対応によっては企業価値に重大な影響を及ぼす可能性を秘めていることを認識しておく必要があろう。それでは，CSRとはそもそも何を意味しており，企業の経営主体はCSR問題とどのように向き合って，いかなる視点から具体的なアクションを起こせばよいのだろうか。

　CSRにかかわる諸事象は企業経営に携わる人々にこうした問いを投げかけているが，今日のCSRに関する議論を整理する場合には，企業の自律的な内部活動のあり方に注目して，今後，時代や経営環境の変化にどのように対応すべきかをあらためて問い直すことこそが重要と考える。つまり，CSRをめぐる問題への対応策として，企業組織体制の強化が必要不可欠であるという観点に照らすと，企業における内部統制問題と社会的責任にかかわる問題は，別次元の議論ではなく，両者を一体として捉えて企業経営のあり方そのものを見直す時期に差しかかっていると受け止められるからである。こうした捉え方は，例えば，新会社法と金融商品取引法で規定された内部統制システムによる企業のガバナンス体制強化の視点や，マネジメントシステムそのものを見直すべく規格化が決定された国際標準化機構（ISO）における組織の社会的責任に関する国際規格の考え方と軌を一にするものといえる。

　しかし，一連の流れを重く受け止めたとしても，その取組度合や進捗状況などが把握しづらいなどの壁が立ちはだかるために，CSR活動の遂行に向けては，企業の内部的な活動実態を可視化して企業内外のステークホルダーに合理的に説明できるベンチマークが必要となってくる。この視点は，従来のように財務

的な側面だけでなく，ステークホルダー全般にその対象範囲を拡張し，長期的な視点からより適正かつ社会的意義のある企業評価の実践が求められていることとも符合する。これらの内容を踏まえると，CSR活動を会計的手法によって可視化する「CSR会計」の意義は，企業の自律的かつ健全な事業活動を促進させ，経済社会が地球環境や人間社会全体と調和しながら持続的に発展するための社会的インフラとしての役割を担う点にあることが明らかとなる。

　上記の問題意識に基づき，本書ではCSR会計モデル確立のために企業の果たすべき社会的責任をステークホルダーとの関係から明らかにして，CSRを経営戦略の中に取り込んだ企業活動の成果を測定・開示する会計モデルの理論的枠組みを提示している。すなわち，本書の狙いは，会計情報をつくり出す企業組織のあり方に着目することにより，CSRリスクマネジメントの会計学という視点に立脚してCSR会計の現在を見渡し，将来の方向性を明らかにする点にある。

　本書は，私の博士学位論文をもとに，一部内容を書きあらためて，書籍としてまとめたものであるが，そのベースとなる考え方は，2004年7月に麗澤大学企業倫理研究センター（R-bec）から公表された「R-BEC004：CSR会計ガイドライン」と，その改訂版である「R-BEC007」（2007年12月）に示されている。本研究成果の多くの部分はR-becや日本経済新聞社のプロジェクトをはじめとするさまざまな研究活動の場で多くの方々にご指導とご鞭撻を賜った成果であるといっても過言ではない。しかし，本書で示したCSR会計モデルは，著者個人の見解に基づく私論であり，まだまだ多くの研究の余地を残している。いうまでもなく，本書の内容等の過不足，錯誤，その他の誤りはすべて私の勉強不足によるものであり，先学諸先生ならびに読者諸賢のご批判とご叱正を得て，残された研究をさらに続けていく所存である。

　なお，本書をまとめるにあたっては多くの方々からご指導を賜った。紙幅の関係上，そのすべてのご厚誼を書き記すことは到底できないものの，一部ではあるがここに感謝のことばを述べさせていただきたい。

　まず，麗澤大学に着任した際に本研究テーマの原点となる考え方や多くの

ヒントを与えてくださった工藤秀幸先生（麗澤大学名誉教授），研究上の示唆やご助力を賜るとともに，学位論文の主査も務めていただいた髙巖先生（麗澤大学）の親身なご指導をぬきに，論文博士として学位論文を完成させることはできなかったであろう。両先生には，私が「CSRや企業倫理にかかわる諸事象を，会計学はどのように受け止め，どのように表現すべきか」という難題に頭を悩ませているときに，いつも暖かいご指導と励ましのおことばを頂戴した。この場を借りて，両先生のご鴻恩に心より深くお礼を申し上げたい。

大学院在学中より長年にわたり緊密なご指導を通じて著者の理論形成に多大な影響を与えられた今福愛志先生（日本大学）には，衷心よりお礼を申し上げなければならない。先生にはご多忙中にもかかわらず本書の草稿に貴重なご意見とご助言を賜った。浅学菲才ながらもどうにかここに本書をまとめることができたのは，ひとえに日頃より賜っている先生のご指導と叱咤激励によるものである。まだまだ研究の道半ばではあるが，本書によって少しでも先生のご恩に報いることができたとすれば幸いである。同じく，学部在学中より公私にわたってさまざまな面でご指導ご鞭撻を賜っている松井敬先生（獨協大学）に心より感謝の意を表したい。先生は，要を得ない私を辛抱強く親身にご指導くださり，研究者の道へと導いていただいた。先生に出逢わなければ，今日の私はなかったであろう。

現在，私が奉職している麗澤大学の高辻秀興先生（国際経済学部長）をはじめとする諸先生方には，日頃より多大なご尽力とご指導を賜っている。本書に先立つ学位論文の提出及び審査の過程では，佐藤正則先生（麗澤大学副学長）と小野宏哉先生（国際経済研究科長）に並々ならぬご尽力をいただいた。一人一人お名前をあげることはできないが，麗澤大学の先生方には日々多くの示唆とご助言をいただいている。私が自由な雰囲気の中で研究・教育活動を継続できているのは先生方のご寛恕のお陰である。諸先生方のご指導とご高配に，この場を借りて厚くお礼を申し上げたい。

学会や研究会においても，多くの諸先生にお世話になっている。島田達巳（摂南大学），立川丈夫（横浜商科大学），野々山隆幸（横浜市立大学），原田保（多摩

大学），田中建二（明治大学），村田直樹（日本大学），亀川雅人（立教大学），松井泰則（立教大学），椛田龍三（大分大学），古庄修（日本大学），永見尊（慶應義塾大学），浅井重和（宮崎産業経営大学），坂本眞一郎（宮城大学），秋本敏男（東洋大学），岩田智（岩手県立大学宮古短期大学部），筧正治（日本大学）の諸先生には，いつも示唆に富む研究の手がかりを与えていただき，極めて多くのことを学ばせていただいた。多くの諸先生のご高恩に感謝の意をお伝え申し上げたい。

その他，多くの同輩，後輩の諸兄にもご協力をいただいた。とくに，吉田健一郎氏（R-bec研究員）と山賀康弘氏（横浜市立大学大学院博士課程）には，文献資料の収集やデータの整理等で大変お世話になった。ここに謹んで謝意を表する次第である。なお，本書をまとめるにあたって参考・引用文献として活用させていただいた著者の方々にも紙上をもって重ねて感謝とお礼を申し上げたい。また，本書の出版を快くお引き受けくださり，企画段階から編集に至るまでご尽力をいただいた森山書店代表取締役社長・菅田直文氏ならびに取締役編集部長・土屋貞敏氏，そして出版のご苦労をおかけした関係者の方々に深甚の謝意を表したい。

本書の出版につながった一連の研究については，平成19年度麗澤大学企業倫理研究センタープロジェクト研究費及び財団法人北野生涯教育振興会・平成19年度生涯教育助成の交付を受けた。本書は，これら研究費補助金による研究成果の一部である。本書の刊行にあたっては，学校法人廣池学園廣池学事振興基金麗澤大学図書出版助成金の支給を受けている。記して，謝意を表したい。

最後になったが，これまで私の研究活動を陰ながら見守ってくれた父三郎と母美代子，そして妻有希子，長男啓介，次男亮輔に感謝の気持ちを込めて本書を捧げたい。

2008年4月

倍　和博

目　次

はしがき ……………………………………………………………… i

序　章
1　本書の課題 ……………………………………………………… 1
2　本書の目的と視点 ……………………………………………… 2
3　本書の位置づけ ………………………………………………… 3
4　本書の構成 ……………………………………………………… 5

第1章　CSR会計の理論的基礎とその背景
1　はじめに ………………………………………………………… 7
2　CSR問題の特性と会計学へのインパクト ………………… 7
　(1) CSR問題の特性／7
　(2) CSR会計の目的とCSRの定量化／9
3　企業と社会をめぐる会計学 …………………………………… 12
　(1) 企業社会会計論の諸相／13
　(2) シグマ・ガイドラインにおける
　　　「サステナビリティ会計」の体系／21
　(3) 環境会計ガイドラインにおける
　　　「コスト」と「効果」の捉え方／27
4　CSR会計の分析視角 ………………………………………… 33
　(1) CSR会計展開の方向性／33
　(2) CSR会計の検討対象／35
　(3) 財務報告プロセスとCSR会計／38
5　おわりに ………………………………………………………… 41

第2章　CSR会計の基本問題

1　はじめに …………………………………………………………… 47
2　CSR会計の直面する課題 ………………………………………… 48
　(1) CSRリスクマネジメントと会計／48
　(2) CSRの内部統制問題／50
3　CSR会計の展開 …………………………………………………… 57
　(1) CSR会計の定義／57
　(2) CSR問題の会計フレームワーク／59
4　CSR会計の基本機能 ……………………………………………… 62
　(1) 報　告　機　能／63
　(2) 管　理　機　能／64
5　お わ り に ……………………………………………………… 66

第3章　CSR会計フレームワークのデザイン

1　はじめに …………………………………………………………… 69
2　CSR関連コストの範囲をめぐる識別・測定問題 ……………… 70
　(1) CSR関連コストの概念と範囲／70
　(2) CSR関連コスト内部化のプロセス／72
　(3) 内部CSR会計システムにおける識別と測定／74
3　CSR会計情報の利用者とCSR会計の基本領域 ………………… 76
　(1) CSR会計情報の利用者と情報要求／76
　(2) CSR会計の基本領域と対象となる範囲／78
4　CSR会計の一般的要件 …………………………………………… 81
　(1) 前提条件：CSR会計で記載すべき情報は何か／81
　(2) CSR会計の要件：留意すべき情報の重要原則は何か／82
5　お わ り に ……………………………………………………… 85

第4章　CSR会計計算書の体系と構成要素

1　は じ め に ……………………………………………………………… 89
2　客観的な「評価規準」の策定問題 ……………………………………… 89
　（1）CSR会計計算書の体系／ 89
　（2）CSR会計の実行プロセス／ 95
3　CSR会計計算書の構成要素 …………………………………………… 96
　（1）CSR会計計算書の意義と役割／ 96
　（2）CSR活動計算書の構成／ 98
　（3）損益計算書との統合計算書／ 104
　（4）ステークホルダー別分配計算書の構成／ 106
4　CSR会計計算書作成の基本事項 …………………………………… 109
　（1）対 象 期 間／ 110
　（2）集 計 範 囲／ 110
　（3）集 計 項 目／ 110
　（4）CSR会計計算書の基本様式／ 111
5　CSR会計情報と財務諸表との連携 ………………………………… 118
6　お わ り に …………………………………………………………… 123

第5章　CSR会計の導入・運用プロセス

1　は じ め に …………………………………………………………… 127
2　CSR会計をめぐる情報フローの再編成 …………………………… 127
　（1）会計情報フロー再編成の視点／ 128
　（2）CSR会計データの識別・測定の意義／ 129
3　マネジメントシステムとCSR会計の統合 ………………………… 131
4　CSR会計システムの導入と運用 …………………………………… 133
　（1）データ連携／ 135
　（2）データ集計／ 136
　（3）データの分析と評価／ 142

(4) データの開示／143
　5　お わ り に……………………………………………………………144

第6章　CSR会計情報の諸類型と開示をめぐる問題
　1　は じ め に……………………………………………………………147
　2　CSR報告書におけるCSR会計情報の類型化 …………………147
　　(1) 付加価値分配型／149
　　(2) CSR関連コスト主体型／182
　　(3) CSR関連効果対比型／189
　　(4) 総合的CSR関連効果対比型／199
　3　CSR会計をめぐる開示情報の検証………………………………206
　　(1) CSR会計の現状と課題／206
　　(2) CSR活動をめぐる「効果」の検討／208
　4　補足情報としてのCSR会計情報の位置づけ …………………210
　5　お わ り に……………………………………………………………214

第7章　総括と展望
　1　本書の要約と結論…………………………………………………221
　　(1) 本書の要約／221
　　(2) 結　論／226
　2　展　望………………………………………………………………228
　　(1) CSRリスクによる資産構造の変質への対応／228
　　(2) CSR会計による企業情報の質的改善／231

参 考 文 献…………………………………………………………………235

索　　　引…………………………………………………………………245

序　章

1．本書の課題

　近年，著しい社会経済環境の変化に伴い，わが国の企業はCSR（Corporate Social Responsibility：企業の社会的責任）問題をはじめとするさまざまな新しい事象に直面している。とりわけ，CSRにかかわる諸問題によって露呈した各種の事業リスクは，企業価値に重大な影響を及ぼす可能性を秘めており，株主や消費者をはじめとするステークホルダー（利害関係者）にとって見過ごすことのできない重大な関心事となっている。

　こうした状況を反映して，企業の持続可能性（sustainability）にかかわる重大なリスク情報を開示するケースが次第に増えているが，事業活動に内在するCSRリスクの存在を明らかにするとともに，その発生を未然に防ぐ仕組みを組織内にいかにして整えるかが，持続的な発展を目指す企業に求められる一つの姿であることは確かなようである。

　上記の視点に加え，会計不正問題などの企業不祥事が相次ぐ中で，コーポレート・ガバナンスを支える重要な仕組みとして「内部統制」の重要性が喚起されている。内部統制をめぐる議論はグローバルな潮流となっているが，度重なる会計スキャンダルを受けて制定された米国の「企業改革法」（Sarbanes-Oxley Act of 2002：以下，「SOX法」と略記する）が契機となり，わが国でも会社法と金融商品取引法が一定規模以上の企業に対して内部統制システムの構築を義務づけたことが注目を集めた要因といえよう。この内部統制という規制の背後には，CSRをはじめとする諸事象に直面する企業が，コーポレート・ガバナンスの強化を通じて事業活動に内在する各種リスクの合理的な管理体制を整えることで，企

業不祥事を未然に防ぐとともに証券市場の健全化を図るという狙いがある。

内部統制によるコーポレート・ガバナンス強化の視点を踏まえてあらためてCSR問題と向き合うと，今日のCSRに関する議論の論拠が，企業の果たすべき「責任」という視点から，CSRリスクの軽減を含めた「戦略」あるいは「マネジメント」へと移行していることが伺える。したがって，企業価値に重大な影響を及ぼす恐れのあるCSRリスクをいかにして低減させればよいのか，そのために必要な企業の組織変革をどのように実践するのか，というCSRを企業活動全体の中にとり込むための企業戦略の策定と仕組みづくりが，社会と企業の持続的発展にとって重要な意味をもつ。こうした観点に照らすと，会計学においてCSR問題をどう考えるべきなのか，より具体的には，どのようにすればCSRにかかわる諸事象を明示的に会計にとり込むことができるかが，CSR定量化における主要な課題といえよう。

CSR定量化の問題は，上記の社会的要請に基づくものであり，著者が進めていた研究と企業の社会的責任経営度指標の開発にかかわる産学協同研究を重ねて，「CSR会計」[1]として現在に至っている。本書の課題は，このような成果にさらなる検討を加えて，CSR会計をどのような視点から再構成していくか，その展望を示す点にある。

以上のような視点から本書をまとめると，以下のようになる。

2. 本書の目的と視点

これまで議論を重ねてきた企業の社会的側面に関する識別・測定問題では，社会的責任の概念そのものが明らかでなく，また識別と測定の対象が確定していない点—社会における企業の存在をマクロ的に捉えようとしたために，企業が及ぼす影響を受け手である社会の側から識別・測定しようと試みた—に限界があったといわれている。これは，企業の社会的側面にかかわる諸事象が，従来の会計学の枠組みにおいて外生的要因（事業活動と直接的な関連がない）の展開の結果として扱われてきたことに主な要因がある。さらに，かつての社会

責任論は企業利益と対立的な構図にあったために，相対的な位置関係を確定できなかった点にも問題があったといえよう。これに対して，今日のCSRに関する議論は，企業が果たすべき社会的責任の概念を，企業組織と社会の健全な成長を通じて明確化することにより，市場からも高く評価されるという前提に立っている。

　これらの議論を踏まえると，企業の社会的側面を重視したCSR経営を推進するには，企業組織の改編に向けたCSRリスク軽減への積極的な取組みが最も優先されるべき課題であるといってよい。そして，CSRリスクをコントロールするために会計に求められる対応は，組織内におけるCSR問題をめぐる会計情報フローの仕組みを再編成する点にあり，そのためには，経営の主体による一連の会計行為のどの局面を問題対象とすべきかを明らかにしなければならない。CSRにかかわる諸事象が従来の企業会計のフレームワークに対してどのような変化を促す契機となっているかは，会計情報をつくり出す企業組織のあり方を検討しなければ，その方向性が見えてこないからだ。

　したがって，CSRにかかわる会計問題もまた，CSRを企業価値に重大な影響を及ぼすリスクと認識し，CSRにかかわる諸問題を会計学の観点から捉え直してその意義を明らかにする，という流れで問題に接近しなければならない。

　上記の視点に基づく本書の目的は，今日，なぜCSR会計が必要とされるのかという問いに対する答えを探り，従来の企業会計フレームワークにCSR会計をどのように位置づけて定量化モデルを設計し運用すべきか，CSR会計理論形成の道程を明示する点にある。

3. 本書の位置づけ

　企業がCSRにかかわる新たな事象に直面した場合，企業の社会的側面も事業活動の一部を構成するという共通認識を醸成しながら企業組織の改編を実践すれば，取り組むべきCSR活動の全体像も次第に明らかとなるはずであり，そうした経営主体の取組みを会計学の対象領域として認識すべきことにもつな

がる。

　わが国では，1960年代後半から70年代にかけて企業の社会的責任論が注目を集め，社会的業績の定量化―すなわち，企業の社会的側面を会計学の対象領域と捉えて識別・測定問題に接近する「企業社会会計論」が展開された。その後，環境保全活動の高まりに伴って環境的側面にかかわる定量化の枠組みとして「環境会計」が実践にとり入れられたが，社会的側面全般にかかわる議論はいまだ理論的検討の余地が残されている。

　CSR問題をこのように捉えると，一連の諸事象から生じるリスクを適切にコントロールして低減させるには，情報をつくり出す企業組織のあり方―CSRリスクマネジメント体制―の再検討から課題の解決に取り組むべきであり，そのためにはまず先行研究の理論的枠組みを会計学的見地から検討し直して，CSR会計研究の位置づけを明確にする必要がある。

　上記の視点は，会計情報の利用者の情報に対する要請の変化とも深いかかわりがある部分であり，企業活動の映し方を主題とする企業会計に対してフレームワークの再構成を迫っていると受け止められる。これらの観点に照らすと，CSRにかかわる会計問題の考察においては，CSR問題をめぐるコーポレート・ガバナンスや内部統制などの組織を取り巻く環境と会計学による企業活動の映し方との関係に焦点を合わせて，組織内におけるCSR会計情報フローの仕組みを再編成することが，議論の出発点と位置づけられよう。

　本書では，こうした問題意識のもとに，報告すべき会計情報をつくり出す組織のマネジメントのあり方に着目して，CSR問題が従来の企業会計のフレームワークにどのようなインパクトを与えるのか，またCSR会計システムからアウトプットされる情報はいかなる形で開示すべきか，財務報告のあり方という財務会計の基本問題に関連させたCSR会計フレームワーク形成のプロセスを洞察する。

4. 本書の構成

　本書は七つの章から構成されるが，その中心的な課題は，CSRリスクのコントロールをめぐる会計情報フローの仕組みのあり方をさまざまな側面から再検討し，従来の会計情報との相互関係を意識しながらCSR会計フレームワーク形成のプロセスを明示する点にある。

　本書の内容は，次のような構成になっている。

　第一に，本書の理論的な基盤として，CSRにかかわる会計問題の基本的な視点と社会的業績の定量評価に関する先行研究の整理と評価により，CSR会計研究と既存の研究領域との相違点を浮き彫りにして検証すべき課題を明らかにする。すなわち，企業の経営主体にとってCSR問題を企業価値に重大な影響を及ぼすリスクとして認識すること，また会計の外生的要因の展開の結果であるとされてきたCSRにかかわる諸事象を，内生的要因として捉える論理を明らかにすること。上記の点を踏まえると，報告すべき会計情報をつくり出す組織のマネジメントのあり方が問題であること（第1章）。

　第二に，これらの検証課題に照らして，CSR問題が従来の企業会計のフレームワークにどのようなインパクトを与えるのか，また内部統制問題を含むCSRリスクマネジメントをめぐる会計処理をどのように展開すべきか，という観点からCSR会計フレームワークのあり方を検証する。そうした前提に立って，CSR関連コストの会計的な「識別」と「測定」の枠組みを模索していく（第2章，第3章）。

　第三に，CSR会計システムからアウトプットされる情報は，いかなる形で集計・整理して「開示」すべきか，またCSR会計システムをどのような流れで導入し運用すべきかという点を，財務報告を含むディスクロージャーのあり方との関連から明らかにする（第4章，第5章）。さらに，CSR報告書等の媒体を通じてCSR会計情報の開示を行う先進企業の動向を類型化するとともに，CSRに関するディスクロージャー媒体のネットワーク化を視野に入れながら

CSR会計の今後の課題を検討する(第6章)。

　第四に,企業組織内における会計情報フローの仕組みの再編成を通じた,CSR会計への展望に関する本書の総括を行うとともに,財務会計を新たな糸口からみる可能性を模索する(第7章)。

　CSRにかかわる会計問題の主題は,企業がステークホルダーに対して果たすべき経済的責任と社会的責任との均衡に重点を置きながら,企業の社会的責任に関する諸要素を企業会計のフレームワークにとり込んでCSR定量評価の枠組みを形成する点にある。本書では,かかるCSR概念を中核とする会計を「CSR会計」と表している。したがって,CSR会計は,企業の社会的責任を基礎とした新たな会計の枠組みの設計と構築を目指している点で,会計理論の基礎研究と位置づけられよう。

　このように,CSR会計研究は,従来言及されてきた会計目的である利害調整目的を,現代のグローバル化した資本市場の変化に対応させて組み替えるキーコンセプトとして捉え,もう一つの会計目的である情報提供目的との統合を図って新たな会計理論の構築を企図している。さらに,こうした捉え方が今後のわが国における「CSR会計」の形成に影響を及ぼすという前提のもとに,CSR会計形成の枠組みを構築するという目的もある。

　以上の構成により,本書は会計情報をつくり出す企業組織のあり方に着目するとともに,CSRリスクマネジメントの会計学という視点に立脚してCSR会計の現在を見渡し,将来の方向を明らかにするものである。

注

(1) CSR会計の基本フレームについては,次の文献を参照のこと。拙著『CSR会計を導入する』日本規格協会,2005年及び拙稿「リスクマネジメントをめぐるCSR会計の体系化:CSR活動の『認識』『測定』問題を中心として」『経営会計研究』第5号,2005年,29-45頁。

第1章 | CSR 会計の理論的基礎とその背景

1. はじめに

　近年，CSRが経済学，経営学，法学などの広い領域において重要なコンセプトとして議論されはじめているが，会計学の分野においては，以前から企業の社会的責任をキーコンセプトとして位置づけながら会計フレームワークの再構成を試みてきたという経緯がある。

　会計学の分野では，1960年代後半から70年代にかけて企業社会責任論は議論され，社会的業績の定量化―すなわち，企業の社会的側面を会計学の対象領域と捉えて識別・測定問題に接近する試みがなされた。その意味において，本書の研究対象である「CSR会計」は決して時流に対応したものではなく，会計学にとって「古くて新しい問題」と受け止めるべきであろう。

　本章では，上記の基本認識に基づき，CSR会計に関する理論研究の位置づけを明確にすべく，まずCSR問題の特性とCSR定量化の目的を会計学的見地から検証し，その上で企業社会会計論等の先行研究の理論的枠組みについて洞察する。そして，既存の研究成果の整理と評価を踏まえて，CSR会計への展望を考える際にどのような観点から問題にアプローチすべきか，CSR会計研究において検証すべき課題と分析視角を明らかにしていきたい。

2. CSR問題の特性と会計学へのインパクト

(1) CSR問題の特性

　昨今，会計不正問題や食品不正表示，インサイダー取引疑惑などの企業不祥

事が相次いで表面化したことは，企業の経営主体にとってCSR問題が企業価値に重大な影響を及ぼす「リスク」であると認識する契機となった。企業経営に携わる関係者は，どのような仕組みでこうしたCSR問題に関連するリスクを洗い出せばよいのか，さらにはCSRリスクを回避するにはいかなる社内体制の整備が必要なのか模索しはじめている。

こうした状況を受けて，経済産業省は2004年9月に，CSRを取り巻く現状や基本的な考え方，CSR活動を効果的に進めるための方策などをとりまとめた「企業の社会的責任（CSR）に関する懇談会　中間報告書」を公表した。同報告書では，企業の信頼性を高める取組みで最も重要なものとして，「ステークホルダー（利害関係者；引用者注）との対話」「情報開示」「説明責任（アカウンタビリティ；引用者注）」「ステークホルダーによる評価」[1]を掲げ，今後のCSRへの取組みの方向性を示している。

最近の企業不祥事で明らかになった事実は，不利益情報の隠蔽が企業にとって非常に大きなリスクとなっていること，さらにこれらのCSRリスク（評判リスクや気候変動リスクなどを含む）を軽減させるか,未然に防止しなければ，社会からの信頼を損ないかねないという点である。これらのリスクを回避するには，ステークホルダーとのコミュニケーション活動を通じて積極的にCSR活動に取り組み，適切な情報の開示によってアカウンタビリティを果たす，というCSR問題と真正面から向き合う姿勢が強く求められる。

現在，CSRが具体的にどのような取組みや活動を意味するのかという点については，必ずしも確立された定義は存在しないが，国内外でCSRに関する議論は次第に熱を帯びてきている。例えば，2004年6月にストックホルムで開催されたISO（国際標準化機構）の組織の社会的責任（SR）[2]規格化に関する国際会議において，「ガイダンスを提供する国際規格」の作成が正式決定され，2009年にはガイダンス規格として発行される見込みである。また，日本でも，「企業社会責任規格を作成する場合，どのような規格が望ましいのか」という具体的な内容を独自の視点から検討する必要性が認識されはじめており，国際的な規格化などの動きと呼応して徐々にCSRに関する共通認識が形成されつ

つある。

　このように，企業に重大な影響を及ぼす「リスク」としての特性を有するCSR問題（外生的要因の展開と扱われてきた事象）を，会計的な手法によって識別・測定して評価する場合，これらの事象を企業の内生的要因の展開の結果と捉えて新たな企業会計のフレームワークを展開しなければ，CSR活動の進展状況や成果を正確に把握することは難しい。したがって，これまで外生的要因と受け止められてきたCSRをめぐる会計問題をあらためて問い直すには，各経営主体の会計行為の連鎖をひとつのまとまった「財務報告プロセス」[3]と捉えて，それら一連のプロセスの中でCSRにかかわる諸事象をいかにして企業会計のフレームワークにとり込むかという理論的検討が求められる。

　さらに，CSR活動に対する企業内外のステークホルダーの理解や協力を得ながらCSRを企業活動全体の中に統合するには，組織内のCSR推進に向けた有用な取組みに関する情報を，従来の会計情報と関連づけながら可視化する仕組みが必要となる。つまり，企業が自らの価値観に基づいてどのようにCSRを認識していかなる方法によってリスクに対応していくのか，すなわち，CSRリスクの内部統制のあり方を会計的にどう表現できるかが，CSR定量化問題に取り組む際の重要なポイントとなるからである。

(2) CSR会計の目的とCSRの定量化

　CSRの問題が会計（制度）に及ぼすインパクトを明らかにするには，まず会計の概念と目的を整理することからとり掛かる必要がある。

　会計とは，「情報を提供された者が適切な判断と合理的な意思決定を行うことができるように，経営主体の経済活動及びこれに関連する諸事象を一定のルールに従って認識・測定し，その結果としての情報を定期的に伝達することによって受託責任を明らかにする行為」と定義される[4]。

　つまり，会計はルール（会計原則や会計諸基準）に支配された行為であり，ルールに基づいた実践によってその行為の意味が理解され，将来の行動をコントロールできる。したがって，会計のルールを遵守することにより，企業をめぐ

る各種ステークホルダーの利害が適正に調整され,利益は保護されるのである。

　しかし,経済や社会環境が変化すると,会計の概念も社会の変化や成長とともにたえず変化・成長していく。現実の会計諸問題を解くことができないような事態に直面したときには,現実認識に即した観点から方法を考察して定義や理論を作りかえるか修正しなければならない。CSR定量化の問題は,まさにこうした従来の会計（制度）に対する変化を促していると受け止めることができよう。

　CSR定量化の目的は,CSR活動を貨幣的尺度で識別・測定する会計処理の枠組みを企業組織内部に確立するとともに,各種ステークホルダーとのコミュニケーション手段としてCSR情報を開示する点にあり,この目的を達成するには次の課題を克服しなければならない。

　第一に,CSRの対象とする分野は,国別,企業別,あるいは主体別に価値観や考え方が異なるため,CSR定量化の手法について考える場合には,多様な価値観をいかなる方法によって統一化して会計システムに反映させるかという点が重要なカギを握る。この点については,まずCSRに関する基本情報の有用性を考慮し,「価値観の相違を乗り越えた基本的な部分」で内容の統一性を求めるべきと考えている。なぜなら,異なる価値観ごとに会計が存在したのでは,企業はもとよりステークホルダーにとっても情報の有用性は期待できないからである。したがって,CSR定量化の枠組みを設計するに際しては,多くのCSR活動に共通して見られる基本的な部分に絞って対象範囲の設定を行う必要がある（図1.1を参照）。

　このような対象の絞り込みを通じて,より多くの企業が使いやすくなるだけでなく,基本部分の統一化が進むとCSRそのものの推進と比較考量が行いやすいというメリットが享受できる。さらに,CSRの進展に伴って出てくる新たな領域が追加できるなど,CSR経営を推進するための有用なツールとしてその機能と役割を果たすことも十分期待できるであろう。

　第二に,企業活動の内生的要因（経済的フローと社内ストック）を対象とする従来の財務会計が,企業の経済活動のすべての部分に対する影響をどう捉え

2. CSR 問題の特性と会計学へのインパクト　11

図 1.1　CSR 定量化のプロセス

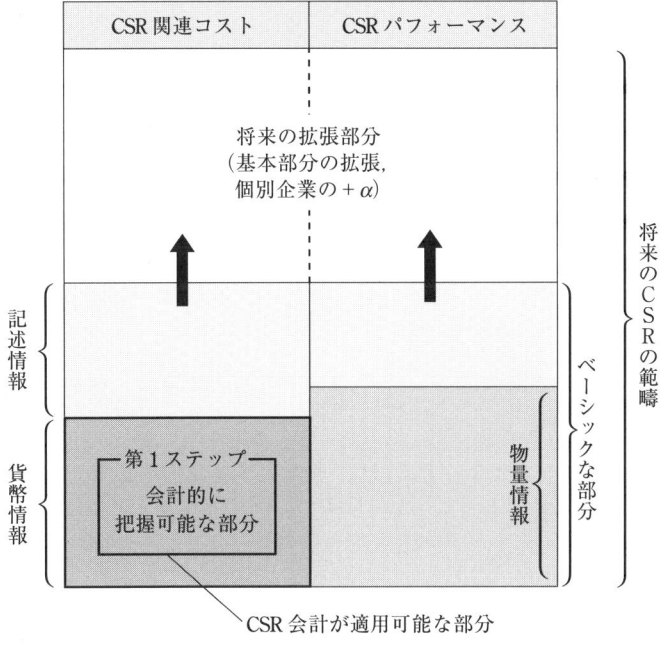

出典：倍和博，末吉竹二郎「会計手法による CSR 業績評価：R-BEC004『CSR 会計』モデルについて」『証券アナリストジャーナル』Vol. 42 No. 9, 2004 年，62 頁に加筆・修正を加えて本図を作成。

るか，すなわち外生的要因（事業活動と直接的な関連がない部分）である CSR 問題をリスクとして受け止めた場合，財務報告プロセスのあり方と CSR リスクのマネジメントをどのように内部統制していくかが，CSR 定量化問題に取り組む際の主要な論点となる。

　この点については，企業本来の姿を忠実に描写することが会計の役割であるという観点に立ち，CSR にかかわる諸事象を会計の内生的要因として識別・測定の対象に含めてそのあり方を検討しなければならない。これまで事業活動と直接関係がないと受け止められてきた CSR 活動に伴って生じるコストを把握して評価することは，潜在的な費用や利益に関する情報を提供する契機となるだけでなく，こうした情報の開示こそが，企業がアカウンタビリティを果た

す上で重要な取組みと考えられるからである。

　ここまでの内容を整理すると，本書で扱うCSR定量化問題は，CSRにかかわる諸事象を財務報告プロセスにとり込んで定量評価の枠組みを形成し，これまで影に隠れていた部分を貨幣データによる表現によって明らかにする点に中心的な課題があることが理解できよう。したがって，本書では，CSRリスクマネジメントの内部統制と財務報告プロセスのあり方をめぐる問題が密接不可分の関係にあるという考えに基づき，CSRの問題が企業会計のフレームワークにどのようなインパクトを与えるのかという課題を，CSRマネジメントシステム（CSR活動に関連するPDCAサイクルを活用した仕組みを指す：以下，「CSRMS」と略記する）に依拠した会計フレームワークの形成プロセスの検証を通じて明らかにしていきたい。

　すでに本書のベースとなる考え方は，麗澤大学企業倫理研究センター（R-bec）からCSR活動の定量化を目的とする「R-BEC004：CSR会計ガイドライン」とその改訂版である「R-BEC007」として公表されている。その後，各方面から頂いた有益なコメントを参考にしながら，より精緻化した枠組み作りを目指してCSR会計理論の体系化に取り組んでいる。

　以上のように，本書は，現代の企業が直面するCSR問題に着目しながら，R-BEC004とR-BEC007の考え方をさらに発展させて，企業のCSRへの取組みや活動内容を定量的に識別・測定・評価する枠組みとしてのCSR会計フレームワーク設計と構築にかかわる基本的な考え方，そして今後の課題と方向性について，理論的な側面と実務の動向を踏まえながら明示する点にその使命がある。

3. 企業と社会をめぐる会計学

　上記の理論的基盤に関する考察によって会計学に重大なインパクトを及ぼすCSR問題の特性を明らかにしたが，次にこの点を踏まえて，会計学においてCSRにかかわる問題をどう考えるべきなのか，すなわち，CSR活動のインパ

クトを企業会計のフレームワークにおいてどのような方法で把握すればよいか，その考え方を明らかにしておく必要がある。CSR問題との関連から会計理論的考察を行う際のヒントとして，これまで議論されてきた企業と社会をめぐる企業社会会計論の動向と，近年，本書と同様の視点から企業の社会的側面に関する定量化手法を提唱する英国シグマ・プロジェクトの「サステナビリティ会計」，及びわが国の環境省から公表されている「環境会計ガイドライン」の基本的な考え方を参照しながら検討を加えておきたい。

(1) 企業社会会計論の諸相

　これまでの企業の社会的側面に関する識別・測定問題では，社会的責任の概念そのものが明らかでなく，また識別と測定の対象が確定していない点—社会における企業の存在をマクロ的に捉えようとしたために，企業が及ぼす影響を受け手である社会の側から識別・測定しようとしたこと—に会計学的考察の限界があったといわれている[5]。すなわち，これまで議論されてきた企業社会会計論は，「いかに企業が社会に貢献しているか，自らの負担においていかに社会福祉に寄与しているかを，『ディスクロージャーの拡張』の名のもとに金銭的見地から明らかにしていく手段の一つとして位置づけられてきた。」という経緯がある[6]。

　以上の指摘を踏まえて，企業の社会的側面を会計学の対象領域と捉えた社会的業績の定量化（企業社会会計論）への接近法，すなわち，企業の社会的責任をめぐる代表的な先行研究の内容を整理すると，下記のように大別できる[7]。

① 社会原価概念からのアプローチ
② 社会監査概念からのアプローチ
③ 付加価値概念からのアプローチ

　ここでは，先行研究としての企業社会会計論とCSR会計の基本的な考え方にどのような差異があるのか，また，なぜ今日，CSR会計のフレームワークが必要とされるのか，企業社会会計論生成の背景とその基盤に関する整理と評価を通じて，CSR会計研究の位置づけを明らかにしていきたい。

具体的には，会計理論の立場から先行研究の理論的な特質を明らかにし，それらが現行の企業会計のフレームワークに投げかける問いに対する答えを，会計情報をつくり出す企業組織のあり方に着目した CSR 会計の考え方に即して考察する。

そして，このような流れにしたがい，企業の存在をマクロ的に捉える企業社会会計論との対比を通して，情報利用者に提供される会計情報が企業組織においてどのように作成され，補正・報告されるのかという企業活動の映し方にフォーカスした CSR 会計への分析視角を探る手掛かりとしたい。

① **社会原価概念からのアプローチ**

企業社会会計論研究の端緒となった Kapp[8] と Michalski[9] は，1950 年代に経済学で使用された「社会原価 (social cost)」概念の存在に着目して，企業の社会的費用に関する内部化論を提案した。彼らは，企業が行う行為によって生じる地域社会に及ぼす影響を，社会的費用という観点から「企業家の支出の中には算入されず，第三者または社会全体に転化されかつそれらによって負担される」ものと定義して社会の側からマクロ的に捉えようとした点に最大の特徴がある。これらの見解は，従来の会計学の枠組みでは会計の規範理論を構築する現実的かつ道徳的，あるいは記述的な基礎を提供できないという観点から展開されたものと推察されるが，「個別企業の活動が社会にどの程度の純便益（または純損失）をもたらしたかという点を，擬制的な経済計算を用いて開示するスタイル」[10] を採用してその枠組みを提示している。

さらに，社会原価概念研究を会計学的見地からより深化させ，社会的コストとベネフィットの内部化のプロセスを，現行の財務会計モデルを拡張した社会的インパクトの識別・測定モデルとして実証したのが，Estes[11]である。Estes モデルで注目すべきは，報告されるコストやベネフィットは，企業にとってだけではなく，社会にとっての損失やベネフィットを反映する点にある。

現行の財務会計では，社会のために用意された製品やサービスのベネフィットは収益という形で表示され，コストはエンティティの支出に基づいて識別・測定されるが，Estes はこうした個々のエンティティの社会に対するコストや

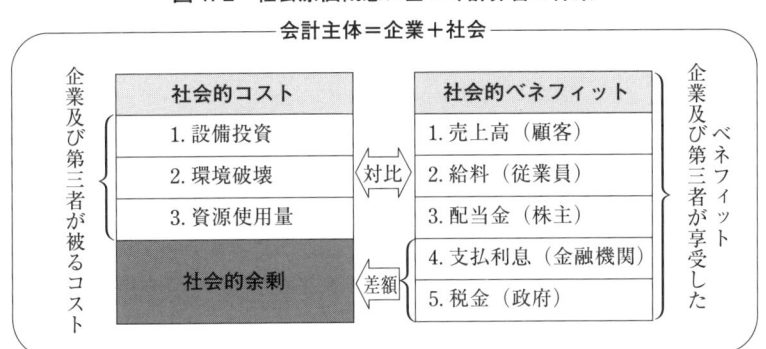

図1.2 社会原価概念に基づく計算書の体系

ベネフィットを対象とするのではなく，実際に社会が受け取った価値ないしは効用を「社会的ベネフィット」として識別・測定するとともに，「社会的コスト」についても社会にとっての損傷を全部反映するとして，エンティティが支払ったものに限定していない（図1.2を参照）[12]。

　従来の会計理論では，「企業」を会計行為の主体と位置づけるために，消費者としての従業員の個人的な活動など二次的ないしは間接的な効果を含む活動はその対象から除かれてきたが，Estes は社会のそれぞれの要素が生み出した間接的影響も会計情報に反映させる点に特徴を有する[13]。これら社会原価概念に基づく定量化モデルのコアを形成する考え方は，CSR 会計理論を展開する際の「報告エンティティ」の問題，すなわち「会計主体」をどう捉えるかという会計理論上の基本問題とも密接に関連している。

　こうした「社会原価」概念を基礎とする先行研究は，会計上の識別・測定に際して，会計行為の主体を企業だけでなく社会という視点も加味して企業と社会との対立関係として捉える点で，伝統的な会計理論と一線を画している。

　本書では，CSR 定量化問題に取り組むにあたり，社会的責任の主体はあくまでも企業であり，CSR リスクマネジメントをめぐる自律的かつ横断的な企業組織の再編プロセスと会計学との接点からフレームワークの設計を試みるが，この視点こそが今日の CSR 問題，つまり，「戦略」あるいは「マネジメン

ト」へと論拠が変化する社会的責任論を踏まえた，CSR 会計理論形成の根幹をなすと考えている。つまり，企業社会会計論では企業組織内部の問題を取り扱うのではなく，企業の外側から企業が社会に及ぼすインパクトの識別と測定を対象とするという理論的基盤が確立されているのに対して，CSR 会計は，企業の立場から会計実務の基礎にある原則を実践的かつ帰納的に一般化する方法によって説明的会計理論を展開してその枠組みの形成を試みる点に，両者の基本的思考の違いがある。

② **社会監査概念からのアプローチ**

「社会責任」「社会活動」「社会業績」「社会費用及び社会便益」を中心概念とする，企業の社会的諸活動の性格や程度の認識を企図した「社会監査（corporate social audit）」概念も企業社会会計論の範疇に含まれる[14]。

Steiner によれば，「社会監査」には「政府によって要請されるもの」と「企業によって自発的に企てられた諸プログラムに関するもの」があり，後者には次の五つのアプローチが存在すると指摘している[15]。

「①社会的プログラムに対してなされた支出額を識別したり，企業が行った社会活動を定性的な言葉で述べる方法

②人的資産の評価

③社会的な理由のために企業が自発的に従事している諸活動のコストとその効果を測定するプログラム・マネジメント・アプローチ

④企業が主要な社会的プログラムのもとに行動している項目，あるいは積極的な意味での社会的期待をもっている社会領域の中で企業が行動していない項目を目録にするインベントリー・アプローチ

⑤企業が社会に貢献した価値（資産）の定量化と企業が行動を起こしたため，あるいは行動を起こさなかったために社会に負担させた損害（負債）の定量化を試みるバランスシート・アプローチ」

代表的な社会監査の実践例には，上記⑤に該当する Abt[16] と Bauer & Fenn[17] の先行研究がある。Abt は，企業の社会的貢献度を認識して監査することを「社会監査」と位置づけ，自らが経営するコンサルティング会社において，1971

3. 企業と社会をめぐる会計学　17

図1.3　Abt社の社会的・財務的貸借対照表と社会的・財務的損益計算書の体系

社会的・財務的貸借対照表

社会的資源の「供給者」

社会的資産		社会的負債	
スタッフ	×××	スタッフ	×××
組　織	×××	組　織	×××
一般大衆・コミュニティ	×××	一般大衆・コミュニティ	×××
株　主	×××	株　主	×××
総資産	×××	総負債	×××

社会的資源の「利用者」

社会的・財務的損益計算書

社会的資源の「供給者」

社会的ベネフィット		社会的コスト	
会社/株主	×××	会社/株主	×××
スタッフ	×××	スタッフ	×××
顧客/一般大衆	×××	顧客/一般大衆	×××
コミュニティ	×××	コミュニティ	×××
ベネフィット合計	×××	コスト合計	×××

社会的資源の「利用者」

社会的純利益

会社/株主	利益合計（ベネフィット－コスト）	×××
スタッフ	利益合計（ベネフィット－コスト）	×××
顧客/一般大衆	利益合計（ベネフィット－コスト）	×××
コミュニティ	利益合計（ベネフィット－コスト）	×××

出典：Abt Associates Inc., *1976 Annual Report + Social Audit*, 1976（山形休司『社会責任会計論』同文舘，1977年，214-219頁）及び Abt, Clark C., *The Social Audits for Management*, New York, 1977 をもとに著者が作成。

年から企業が社会に貢献した価値（資産）と企業行動によって社会に負担させた損害（負債）の定量化を実践し，「社会的・財務的貸借対照表」と「社会的・

財務的損益計算書」という形で情報を収集・整理して年次報告書に含めて開示している（図1.3を参照）。一方，Bauer & Fenn は，社会的インパクトを有する企業の諸活動の重要かつ限定し得る領域に関して体系的に評価し報告を行う「プロセス監査」を提案している。

　これらの社会監査を実施する目的は，①経営管理者の社会的意思決定のツールとして，経済的意思決定との均衡と，②外部利害関係者の社会的利益の擁護との均衡を図る点にあるといえるが，「これらの目的においては，『社会的』と『経済的』との関係をトレード・オフ関係として把握するか，制約関係として把握するかが重要な問題」と位置づけられる[18]。この点に加えて，上記の体系で展開された社会監査は，それを企業内部の意思決定のための監査と捉えるのか，それとも外部のステークホルダーの利害調整のための監査と考えるか，さらには財務諸表監査との関係をどう考えるかなど多くの課題を抱えており，今日に至るまで全体的な概念規定（手法）において一致した見解をみていない。

　さらに，このアプローチは非市場的要因を企業の立場から恣意的に市場化した「みなし計算」を行う点に特徴があるが，①の社会原価概念と同様に，こうした考え方に基づくアプローチは公益と私益との区別をあいまいにする恐れがある点を指摘しておきたい[19]。

③　付加価値概念からのアプローチ

　企業の社会的責任論に注目が集まる中で，企業内外のステークホルダーに対する付加価値の分配情報を提供する必要性が喚起され，「付加価値計算書」による情報開示が提案された。そもそも「付加価値」という概念は，さまざまな場における組織の諸活動によって創造された価値を示すが，初期の段階では，事業業績と労使関係を明らかにする際の経営管理ツールとして，労働者に対する対価の支払いを決定する際に用いられていた。

　付加価値計算書による情報開示のきっかけとなったのが，1975年に英国会計基準起草委員会（Accounting Standards Steering Committee：以下，「ASSC」と略記する）から公表された「コーポレート・レポート」（The Corporate Report）である[20]。同レポートでは，社会問題を会計情報として公表する必要性を訴えて六つの計

図1.4 付加価値概念に基づく付加価値計算書の体系

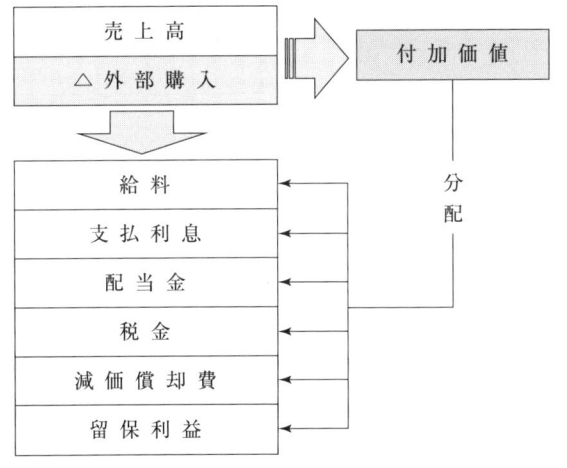

算書の開示を提案しており，その最も重要な計算書として，企業の成果である利益が，従業員，株主，国家の間でどのように分配されるかを示す付加価値計算書を位置づけている[21]。

付加価値計算書を作成するにあたり，Morley[22]は，付加価値の分配に着目して，従来の企業会計から得られる会計情報を，企業内外のステークホルダーごとに財務会計モデルの勘定科目にしたがって振り分ける具体的な提案を行っている（図1.4及び表1.1を参照）。

ASSCやMorleyが提唱する付加価値計算書は，経験的かつ帰納的な会計理論に基づいて提案されたものであり，アカウンタビリティを遂行するための手段として，株主をはじめとするステークホルダーに対して，付加価値概念によって企業との関わりを明瞭に示すとともに，ステークホルダー間の利害調整を試みた点に特徴がある。Morleyが提唱した付加価値概念に基づく付加価値計算書は，表1.1の通りである。

例えば，従来の損益計算書に計上される費用額は，企業の損益計算を重視する古典的・真実利益アプローチに立脚した収益費用中心観に基づき[23]，収益に対するマイナス項目と捉えている。しかし，付加価値概念に基づくアプロー

表 1.1 Morley の付加価値計算書

	£	£
売上高		370
外部購入材料・用役		180
分配・留保に役立つ（粗）付加価値		£190
以下のように充当		
労働者		100
資本の提供者		
利　　子	10	
配　　当	12	22
政　　府		30
資産の維持・拡大		
減価償却費	20	
留保利益	18	
		38
（粗）付加価値		£190

出典：Morley, M. F., *The Value Added Statement : A Review of its Use in Corporate Reports*, The Institute of Chartered Accountants of Scotland, 1978（伊藤俊雄訳『付加価値計算書：コーポレート・レポートの利用についての一考察』中部日本教育文化会，1985 年，5 頁）．

チでは，こうした支出を単に企業活動に伴って生じたコストとして捉えるのではなく，そのような価値分配プロセスを通じて企業の持続的発展に貢献するという考えに立脚して，組織の諸活動によって創造した付加価値（経済価値）の分配と位置づけるのである。つまり，付加価値概念を用いて個別企業と社会経済との接点を探るとともに，企業の生産と分配の結節点であることに着目して企業の個別的性格と社会的性格との統合を試みたわけである。

　これらの特徴を有する付加価値計算書は，財務会計と付加価値概念との結節

点を探ることにより，付加価値の分配という会計の新領域の定立には成功したものの，企業活動の成果としての付加価値の生成過程を具体的に表現するには至らなかったために，多様なステークホルダーの情報ニーズには必ずしも応えられてはいない。付加価値会計のこうした問題点を指摘したものに，Hopwood & Miller[24]がある。

　この点について，後述するCSR会計のフレームワークでは，会計理論構造の階層的な把握，すなわち，内部CSR会計システムからアウトプットされるデータを集計・整理する「CSR活動計算書」によって企業活動の成果としての経済価値の生成過程を表現するという課題に取り組み，その上でステークホルダーに対するアカウンタビリィティ遂行の手段として，またステークホルダー間の利害調整を図る目的から「ステークホルダー別分配計算書」を作成して経済価値の分配状況を明らかにする。

　以上のように，CSR会計は，従来言及されてきた会計目的である利害調整目的を，現代のグローバル化した資本市場の変化に対応させて組み替えるキーコンセプトとして捉え，もう一つの会計目的である情報提供目的との統合を図って新たな会計理論の構築を目指す点で，先行研究としての社会原価概念や付加価値概念に基づく企業社会会計論とは異なるアプローチを採用している。したがって，こうした捉え方が今後のわが国における「CSR会計」の形成に影響を及ぼすという前提のもとに，CSR定量化モデル形成の理論的枠組みを設計すべきと考える。

(2) シグマ・ガイドラインにおける「サステナビリティ会計」の体系

　英国のシグマ・プロジェクトは，企業社会の持続可能な発展を実行に移すために，持続可能な発展に関する経営管理とその原則として「シグマ・ガイドライン（SIGMA Guidelines）：実践者のガイド」を2003年9月に公表した[25]。シグマ・ガイドラインの特徴を要約すると，マネジメントシステム全体でシグマ原則（五つの資本；自然資本，人的資本，社会的資本，製造物資本，財務資本）との整合を求めるとともに，その維持と増進を図る点にある。

このシグマ・ガイドラインのツールキットとして紹介されているのが,「サステナビリティ会計」と呼ばれるCSR定量化の手法である[26]。サステナビリティ会計は,組織にとってより持続可能な形で事業活動を遂行するための有効なツールとして,さらに財務報告において重要な役割を果たすために,従来の財務会計をどのように拡張すれば組織レベルで持続可能性の影響を会計上認識できるか,という点にフォーカスして定量化モデルを検討している。同プロジェクトは,この手法にはまだ研究の余地は残っていると指摘しながらも,ケーススタディとその見直しを通じて,「持続可能性」というこれまでとは異なる角度からの情報提供を目指す新たな会計測定モデルの構築に取り組んでいる。

サステナビリティ会計を実践することの意義は,「企業の環境,社会,経済活動のパフォーマンスを改善するために,それぞれの活動を貨幣額で分析し,その結果によって判断する」点にある。こうした貨幣データを用いて表現するアプローチを,「……(中略)……『サステナビリティ財務会計』であり,よ

図1.5 サステナビリティ会計の三次元図

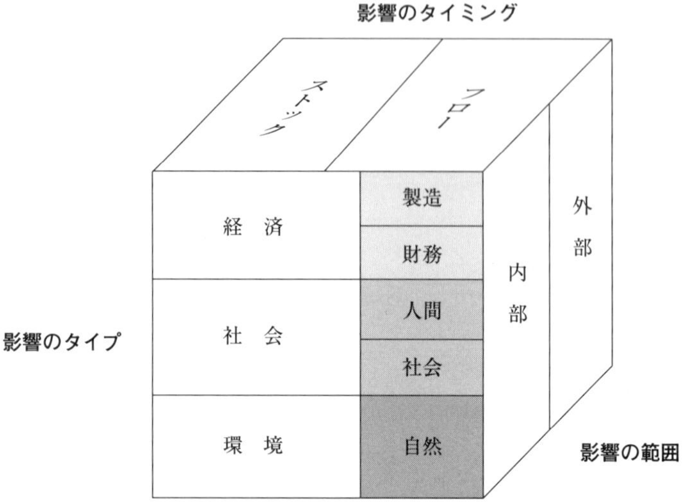

影響のタイミング／ストック／フロー

影響のタイプ：経済／社会／環境

影響の範囲：外部／内部（製造／財務／人間／社会／自然）

出典：The SIGMA Project, *THE SIGMA Guidelines-Toolkit : Sustainability Accounting Guide*, The SIGMA Project, September 2003, p. 11 に加筆・修正を加えて本図を作成。

り広範な情報を提供する『サステナビリティ・レポーティング』とは区別する」として，レポーティングシステムの対象範囲と明確に分けて内容を検討している。

サステナビリティ会計は，「影響のタイミング」「影響の範囲」「影響のタイプ」という三つの異なる特質を有する会計情報を提供することに主眼を置く会計モデルであるが，シグマ原則である五つの資本を，トリプルボトムライン（「経済」「社会」「環境」）と対応させて，図1.5のような形で類型化する点に特色がある[27]。

ここで強調しておきたいのは，従来の財務会計は，貸借対照表と損益計算書のそれぞれにおける社内ストックと経済的なフロー（わずかながら社会・環境的な影響）だけを対象として展開されてきたが，サステナビリティ会計では以下に示すように，経済，社会，環境のすべてを対象とする点である[28]。

- 内生的な要因を対象とする従来の会計を分解することにより，経済，社会，環境のパフォーマンスに関連する費用と効果を明らかにする。
- 外生的要因の展開として扱われてきた経済，社会，環境の影響（インパクト）を，貨幣価値で検討できるように会計の境界線を拡張する。

また，財務会計からサステナビリティ会計への移行について，次のような手法によって主要な計算書の調整・拡張を試みている。

- 持続可能性に関連した費用と効果が，ボトムラインにどのようにして直接的な影響を与えるか，という点を明らかにするために損益計算書を更新する。
- 伝統的に会計にはとり入れられてこなかった経済，社会，環境に関連する外生的な費用と効果を網羅するために，損益計算書を拡張する。
- 組織に関する資産（ブランド，人的資源，または持続可能性に関係する評判などのインタンジブル資産を含む）と隠れた負債（持続可能性リスクと関連のある負債を含む）をすべて会計の範囲にとり入れて，貸借対照表を拡張する。

以上のように，サステナビリティ会計では，CSRリスクが企業価値に及ぼ

す影響について,「持続可能性」をキー概念として,フローの面からだけでなく,組織における資産と負債の拡張というストックの面も含めて会計フレームワークの再構成に挑戦している。

サステナビリティ会計は,CSRを企業活動全体の中に統合して捉えるために,企業の財務的側面では識別されていない価値,すなわちCSRリスクのマネジメントのあり方や無形資産の会計問題を含めた新たな角度からアプローチすることが,今後のCSRにかかわる会計の展開を考える上で重要であるとの示唆を与えている点において,大変有益かつ参考となる。

しかし,現実には,サステナビリティ会計と財務会計との連携についてほとんど言及されておらず,経済,社会,環境にかかわる諸活動の結果をどのようにして識別し,いかにしてそれらの活動の分析と評価につなげるかという点は説明されていない。また,サステナビリティ会計は,費用対効果の枠組みによって計算書を作成しているが,社会・環境にかかわるコストをどのような視点から類型化しているのか,さらには,ベネフィットについても内部効果（saving

表1.2 経済付加価値計算

	ステークホルダー	付加価値	金額
1	顧　客	製品供給のために企業から受け取った現金	×××××
2	供給業者	購入された用品やサービスのための企業外の現金支払い	×××××
3	企業付加価値	＝ (1) － (2)	×××××
4	従業員	従業員への給料の合計（賃金と報酬を含む）	×××××
5	コミュニティ	企業の社会に対する投資	×××××
6	公的機関	規定された料金と税金の支払い；交付金と奨励金	×××××
7	投資者	借入金の利子の支払い＋配当金の支払い	×××××
8	収　支	組織に残った金額 ＝ (1－2) － (4 ＋ 5 ＋ 6 ＋ 7)	×××××
9	合　計	＝ (4 ＋ 5 ＋ 6 ＋ 7 ＋ 8)	×××××

出典：The SIGMA Project, *Ibid.*, p. 43 に基づいて作成。

表1.3 見積環境財務諸表

	項　　目	金　額
1	環境コスト 営業費 人件費（環境経営に割り当てられた人件費の配分）	××××× ×××××
2	供給業者：環境に関連する経営コスト	×××××
3	規制：EA（環境局）と地方自治体の税金；廃棄物管理許可；埋め立てゴミ処理税；気候変動課税	×××××
4	その他：環境団体への貢献を含む	×××××
5	設備投資－減価償却 エンドオブパイプ 統合設備投資	××××× ××××× ×××××
	環境コストの合計	×××××
6	環境ベネフィット 収益の発生（例） 廃棄物の再生利用による収益 環境価格プレミアムによる付加的な収益 環境の評判により発生した付加的なビジネス	××××× ××××× ××××× ×××××
7	コストの削減（例） 削減された廃棄物処理コスト エネルギー節約による削減 包装コスト削減	××××× ××××× ×××××
8	規制コストの回避（例） 埋め立てゴミ処理税の削減 気候変動課税の削減 罰金・科料の回避	××××× ××××× ×××××
9	助成金・交付金の受け取り（例） エネルギー効率の良い装置による基本的支出控除の増加	×××××
	環境ベネフィットの合計	×××××
	純額　環境コスト/ベネフィット	×××××

出典：The SIGMA Project, *Ibid.*, p. 44 に基づいて作成。

表 1.4　見積社会財務諸表

	項　　目	金　額
1	社会的コスト 営業費 人件費（社会的に関連する活動に割り当てられた人件費の配分；社員教育研修；他の社員の福祉給付）	××××× ××××× ××××× ×××××
2	供給業者：社会的に関連する営業費（例えば，製品や供給業者についての社会・倫理規格の付加的コスト）	×××××
3	規制：社会的に関連する税金や，法令違反による罰金や科料を含む（例えば，国民保険負担金；安全衛生に関する罰金）	×××××
4	コミュニティ：コミュニティ活動への貢献 （助成金；物資による貢献）	×××××
5	設備投資－減価償却 社会的に関連する投資（例えば，安全衛生；社員の福祉と厚生施設）	××××× ×××××
	社会的コストの合計	×××××
6	社会的ベネフィット 収益の発生（例） 社会的・倫理的価格プレミアムによる付加的な収益 社会的・倫理的な評判により発生した付加的なビジネス	××××× ××××× ×××××
7	コストの削減（例） 低い社員の離職率によるコスト削減 改善された安全衛生記録による保険料の削減 増加した社員の生産性とやる気	××××× ××××× ×××××
8	規制コストの削減（例） 回避した罰金・科料	×××××
9	助成金・交付金の受け取り（例） 賞の授与（もしお金が受け取れるなら） 障害者アクセスのための助成金	××××× ×××××
	社会的ベネフィットの合計	×××××
	純額　社会的コスト/ベネフィット	×××××

出典：The SIGMA Project, *Ibid.*, p. 45 に基づいて作成。

cost) を中心に内容が構成され，最終的にコストとベネフィットの純額を求める流れになっているが，この純額には一体どのような意味が含まれているのかという点についても何ら触れられていない。

同会計モデルが内包するこれらの課題を踏まえると，CSR活動を企業戦略として事業活動に組み込むには，CSRへの取組状況を財務諸表と関連づけながら適時・適切に把握するための定量的な評価規準が必要不可欠といえるが，情報利用者に対して有用な会計情報を提供するためのCSR定量評価モデル設計の難しさはこうした点にあるともいえる。したがって，定量化された情報をどのような形で分析・評価するかは，その数値化された情報の解釈が難しいだけに，情報の受け手にとって理解可能な形での定量化実践に向けた識別・測定規準の定立が求められることになる。

それでは，参考資料として表1.2から表1.4に，サステナビリティ会計が提案した企業の経済的側面を貨幣的な尺度で表現する「経済付加価値計算」と，環境・社会的側面にかかわる「見積環境財務諸表」及び「見積社会財務諸表」を例示しておきたい。

(3) 環境会計ガイドラインにおける「コスト」と「効果」の捉え方

CSR活動にかかわる財務的なインパクトの識別・測定に関する具体的な検討に入る前に，理論的かつ実務の動向も視野に入れた議論を積み重ね，すでに枠組みが確立されつつあるわが国の『環境会計ガイドライン』をとり上げて，環境会計における「コスト」と「効果」の関係と考え方を検証しておきたい。

環境会計とは，「企業等が環境保全への取組を効率的かつ効果的に推進していくことを目的に，事業活動における環境保全のためのコストとその活動により得られた効果を認識し，可能な限り定量的（貨幣単位又は物量単位）に測定し伝達する仕組み」を意味しており，企業の環境情報システムの一環としての内部機能と投資家等への開示目的の外部機能を有する会計のフレームワークとして展開されている。

環境省は，環境会計への取組みを支援するためのツールとして環境会計ガイ

ドラインを 2000 年 3 月に策定し，2003 年 3 月には改訂版を公表している。しかし，その後，わが国においても環境会計を導入する企業が増加している点を考慮して，実務の動向や国内外の動向を踏まえた改訂を行う必要があるとの判断に基づき，2004 年 3 月に公表された「環境会計の現状と課題」と題する報告書において，①環境保全コストの整理，②環境保全効果の整理，③環境会計の数値を用いた環境効率性指標などの検討課題が指摘された。

　これらの検討課題を受けて，同省は 2004 年 11 月 22 日に『環境会計ガイドライン 2005 年版（公開草案）』を公表している。公開草案では，環境保全コストや環境保全効果の整理のほかに，実務上，環境会計の集計範囲を企業集団とするケースが増加している点から，連結環境会計の集計方法等の考え方を整理して「連結環境会計」の考え方を提示している。

　それでは，同ガイドラインで示された環境会計における「コスト」と「効果」の概要を見ていくことにしよう。ガイドラインが取り扱う環境会計は，「企業等の活動を貨幣単位で表現した財務パフォーマンスの部分である環境保全コスト及び環境保全対策に伴う経済効果と，物量単位で表現した環境パフォーマンスの部分である環境保全効果とを体系的に認識・測定・伝達する仕組み」と定義されている[29]。このように，環境会計は環境保全活動を定量的に捉える仕組みであるとした上で，貨幣単位あるいは物量単位の情報のほかに，定量的な情報を補う定性的情報も含まれると説明している。この点については，構成要素ごとに定量的情報と定性的情報を整理して，情報の範囲を表 1.5 のように示している。

　こうした観点に立ち，同ガイドラインでは，図 1.6 のように事業活動における環境保全のためのコストとその活動によって得られた二種類の効果を対象として会計フレームワークを展開する。

① **環境保全コスト**

　環境保全コストは，環境保全目的で投下されたコストを意味するが，コストの抽出にあたっては，事業活動を環境負荷との関係から主たる事業活動，管理活動，研究開発活動，社会活動，及びその他の領域に区分して，表 1.6 に示す

表 1.5 環境会計における構成要素と情報の範囲

構成要素	定量的情報	定性的情報
環境保全コスト	貨幣単位	コストの内容
環境保全効果	物量単位	効果の内容
環境保全対策に伴う経済効果	貨幣単位	効果の内容

出典：環境省『環境会計ガイドライン 2005 年度版（公開草案）』2004 年, 3 頁。

図 1.6 環境会計の構成要素

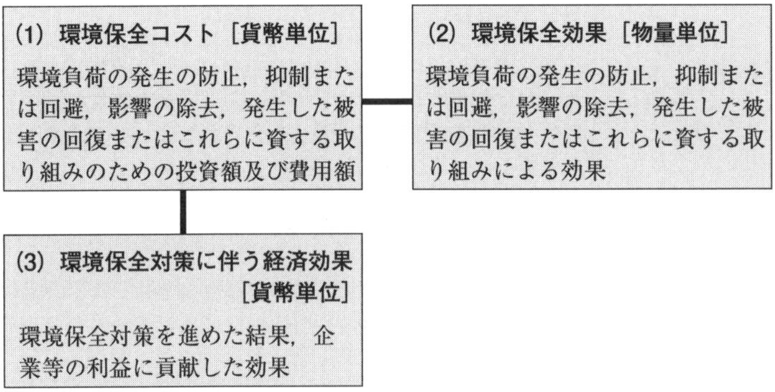

(1) 環境保全コスト [貨幣単位]
環境負荷の発生の防止，抑制または回避，影響の除去，発生した被害の回復またはこれらに資する取り組みのための投資額及び費用額

(2) 環境保全効果 [物量単位]
環境負荷の発生の防止，抑制または回避，影響の除去，発生した被害の回復またはこれらに資する取り組みによる効果

(3) 環境保全対策に伴う経済効果 [貨幣単位]
環境保全対策を進めた結果，企業等の利益に貢献した効果

出典：環境省『環境会計ガイドライン 2005 年度版（公開草案）』2004 年, 3 頁。

ように各環境保全コストを該当する事業活動ごとに分類している。

② **環境保全効果**

環境保全効果は，環境負荷の発生の防止，抑制又は回避，影響の除去，発生した被害の回復又はこれらに資する取組みによる効果を意味しており，これらは物量単位によって識別と測定を行う。環境保全効果については，事業活動との関連から，次の四つに区分される。

- 事業活動に投入する資源に関する環境保全効果
- 事業活動から排出する環境負荷及び廃棄物に関する環境保全効果
- 事業活動から産出する財・サービスに関する環境保全効果
- その他の環境保全効果

上記の環境保全効果は，基準期間における環境負荷量と当期における環境負

表 1.6　環境保全コストの分類

コストの区分	コストの内容
①事業エリア内コスト	企業等の主たる事業活動により事業エリア内[30]で生じる環境負荷を低減する取組みのためのコストを意味し，環境保全分野との関係から「公害防止コスト」「地球環境保全コスト」「資源循環コスト」に三区分される。
②上・下流コスト	主たる事業エリアに財・サービスを投入する前の領域（上流域）で発生する環境負荷を抑制する取組みのためのコスト，及び事業エリアから財・サービスを産出・排出した後の領域（下流域）で発生する環境負荷を抑制するためのコスト並びにこれに関連したコストを意味する。
③管理活動コスト	企業等の環境保全のための管理活動であり，事業活動に伴い発生する環境負荷の抑制に対して間接的に貢献する取組みのためのコストや，環境情報の開示等，企業等が社会とのコミュニケーションを図る取組みに要したコストを意味する。
④研究開発コスト	企業等の研究開発活動のためのコストのうち，環境保全に関するコストを意味する。
⑤社会活動コスト	広く社会のために行われる環境保全に関するコストであり，企業等の事業活動に直接的には関係のない社会活動における環境保全の取組みのためのコストを意味する。
⑥環境損傷対応コスト	企業等の事業活動が環境に与える損傷に対応して生じたコストを意味する。
⑦その他コスト	環境保全コストのうち，上記①から⑥の項目には該当しないコストを意味する。

出典：環境省『環境会計ガイドライン 2005 年度版（公開草案）』2004 年，3 頁より作成。

荷量との差として，次の算式によって算出する。

> 環境保全効果＝基準期間の環境負荷の総量－当期の環境負荷の総量

つまり，基準期間と当期との環境負荷量の差として，両期間の環境負荷の総量の差を実施した環境保全活動の効果とみなして環境保全効果を求めることになる。

③ 環境保全対策に伴う経済効果

　環境保全対策に伴う経済効果は，環境保全対策を推進した結果，企業等の利益に貢献した効果として認識して貨幣単位によって識別と測定を行う。環境保全対策に伴う経済効果は，その根拠の確実さの程度に応じて，「実質的効果」と仮定的な計算に基づいて推計される「推定的効果」に区分するが，これらはそれぞれ「収益」と「費用節減」の観点から次のように整理される。

a. **実質的効果**
　■　収益

　実施した環境保全活動の結果，当期において実現した収益のうち，確実な根拠に基づいて実施される収益を意味する。

　■　費用節減

　実施した環境保全活動の結果，当期において発生が回避されると認められる費用のうち，確実な根拠に基づいて算定される費用を意味する。

b. **推定的効果**
　■　収益

　実施した環境保全活動の結果，当期において実現した収益のうち，仮定的な計算に基づいて推計される収益を意味している。

　■　費用節減

　実施した環境保全活動の結果，当期において発生が回避されると見込まれる費用のうち，仮定的な計算に基づいて推計される費用を指す。

　環境保全対策に伴う経済効果は，上記の項目から構成されるが，実質的効果の算定方法は次のとおりである。収益の場合は，実施した環境保全活動の結果として，当期において実現した収益を計上する。また，費用節減の場合は，環境保全効果の算定方法に準じて，基準期間における費用と当期における費用との差を実施した環境保全活動の結果として，当期において発生が回避された費用とみなしている。

環境保全活動に伴う経済効果（費用節減）＝基準期間の費用−当期の費用

以上のように，環境保全コストは，コストの性格によって対応する環境保全効果の現れ方やコストの増減に関する評価が異なるために，コストの性格に着目して，戦略的コスト，維持的コスト及び環境損傷対応コストの区分を設け，対応する事例と効果の表現方法を提案している。また，環境保全効果については，新たに外部に公表する場合の表現方法として，「基準期間の環境負荷の総量」「当期の環境負荷の総量」「両期間の環境負荷の総量の差」が示されている点に特色があるといえよう。

ここで概観したわが国の環境会計モデルの特徴は，開示媒体として主に環境報告書を対象としており，その中で財務パフォーマンスと環境パフォーマンスにかかわる部分を，「費用対効果」の枠組みで体系化している点に見出せる。この部分が，CSRリスクのマネジメントのあり方に焦点をあてながら，それら一連の行為を財務報告プロセスとの関連からCSR関連コストとして捉えて財務諸表との連携を図るCSR会計との相違点といえる。

また，「個別企業と社会とを対応させて両者の間に便益と費用の交換関係を擬制するという包括的モデルの発想が，一見新奇に見えるが，裏を返せば，便益を受け取った側は常に相手にその費用を負担させている（あるいは，その逆）という関係を企業と社会の間に想定することにほかならず，その比較考量の結果算出された社会的貢献と称される純便益（または純損失）は，社会的責任論の見地からすればほとんど意味がない」[31]という指摘にもあるように，企業と社会をめぐる会計問題は，会計行為の主体をどのように捉えるかによって会計という従来からある枠組みそのものの見直しを迫ることにもつながる。

したがって，本書においてCSR会計のフレームワークを設計するにあたっては，次の条件のもとでそのあり方を考えていくことにする。

「①会計は，伝統的に自らの責任においてコントロールできる活動について，すなわち，経営権の及ぶ範囲の行動について経済計算を行い，報告を行ってきたという事実に着目する。

②会計は，外部のステークホルダーへの情報伝達の手段であると同時に，企業それ自身にとっての意思決定のための重要な情報システムであると

いうことを再認識する。

③社会責任をまっとうするということは，結局は自己の権限下にある行動に関する自己規律の問題であり，この点について会計が何かを外部者に開示できるとすれば，それは当該企業の自己規律のプロセスとその結果についてである。」[32]

上記の条件を踏まえると，CSR会計の主体はあくまでも「企業」[33]であり，CSR会計はCSRリスクの軽減に向けた企業組織内の活動や取組みを，企業会計のフレームワークの再構成を通じて設計・構築すべきことをここで確認しておきたい。

4. CSR会計の分析視角

(1) CSR会計展開の方向性

ここ数年，CSRにかかわる活動状況や事業リスク等に関連する情報を，CSR報告書などの媒体を通じて開示するケースが増加している。こうしたIR(Investor Relations)活動の背後には，度重なる企業不祥事で表面化したCSR問題を含む事業リスクが，企業の存続を脅かしかねないとの認識の高まりがあると推察される。企業の経営主体にとっては，これらのリスクをいかにして回避するかが，今後の持続的発展に向けて避けては通れない課題として浮上している。

また，各種報告書の開示内容に目を転じると，一連の情報はステークホルダーの要求をどの程度満たし得るのか―企業が自主的に開示する情報によって，情報利用者は企業が各種のリスクに適切に対応しているかを判断し，意思決定に役立てることが可能か―という点を，ディスクロージャーの質的側面から再検討する必要があると感じられる。つまり，CSRにかかわる諸事象から生じたリスクを適切にコントロールしながら低減させるには，個々の企業の社会的責任問題という視点だけでなく，CSR問題を企業活動全体に統合して捉えなければ問題の本質に迫ることはできないからである。

そこで，CSR会計問題に接近する具体的な方策として，まず従来の企業組

織体制の見直しを図るとともに，情報をつくり出す企業組織──リスクマネジメントシステムの再編成に取り組むことが要請される。しかし，新たな企業組織体制を構築したとしても，仕組みそのものが有効に機能しているか否かを確認する「手段」が存在しなければ，その良否を客観的に判断することは難しい。

こうした視点に立って CSR にかかわる会計問題を考えると，会計情報をつくり出す企業組織のあり方に焦点をあて，CSR リスクマネジメントに関連する問題を会計学の観点からあらためて捉え直す必要がある。したがって，CSR 活動を定量的に識別・測定・伝達する会計システム──すなわち，CSR 会計フレームワークを構成する要素として，次の三つの側面から CSR 会計問題に接近すべきと考える。

- 企業の経営主体は，CSR 問題を企業価値に重大な影響を及ぼすリスクとして認識すること。
- 報告すべき会計情報をつくり出す組織のマネジメントのあり方，すなわち企業の内部統制にかかわる問題が重要であること。
- 組織内における CSR リスクを適正に把握して評価するには，リスク管理状況を定期的にモニタリングできる仕組みが必要となること。

上記の観点に照らして，本書では，社会的責任の主体を「企業」と位置づけ，リスク管理をめぐる企業組織の再編成に焦点を合わせて，CSRMS の構築・運用・管理等のプロセスが有効に機能しているか否かを判断するための会計的手法として，CSR 会計フレームワークの設計と体系化に取り組む。

具体的には，会計情報をつくり出す組織の内部統制にかかわる問題と CSR リスクマネジメントの関係から，CSR 会計のフレームワーク形成のプロセスについて論じる。そして，CSR リスクの及ぼすインパクトを，CSRMS に準拠しながら CSR 活動に伴うコスト（以下，「CSR 関連コスト」という）として識別・測定して開示へと導く CSR 会計計算書のメカニズムの解明により，CSR 活動の定量評価に関する会計問題の検証を行っていく。

(2) CSR会計の検討対象

　そもそも企業には，経済的な活動のみならず，社会的な側面に配慮した行為（活動）を行うというミッション（使命）が課せられている。ところが，最近に至るまで企業は経済的な利益を追求する活動にだけ注力してしまい，社会的な側面を軽視してきた感が否めない。企業の活動範囲をこれまでのように収益の獲得に限定してしまうと，環境問題軽視の思考や短期利益偏重に陥るだけでなく，持続的な経済社会の発展の妨げとなる可能性も高くなってしまう。

　最近のCSRへの関心の高まりは，これまで収益の獲得に傾倒してきた企業が，企業市民としての信頼性を回復するために，社会的な使命についてもう一度考え直す必要性を喚起していると受け止めることができないだろうか。

　このように考えると，激化する企業間競争に勝ち残るには，企業は財務的な側面だけに焦点をあてた経営活動を行うのではなく，環境配慮や社会貢献などのCSRにかかわる側面にも積極的に取り組むという方針を明確に打ち出し，実行に移すための社内体制作りが緊急の課題といえよう。そのために求められる具体的な対応策としては，自社にとってCSRとは何かという共通化ないしは統一化された全社的な認識を早急に確立すること，業績の評価及び情報開示の方法についてもステークホルダーとの対話を通じて十分に検討を行うこと，などが挙げられる。

　しかし，これまで事業活動を通じていかに企業業績を向上させるかという点に注力してきた企業の経営主体にとって，直接的に企業業績と結びつかないCSR活動に取り組むには，具体的な対応策を講じる際に越えなければならないいくつものハードルが存在する。つまり，CSR問題にかかわる諸事象の多くは，現在の企業会計フレームワークでは識別と測定の対象とならない点や，CSR報告書についても法律で作成が義務づけられていないために，その中身や開示方法などを企業自らの判断で決定しなければならない点などがその一例である。

　それでは，CSRにかかわる会計問題に論点を絞り，本書の検討対象となる点を整理しておきたい。株主から経営活動を付託された企業経営者が，その在

任期間の事業の遂行状況を株主に対して説明するための手段として，これまでは「財務会計」が活用されてきた。財務会計の主たる利用者である株主の関心事は，金銭的な情報に集約されるため，財務会計を実践するにあたっては貨幣的尺度による識別・測定と報告が大前提となる。

これを別の角度から見ると，明確な形でキャッシュフローに影響を及ぼさない事象は，財務会計の対象から除外されることを意味する。しかし，近年，企業はその規模と活動範囲を飛躍的に拡大しており，これまで事業活動と直接的な関連がないと考えられてきた事象についても，社会に対して大きな影響力を持つに至っている。社会的に意義のある行動を実践する企業は数多く存在するが，こうした行動の多くは，現行の企業会計フレームワークでは識別・測定の対象とはならなかったのである。

つまり，財務会計は古典的・真実利益アプローチを基礎とする「株主のための損益計算」に重点が置かれており，現状のままでは財務的な側面以外―すなわち，社会的な側面を考慮した適切な企業評価を行うための情報提供が難しい状況にある。また，経営的な視点から見た場合にも，企業会計のフレームワークで識別・測定対象とならない事象が，長期的にみると経営成績や財政状態に対して直接・間接に影響することが次第に明らかとなっている。

例えば，有害物質の使用に起因する製品や土壌汚染の対策費用，安全性軽視による製品のリコール損害，社会的取組みの継続による企業イメージアップによる収益増加など，現行の企業会計フレームワークでは財務的な影響プロセスが認識できないまま，ある日結果だけが突然訪れるといったケースがしばしば見受けられる。このような事態は，企業を経済的な側面だけで正しく評価することがいかに難しい状況にあるかを如実に物語っているといえよう。

こうした事態を重く受け止め，これまでのように経済的な視点だけにとらわれることのない，ステークホルダー全般に関連させた企業評価の尺度として，CSR に注目が集りはじめており，社会的責任投資（Socially Responsible Investment：以下，「SRI」と略記する）や環境格付などの新たな企業評価の手法が登場している。これらの企業評価法は，社会的責任の視点を重視した事業活動

4. CSR会計の分析視角　37

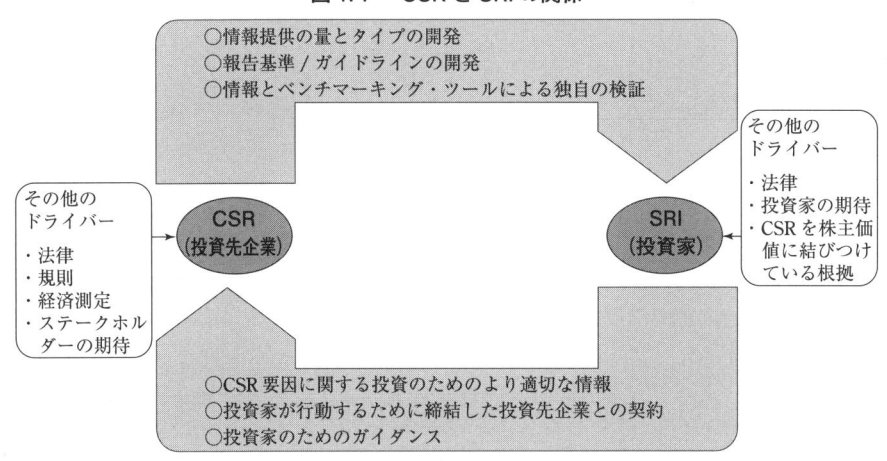

図1.7　CSRとSRIの関係

```
┌─────────────────────────────────────────────────┐
│ ○情報提供の量とタイプの開発                        │
│ ○報告基準/ガイドラインの開発                       │
│ ○情報とベンチマーキング・ツールによる独自の検証    │
└─────────────────────────────────────────────────┘

┌──────────┐                              ┌──────────┐
│その他の   │   ( CSR )      ( SRI )      │その他の   │
│ドライバー │  (投資先企業)   (投資家)     │ドライバー │
│・法律     │                              │・法律     │
│・規則     │                              │・投資家の期待│
│・経済測定 │                              │・CSRを株主価│
│・ステークホ│                              │ 値に結びつけ│
│ ルダーの期待│                             │ ている根拠  │
└──────────┘                              └──────────┘

┌─────────────────────────────────────────────────┐
│ ○CSR要因に関する投資のためのより適切な情報          │
│ ○投資家が行動するために締結した投資先企業との契約   │
│ ○投資家のためのガイダンス                           │
└─────────────────────────────────────────────────┘
```

出典：Association of British Insurers, *Investing in Social Responsibility : Risk and Opportunities*, MARSH, 2001, p. 13に加筆・修正を加えて本図を作成。

の測定・報告手法の確立によって，長期的な視点からより適正かつ社会的意義のある企業価値評価の実践を目指すものであり，とりわけSRIはCSR問題を考慮した投資のあり方を主題としている。

投資家の投資戦略として登場したSRIは，投資先企業のCSRとディスクロージャーのあり方に対して今後重大な影響を及ぼすと予想される。つまり，CSRリスクをガバナンスするとともに，ディスクロージャーの質の向上に結びつけば，SRIを通じてステークホルダーとの良好な関係が構築できるだけでなく，結果として企業価値の向上につながるのである。このように，CSRとSRIは表裏の関係にあり，この二つを結びつけるのがコーポレート・ガバナンスということになるであろう[34]。これらの内容を踏まえてCSRとSRIの関係を整理すると，図1.7のようになる。

こうした現状に照らすと，従来の視点にCSRという要素を加味した企業評価を行う場合には，財務報告プロセスのあり方の改善とコーポレート・ガバナンスの強化を通してCSRにかかわる会計問題に取り組み，新たなバリュードライバーを模索するという姿勢が求められよう。

以上の理由から，CSR問題の財務的影響を定量的な手法によって把握する方策として，企業会計のフレームワークにどのような対応が求められるかというCSR定量化の基本フレームを理論的に解明する点が，CSR会計問題を検討する際にとりわけ重要な論点であることを指摘しておきたい。

(3) 財務報告プロセスとCSR会計

昨今，企業をとり巻く環境が著しく変貌を遂げる中で，従来の財務諸表が提供してきた会計情報だけでは情報利用者のニーズを十分満たすことができないとの声が高まっている。こうした状況を反映して，「企業内容等の開示に関する内閣府令」の改正によって有価証券報告書に新たに非会計情報として定性的な「補足情報」が開示されることになった。

こうした財務報告（制度）の拡充の動きに見られるように，激変する企業環境に伴い，企業にとって「事業リスク」等に関連する情報が将来の企業経営に重大な影響を与えかねないとの認識が定着しつつある。国内外のこうした財務報告（制度）をめぐる動向は，単にCSRと会計の問題としてだけでなく，CSRリスクのマネジメントをいかなる方法で内部統制システムに統合するか，さらにこのようなCSR問題を財務報告プロセスのあり方とどう関連づけて捉えていくかが，CSR定量化の重要なカギを握っていることを示唆しているといえよう。したがって，CSRリスクの内部統制に関する問題と，財務報告プロセスのあり方とを関連づけてCSRにかかわる会計問題を検証すれば，CSR活動への積極的な取組みによってステークホルダーとの良好な関係の構築と企業価値の向上につながる点が，次第に明らかとなるであろう。

そこで，CSR問題をめぐる会計学とコーポレート・ガバナンスに関する問題，すなわち，信頼性と透明性の高い会計情報をつくり出す仕組みを，CSRリスクの軽減にかかわる企業組織の改編との関係において，組織内にどのような観点から策定されるべきかという点から検討しておきたい。

コーポレート・ガバナンスに関する議論は，従来から国内外で活発に議論され，注目を集めているが，近年では取締役や監査役による企業内部の管理体制

の強化などを中心とした組織変革へと議論が及んでいる。こうした議論とCSR問題とを関連づけながら，まずリスクマネジメントシステムと会計との関係を考えてみよう。

　財務報告を含むディスクロージャーの観点から見たコーポレート・ガバナンス問題は，企業内部における経営管理体制の不備が原因となって事業部門間の連携が不十分となり，結果としてステークホルダーの情報要求に応えられない点にある。これは，組織内における情報フローが複雑な組織階層の中で発生していることによるものであり，情報がトップダウンまたはボトムアップ方式によって伝達される点に起因する。こうした情報フローの仕組みでは，伝達の途中で内容が薄められるだけでなく，会計の機能も十分に働かないために，ステークホルダーに対する有用な会計情報の提供が困難となってしまう[35]。

　このような問題が生じるのは，情報の利用者に対してどのような会計情報を提供するかという問題が，企業組織内の情報フローの仕組みのあり方に少なからず依存しているからであり，財務報告の質についても，組織内における情報フローのあり方と財務報告を含むディスクロージャーのあり方とが密接に関連しているためである[36]。つまり，財務報告をめぐる今日的な課題は，情報利用者に提供すべき会計情報をつくり出すための仕組みを，企業組織内にどのような観点からどのように策定するかという，企業統治にかかわる会計学の問題と深くかかわっている。したがって，会計情報フローを体現化する仕組みは，財務報告を行う企業とそれを利用するユーザーとの接点にのみ焦点を合わせるのではなく，企業組織内における財務報告プロセスに着目して検討を加えることで，その内容が明らかになるはずである。

　昨今のCSRにかかわる諸問題に見られる特徴は，企業組織内のマネジメントシステムの不備が主な原因となって「事業リスク」として顕在化したことと，これらのリスクが企業価値に多大な影響を及ぼす点にある。これらの問題に対処するには，マネジメントシステムの見直しと改善を通じた自律的な組織の改編と併せて，CSRリスクをコントロールする仕組みとして企業組織内における会計情報フローを再編成しなければならない。つまり，信頼性と透明性の高

い財務報告の実践が証券市場の発展にとって不可欠であるとするならば，企業組織内における会計情報フローの問題は，会計情報を作成して情報公開に至る財務報告と，財務会計の基本問題とを関連させて位置づけることからその仕組みを明らかにする必要がある。

上記の視点を踏まえてCSR定量化の問題を検証すれば，組織内の情報コミュニケーション通路を確保するための自律的かつ横断的な仕組みをどのように編成するかが，問題解決の糸口となるであろう。

この点について，米国のSOX法の制定に関連してSEC（米国証券取引委員会）が設置を勧告した「ディスクロージャー委員会」(disclosure committee) の役割と，企業組織内におけるその位置づけを簡単に整理しておきたい。

ディスクロージャー委員会は，企業組織内において自律的かつ横断的な会計情報フローの仕組みを構築する上で必要不可欠な機関といっても過言ではない。同委員会は，企業の内部統制を企図して設置されるが，横断的な組織を形成するために企業内の事業部門の代表者が集結して情報コミュニケーション通路を確保し，ディスクロージャー要件を議論する点にその目的がある。同委員会の運営にあたっては，特に会計コントローラー[37]の役割が重視される。すなわち，同委員会によって再編された横断的な組織では，会計コントローラーを中心として，会計数値から得られる情報によって開示対象とすべき問題を全社レベルで検討して情報公開へとつなげなければならないのである。

このように財務報告で提供すべき情報は，会計部門だけでなく，広範な事業部門とかかわる全社的な活動を集約したものとみなすべきであり，すべての企業活動にかかわるものとして財務報告を捉えると，最終的に提供される会計情報は「企業戦略」と密接に連動して導出されることが明らかとなる[38]。つまり，企業活動を映す役割を担う会計が，企業活動の戦略を策定し，実行し，評価するさまざまな部門の協同なくしてその役割を果たし得ない，企業活動そのものの変化という制約を受ける仕組みになっているからである[39]。

したがって，CSR会計情報の作成から報告に至るプロセスの自律的な仕組みを構築するには，全社レベルで重要情報が適切かつタイムリーに開示できる

よう，企業組織の階層構造を横断的な形に再編すること―ディスクロージャー・コントロール（開示統制）の構築―と，財務報告の作成プロセスとを関連づけながら議論を進めることが重要であると考える。

以上の考察から，情報伝達にかかわる組織構造の見直しを通じた全社的な情報フローを体現化できる仕組みの構築が，CSR 会計の実践には欠かせない取組みであることが明らかとなった。

5. おわりに

本章では，まず本書の研究主題を明らかにするために，CSR 問題の特性と CSR 定量化の目的を会計学的見地から考察した。その上で，先行研究としての企業社会会計論と，企業活動の社会的側面に関する新たな定量化モデルとしての「サステナビリティ会計」及び「環境会計」の生成過程と理論的枠組みの整理と評価を通じて，既存の研究領域との関連から CSR 会計研究の位置づけを明確化するとともに，本書で検証すべき課題と分析視角を明示している。具体的には，従来の企業会計フレームワークの構成をあらためて問い直すために，CSR 定量評価の枠組みを，「会計行為は戦略から導かれ，それをもとに全般的な事業活動からなる会計情報が作成され，補正され，報告されるプロセスにかかわる企業組織の自律的な仕組み」と捉えて，以下に掲げる課題の相互関係を整理した。

第一に，企業活動に重大な影響を及ぼす「リスク」としての特性を有する CSR 問題を，会計的手法によって識別・測定して評価する場合には，企業が自らの価値観に基づいてどのように CSR を認識し，いかなる方法によってリスクに対処すればよいか―CSR リスクの内部統制のあり方を会計的にどう表現できるか―が，CSR 定量化問題に取り組む際に重要な視点となること。

第二に，企業と社会との関係をマクロ的に捉える企業社会会計論をはじめとする先行研究と，企業の立場からミクロ的に理論展開を試みる CSR 会計とは，会計上の識別と測定に際して，会計行為の主体を企業だけでなく社会という視

点も加味して社会と企業との対立関係から捉える部分に差異があること。

　第三に，CSR問題をはじめとする事業リスクの及ぼすインパクトが，企業価値評価にも大きな変化を促している点を踏まえて，経済的な視点のみにとらわれない，ステークホルダー全般に関連させた評価手法の確立が求められること。つまり，企業活動の映し方に焦点をあてたCSR会計理論の構築に向けては，情報利用者に提供される情報が，企業組織においてどのように作成され，補正・報告されるのかという財務報告プロセスをめぐる視点が，その理論形成において重要な役割を果たすとの見方を示した。

　第四に，CSRにかかわる諸事象から生じたリスクを適切にコントロールしながら低減させるための具体的な方策として，情報をつくり出す企業組織—リスクマネジメントシステム—の自律的かつ横断的な再編成に取り組むことと，一連の取組みや活動を適正に評価するために，企業内のリスク管理状況を定期的にモニタリングして，定量的に表現（可視化）する仕組み（装置）が必要であること。

　したがって，会計的な手法を活用してCSRリスクをコントロールする場合には，情報利用者に提供される情報が企業組織内でどのように作成され，補正・報告されるのかという財務報告プロセスをめぐる議論を通して，その輪郭が次第に明確となる。

　本章の考察により，CSR会計研究に対して，情報伝達にかかわる組織構造の見直しによる全社的な会計情報フローを体現化する会計システムを，財務報告プロセスとどのように関連づけて，いかなる観点から設計して構築すべきかという問題が提起された。

注

(1) 経済産業省『企業の社会的責任（CSR）に関する懇談会　中間報告書』2004年，29-30頁。
(2) ISO/SR規格の観点からいえば，企業の社会的責任（CSR）ではなく，組織の社会的責任（SR）という用語を用いるべきであるが，本書では企業だけでなく，広く組織の社会的責任までを含めた意味で「CSR」という用語を使用する。
(3) 財務報告プロセスとは，各経営主体の会計行為の連鎖をひとつのまとまったものとし

た一連の行為（会計行為が戦略から導かれ，それをもとに全般的な事業活動からなる会計情報が作成され，補正され，報告されるプロセス）を意味する。この点については，次の文献を参照のこと。今福愛志「企業統治の会計学（三）」『會計』第167巻第6号，2005年，125-126頁。
（4） 宮澤清『財務会計論』白桃書房，1995年，6-7頁。
（5） 社会における企業の存在をマクロ的に捉えようとした企業社会会計論では，企業のプラス及びマイナスの外部性（externalities）をとり込み，社会的ベネフィットと社会的コストを対比して社会的インパクトを表示する社会的インパクト報告書（Social Impact Statement）が提案されている。しかし，この方法は企業にとっての費用と社会にとっての損傷が混合されるなどの客観性のチェックには堪えられず，実践にとり入れられることはなかった（向山敦夫「CSRの数量化と測定方法」『企業会計』Vol. 56 No. 9, 2004年，37-38頁）。
（6） 原田富士雄「環境問題と社会責任会計」合崎堅二，若杉明，河野正男編著『現代社会と会計』中央経済社，1994年，169頁。
（7） 徳谷昌勇教授は，企業社会会計の接近方法を，①社会原価からの接近方法，②生態学からの接近方法，③社会責任からの接近方法，④環境からの接近方法，⑤社会監査からの接近方法の五つに区分して，詳細な検証を行っている。詳しくは次を参照されたし。徳谷昌勇『企業社会会計論』白桃書房，1986年，3-23頁。
（8） Kapp, K.W., *The Social Costs of Private Enterprise*, Harvard University Press, 1950（篠原泰三訳『私的企業と社会的費用』岩波書店，1970年）。
（9） Michalski, W., *Grundlegung eines Operationalen Konzepts der Social Costs*, J.C.B. Mohr (Paul Siebeck) Germany, 1965（尾上久雄，飯尾要訳『社会的費用論』日本評論社，1976年）。
（10） 原田，前掲稿，169頁。
（11） Estes, Ralph W., *Corporate Social Accounting*, John Wiley & Sons, Inc., 1976（名東孝二監訳，青柳清訳『企業の社会会計』中央経済社，1979年）。
（12） Estes, Ralph W., *Ibid.*, p. 93（青柳，前掲訳書，130頁）。
（13） 通常，社会的コストやベネフィットという場合，個別エンティティ（企業）の会計計算に含まれないコスト（外部不経済）やベネフィット（外部経済）だけを意味するが，Estesモデルでは企業会計に含まれるコストやベネフィットも含めた広い意味で使用している。Estes, Ralph W., *Ibid.*, p. 94（青柳，前掲訳書，131頁）。
（14） 徳谷，前掲書，258頁。
（15） Steiner, G. A., *Business and Society*, Second Edition, Random House, Inc., 1975, pp. 196-197（Steinerの社会監査については，徳谷，前掲書，259-260頁に詳細な紹介がなされている）。
（16） Abt Associates Inc., *1976 Annual Report + Social Audit*, 1976（山形休司『社会責任会計論』同文舘，1977年，214-219頁）及びAbt, Clark C., *The Social Audits for Management*,

New York, 1977.
(17) Bauer, Raymond A. and Dan H. Fenn, Jr., *The Corporate Social Audit*, Basic Books, Inc., 1972（大矢知浩司，道明義弘訳『社会的責任と監査：アメリカにおける社会監査の展開』白桃書房，1978 年）.
(18) 徳谷，前掲書，265 頁。
(19) 原田，前掲稿，169 頁。
(20) Accounting Standards Steering Committee., *The Corporate Report*, London, ASSC, 1975.
(21) コーポレート・レポートでは，「付加価値計算書」「雇用報告書」「対政府貨幣取引計算書」「外貨建取引計算書」「将来予測報告書」「企業目的報告書」の六つの計算書が提案された（コーポレート・レポートと付加価値計算書の展開については，山上達人『付加価値会計の研究』有斐閣，1984 年，41-70 頁に詳細な説明がなされている）。
(22) Morley, M. F., *The Value Added Statement : A Review of its Use in Corporate Reports*, The Institute of Chartered Accountants of Scotland, 1978（伊藤俊雄訳『付加価値計算書：コーポレート・レポートの利用についての一考察』中部日本教育文化会，1985 年）.
(23) これらのアプローチの特性については，次の文献を参照されたし。椛田龍三「会計における概念フレームワークとコンバージェンス」『大分大学経済論集』第 58 巻，第 5 号，2007 年。
(24) Hopwood, Anthony. G. and Peter Miller, *Accounting as Social and Institutional Practice*, Cambridge University Press, 1994（岡野浩，國部克彦，柴健次監訳『社会・組織を構築する会計：欧州における学際的研究』中央経済社，2003 年）.
(25) The SIGMA Project, *THE SIGMA Guidelines, Putting Sustainable Development into Practice : A guide for Organisation*, The SIGMA Project, September 2003（http//www.project-sigma.com）.
シグマ・ガイドラインは，AA1000 に類似した非 ISO14001 型の構造を採用しているが，各所で ISO14001 を引用しており，マネジメントシステム（PDCA）の仕組みを基本的に踏襲しながらもあえて異なる用語や構成を用いている。AA1000 とは，イギリスの Institute of SEA が 1999 年に発行したステークホルダー・エンゲージメントを要求する先駆的規格である。組織が問題を特定するプロセスにおいて，いかなる CSR 課題でもとり込める構造を有している点と，説明責任を重視している点に特徴のある規格といえる。
(26) The SIGMA Project, *THE SIGMA Guidelines-Toolkit : Sustainability Accounting Guide*, The SIGMA Project, September 2003.
(27) The SIGMA Project, *Ibid.*, pp. 10-11.
(28) The SIGMA Project, *Ibid.*, pp. 11-12.
(29) 環境省『環境会計ガイドライン 2005 年度版（公開草案）』2004 年，2 頁。
(30) 事業エリアとは，企業等が直接的に環境への影響を管理できる領域を指している。環境省『環境会計ガイドライン 2005 年度版（公開草案）』2004 年，14 頁。
(31) 原田，前掲稿，169 頁。

(32) 原田, 前掲稿, 170-171 頁。
(33) 本書は,「企業」を会計処理の主体として CSR 会計理論を展開するが, ここでいう企業とは「エンティティとしての企業 (the firm as an entity)」を指す。エンティティとしての企業とは,「…(中略)…株式会社を株主との関係ではなく, 株式会社の自律的な内部的な活動に着目して, 企業の全体性 (totality), 結合性 (cohesiveness) にその特徴を認めて, …(中略)…会計(学)(及び法律, 経済学)の新たなフレームワークを構築する際に重要な企業—株式会社—の見方」と定義される(今福愛志「企業統治の会計学への視座:『エンティティとしての企業』の会計の意義」『企業会計』Vol. 59 No. 12, 2007 年, 5 頁)。今福愛志教授は, このように企業概念を捉えると, 次の点から会計(制度)の考え方の再構成を促すと指摘している。「第一に, 株主は会社資産そのものを所有するのではなく, 株式会社の経営者によって運用された資金の効率的な運用から生じた価値に対する持分を有している。…(中略)…, 会計の主題はあくまでも企業価値を生む源泉である企業活動をとらえ, 表現するところにある。第二に, 会計情報の提供という目的は, 株式会社を支配する株主への情報の開示にあるのではなく, だれが支配者であろうとも, 会計は資金の総体を対象とするのであり, …(中略)…, その総体の運用の結果と現在の状態を開示するところにある。その意味で, 財務報告の目的は, 広く投資者への情報提供にあるとはいえ, それを超える広範な利用者の問題に展開できる仕組みをもっている。第三に, 会計は『だれが会社を支配しているか』という問題によって, そのあり方が規定されているのではなく, それとは相対的に独立して企業の『自律的な活動』―『エンティティとしての企業』の活動―をとらえるところに特徴がある。そのことは…(中略)…, 会社支配の有り様によって会計の対象がかわるわけでないことを示している。」(今福, 前掲稿, 6 頁)。
(34) CSR と SRI, コーポレート・ガバナンスの関係については, 次の文献を参照されたい。今福愛志「CSR 会計のフレームワークの再構成:CSR リスクマネジメントと会計」『企業会計』Vol. 56 No. 9, 2004 年, 22-23 頁。
(35) 森淳二朗「企業理論と従業員活用型コーポレート・ガバナンス」稲上毅, 森淳二朗編『コーポレート・ガバナンスと従業員』東洋経済新報社, 2004 年, 270 頁。
(36) 今福愛志「財務報告をめぐる情報フローの再編成:ディスクロージャー委員会とコーポレート・ガバナンス問題」『産業経理』Vol. 64 No. 2, 2004 年, 4 頁。
(37) 会計コントローラーとは, 企業活動を会計的な側面から検証するとともに, 企業組織内において会計システムを中心として運用・管理する担当者を指す。
(38) 今福愛志「企業統治の会計学(一)」『會計』第 167 巻第 4 号, 2005 年, 100 頁。
(39) 今福愛志「企業統治の会計学(三)」『會計』第 167 巻第 6 号, 2005 年, 131-135 頁。

第2章 CSR会計の基本問題

1. はじめに

　CSRを企業戦略の一環として位置づけ，ビジネスモデル全般にCSR概念を組み込むには，CSRリスクのマネジメントをいかなる方法で内部統制システムに統合し，さらにCSR活動を正確かつ客観的に識別・測定・評価するための定量化の枠組みを，財務報告プロセスとどのように関連づけて検討すればよいか考えなければならない。

　これらの点に加えて，情報利用者の意思決定に資する会計情報を作成して提供する場合，単に定量評価の枠組みに基づく情報の作成・開示にとどまらず，経営の意思表明として開示されたCSR会計情報を経営の主体はどのように解釈しているのか，CSR会計と補足情報の相互関係についても検討の余地がある。

　上記の課題を踏まえると，CSRリスクを企業の内生的要因の展開であると捉えた企業会計フレームワークの拡張ないしは再構成を前提として，CSRにかかわる諸活動をいかなる視点から識別して会計的に把握できるかが問題となる。

　したがって，本章の議論を展開する上では，CSR会計を実践する場合の基本問題として，昨今の財務報告（制度）の拡張の動向なども視野に入れながら，以下に示す課題の検証によってCSR活動を会計的に「識別」する際の視点を明らかにしておかなければならない。

- ■ 昨今の財務報告（制度）をめぐる動向を，単にCSRと会計（学）の問題としてではなく，CSRリスクマネジメントと内部統制との関係——すなわち，CSR会計システムによる事業活動におけるリスクの把握と評

価を実践して，企業活動の継続的改善につなげる一連の会計行為が，CSRリスクのコントロールにとって欠かすことのできない要素である点を確認する。
- CSR活動の「識別」にかかわる会計問題に接近する場合，企業活動とそれに至る意思決定プロセスを会計によってどのように映し出すのか，またそうした会計情報フローを企業組織内の情報フローとどのように関連づけて捉えればよいか，CSRMSと会計の関係に着目してCSR会計の展開を考察する。

2. CSR会計の直面する課題

(1) CSRリスクマネジメントと会計

　近年，企業活動の高度化や国際化，証券市場の国際化に伴い，従来の財務諸表が提供する情報では情報利用者のニーズを十分満たせないとの理由から，ディスクロージャーの充実と強化の声が高まっている。こうした状況を重く受け止めた結果として，2003年3月の「企業内容等の開示に関する内閣府令」改正により，有価証券報告書の新たな開示項目として「事業等のリスク」と「経営者による財政状態及び経営成績の分析（Management's Discussion and Analysis：以下，「MD&A」と略記する）」「コーポレート・ガバナンスの状況」に関する定性的な情報が制度開示される運びとなった。

　財務報告（制度）における開示内容の充実を図るこれらの新規開示項目は，「財務諸表の背後にある財務や経営成績に関する変動要因について，経営者自らが説明・開示する情報」を意味するが，ここでいう「変動要因」こそが，CSRと密接に関連する問題として捉えるべき今後の課題となる部分である。財務報告（制度）の拡充に見られるこうした潮流は，激変する企業環境に伴い，企業にとって事業リスクやMD&Aに関連する情報が将来の企業経営に重大な影響を与える可能性を示唆しているといえよう。

　これらの動向を踏まえて，昨今のCSR報告書等で開示された情報を検証す

ると，一般に，企業から見てポジティブな情報は積極的に開示する傾向が強く，ネガティブな情報についてはほとんど開示されていないという印象を受ける[1]。さらに，具体的なCSRへの取組事例を概観しても，個々の企業の社会的責任問題と受け止めて活動を行っているケースが目につく。つまり，これらの行為には，企業がIR効果を狙って活動を行い，そうしたスタンスに基づいて自主的に報告書を作成・開示するという共通点がある。

このような行為は誤りではないとしても，企業が直面するCSRリスク等に対応するには，どのような方法でリスクや活動領域を特定するのか，という活動基本方針に基づく組織内の意思決定に至るプロセス―すなわち，CSR問題をめぐる企業組織の再編成に関する視点が欠如していると推察される。それでは，CSRにかかわる諸事象とCSR会計問題とをどのように関連づけて検討すればよいのだろうか。この問いに対しては，CSRリスクマネジメントをめぐる企業組織の再編成のプロセスと会計との関係に主眼を置く，新たな会計フレームワークの展開によってその答えが導き出されると考える。

また，CSR問題をはじめとする事業リスクの及ぼすインパクトは，企業価値評価の側面にも大きな変化を促している点も見逃すことのできない事実である。古典的・真実利益アプローチを重視する従来の財務会計の目的が限定されたステークホルダーのみを対象とするのに対して，経済的な視点のみにとらわれない，ステークホルダー全般に関連させた評価手法に注目が集まっている点がその一例である。つまり，このような変化の背後には，従来の財務会計は「確実なキャッシュフロー」に関係する情報を提供するという社会的使命が確立されており，最終的なキャッシュフローへの影響が不明確な事象をその対象とはしないという制約が存在する点に留意しなければならない。

会計情報が利用者（情報の受け手）のニーズを充足させるには，企業のありのままの姿を忠実に描写する姿勢が重要であり，ステークホルダーはそうした情報の提供を望んでいる。長期的観点に立ってより適正かつ社会的に意義のある企業価値評価を実践するために，事業活動の測定・評価手法の確立に向けたSRIや環境格付などの社会的責任の視点が重要視されはじめた理由はこうした

点にもあるといえよう。

　以上のように考えてみると，CSR にかかわる客観的かつ検証可能な会計情報をつくり出すために求められる視点は，リスク管理を通じた業務統制の実践と，CSR 活動の進捗状況や達成度を正確に把握できるモニタリング機能を具備した会計システムの構築にあるといってよい。具体的には，CSR リスクマネジメントをめぐる企業組織再編成のプロセスと会計との関係を主題として，情報利用者に対する財務報告の信頼性と透明性の向上へとつなげる点を念頭に置きながら，CSR 定量化モデルのフレームワークを設計すべきことを意味する。このような視点は，CSR 情報を生成する企業内の組織において，CSR リスクをどのように統制していくか——リスクマネジメントをめぐるリスク自体の統制から，新たな組織体制を構築するためのビジネスオポチュニティの問題とも関連している。

(2) CSR の内部統制問題

　CSR 問題をめぐるコーポレート・ガバナンスの展開を考える上では，組織目的達成への貢献に主眼を置く内部統制システムを財務報告プロセスとのかかわりから課題の検証にとり掛かる必要がある。

　さまざまな事業リスクに対する企業組織のあり方——すなわち，内部統制の重要性が認識されはじめた結果，2005 年 7 月に，企業会計審議会内部統制部会から「財務報告に係る内部統制の評価及び監査の基準（公開草案）」が公表された。この草案は，財務報告の信頼性を向上させるための内部統制の有効性について，経営者の評価及び報告等を実施する際の方法と手続きを規定したものである。具体的には，今後，公開企業に対して「義務と責任」をこれまで以上に強く求める法的フレームワークとして，企業内における有効な内部統制のシステムの整備と運用によって財務報告の記載内容に関する適正性の担保を求めており，この点が CSR 会計を理論的に検討する際に重要なヒントを与えてくれる。

　内部統制をめぐるこうした最近の動きを勘案すると，CSR にかかわる諸事

象が企業価値に及ぼすインパクトを単に会計にかかわる問題と認識するだけでは不十分であることが理解できよう。つまり，企業組織を内部統制するためのCSRMSの構築・運用・管理の「プロセス」に着目して，そうした企業内の組織のあり方をいかなる方法で会計的に表現できるかが，CSR会計に問われる最大の課題と受け止めなければならないのである。したがって，CSRにかかわる諸事象を会計（学）と関連づけて検証すると，CSRリスクマネジメントをめぐる企業組織の再編成の実施とCSR会計とは密接不可分の関係にあり，CSRMSを内部統制の「プロセス」に統合して両者を一体と捉える考え方が，CSR会計の体系化にとって重要な意味を持つことになる。

そこで，まず内部統制の基本的な考え方を整理するために，米国公認会計士協会(AICPA)などによって構成されたトレッドウェイ委員会支援組織委員会(the Committee of Sponsoring Organization of the Treadway Commission：以下，「COSO」と略記する）が1992年及び1994年に公表した『内部統制の統合的枠組み』(Internal Control-Integrated Framework：以下，「COSOレポート」と略記する）に基づいて，内部統制問題がCSRMSとどのように関係して会計のフレームワークに影響を与えているか検討しておきたい。

内部統制を個別の「行為」と見るのではなく，「プロセス」と捉える視点は，1992年にCOSOから公表された，次のCOSOレポートの記述からその内容が読み取れる。

「内部統制は，以下の範疇に分けられる目的の達成に関して合理的な保障を提供することを意図した事業体の取締役，経営者及びその他の構成員によって遂行される<u>プロセス</u>である。」[2]（下線引用者）

さらに，同レポートは，内部統制とマネジメントシステムとの関係を次のように説明する。

「ビジネスプロセスは，組織ユニットや職能の中で，あるいはこれらを横断して行われるものであるが，計画，実行及び監視という基本的なマネジメントプロセス（マネジメントシステム：引用者注）を通じて管理される。内部統制は，マネジメントプロセスの一部であると同時に，それと統合されたものである。

内部統制によって，マネジメントプロセスは機能することができ，また，内部統制によって，マネジメントプロセスが機能しているか，経営目的に適合しているかが絶えず監視される。」[3]

同レポートにおいては，内部統制の目的を，①会社の資源の効果的，効率的な使用（「業務の有効性と効率性」），②信頼性のおける公表財務諸表の作成（「財務報告の信頼性」），③該当する法規の遵守（「関連法規の遵守」）とした上で，これらの目的の達成度を判断する材料として，「統制環境」「リスク評価」「統制活動」「情報と伝達」「監視活動」という構成要素が日常の業務プロセス（マネジメントシステム：各組織階層における「計画（P）」「実施（D）」「監視（C）」「是正措置（A）」，及びその連鎖を意味する）に統合されると，内部統制システムは有効に機能すると指摘している[4]。

したがって，内部統制は，「各組織階層の責任者が，経営，経営管理または業務管理を有効に，効率的に，そして注意深く実施し，所定の事業目的を達成するため」の「マネジメントシステムの各段階を制御する仕組み」ということになる[5]。

このようにCOSOレポートでは，内部統制を三つの目的を達成するための一連の連続する行為と位置づけており，企業の事業目的を達成するための一連のマネジメントシステムと別個に存在するのではなく，マネジメントシステムに組み込まれるべき手段としての一連のプロセスと捉えている点に留意しなければならない。つまり，その意図するところは，経営者の立場から組織内にマネジメントシステムを構築して[6]，その中で内部統制の目的を果たす点にあるといえる。

したがって，内部統制システムは不正な財務報告を制限するという役割を担っており，そうした目的を達成するための仕組みが整うと，情報利用者に対しても信頼性と透明性の高い会計情報を提供できる情報フロープロセスの編成へとつながると期待されている。さらに，企業組織の再編成を通じて不正行為の制限を促すことが期待されたCOSOレポートは，内部統制システムを機能させるための五つの構成要素が日常の業務プロセスに統合されなければ，内部

統制システムは有効に機能しないと考えている[7]。

こうした考え方は，COSO が 2004 年に公表した事業体のリスクとその管理に関する『事業体のリスクマネジメントのフレームワーク（公開草案）』(Enterprise Risk Management Framework：以下，「ERM フレームワーク」と略記する）へと引き継がれていく。

「ERM は，事業体の目的の達成に関して合理的な保証を提供するための<u>プロセス</u>である。それは，事業体の取締役会，経営者及び他の従業員によって遂行され，戦略策定の際及び企業全体にわたって運用され，事業体に影響を及ぼす可能性のある潜在的事象を識別するように策定され，リスクを事業体のリスク選好の範囲内におさまるように管理するものである。」[8]（下線引用者）

COSO は，事業体のリスクマネジメントを上記のように定義し，すべての事業がつねに「不確実性」というリスクにさらされる中で，ステークホルダーに対する価値を創出するために内部統制を「プロセス」と捉えて，リスクを効率的に管理するマネジメントシステムの整備に重点を置く。そうすることで，財務報告の信頼性と透明性は確保され，企業価値を向上させる能力も高まると考えており，リスクマネジメントプロセスに基づく取組みが内部統制システムにとって重要であるとの示唆を与えた。同フレームワークは，より詳細なリスクマネジメントプロセスの保証を目指しており，リスク項目に関する構成要素の拡張，戦略概念の導入，リスク概念の拡張，リスクアピタイト（リスク許容度）の設定，全社的なリスクポートフォリオの作成など，従来の要素の精緻化や新規概念が導入されている。このような枠組みで構成される同フレームワークは，組織横断的な取組みや戦略とのリンケージ，詳細なリスク対応が可能となるなどの特徴を有する。

以上のように，ERM フレームワークはその基幹部分において COSO レポートの内容を踏襲してはいるが，より広範な「事業リスクマネジメント」に焦点をあてた内部統制システムの構築を目標としており，内部統制のニーズや詳細なリスクマネジメントシステムの保証を求める点に特徴を見出せる。

内部統制に関する上記二つの見解を整理すると，内部統制が企業の経営目標

の効率的な達成に貢献して信頼度の高い財務報告を行うには，システムが適切に運用・管理されているかを評価して，もしそうでない場合には改善を促すための「仕組み」が機能するよう見直しを行う必要があることが明らかとなる。この点については，わが国の経済産業省リスク管理・内部統制に関する研究会が公表した指針や，日本公認会計士協会経営研究調査会研究報告書第26号などにも同様の見解が示されている[9]。

それでは，内部統制とリスクマネジメントシステムとの関係をどのように捉えればよいであろうか。両者の関係について，CSRリスクを含むリスクに関する取締役会の内部統制指針として1999年にイングランド＆ウェールズ勅許会計士協会から公表された「ターンブル報告書」を参照しながら検討を加えていきたい。

同報告書によれば，「……（中略）……内部統制の健全なシステムを構築し，その効率性をレビューするために，当該企業の取締役会によるリスクベースアプローチの採用を基礎としている。」と述べ，内部統制に関する取締役会の責任を次のように規定している[10]。

- 当該企業が直面しているリスクの性格と範囲
- 当該企業が負わなければならないものとして受け入れるリスクの範囲と種類
- 当該リスクの実現の可能性
- 発生を減殺させる当該企業の能力，及びリスクの実現が企業に及ぼすインパクト
- 関係するリスクの管理によって得られる便益に係る特定の統制の運営コスト

同報告書の特徴は，CSRリスクを含むリスクマネジメントのあり方が企業の内部統制システム構築の中核部分を担うことを指摘した点にある。つまり，企業が直面するCSRリスクを効率的にマネジメントするためには，内部統制プロセスをCSRMSに統合して企業の各業務部門間の組織横断的な連携を図り，組織を変革へと導く点が最も重要な課題であると認識しなければならない。

2. CSR会計の直面する課題　55

そうした課題を克服するには，マネジメントプロセスを定量的に表現する仕組みの構築が必要不可欠であり，その運用を通じて企業のCSRリスクへの対応状況の把握も可能となるはずである。

同報告書では，内部統制システムを機能させるポイントとしてリスクベースアプローチを打ち出し，活動目的を達成するためには重要なリスクをコントロールする仕組みが必要であると指摘する。事業リスクをどのような方法でコントロールするかは，マネジメントシステムが全社的にリスクを評価して対応

図2.1　リスクマネジメントシステムと内部統制の構成要素との関係
リスクマネジメントシステム

P		D	C	A
戦略に関する事業体レベルの目的の設定	事業活動レベルの目的設定　1 法規の遵守	リスクへの対応の選択と実行	リスク対応・結果の測定と評価	リスク対応方法の是正　リスクマネジメント方法の見直し
	事業活動レベルの目的設定　2 経済資源の有効性・効率性			
	事業活動レベルの目的設定　3 事業報告の信頼性			

リスクマネジメント計画
- リスク事象の識別
- リスクの頻度と影響の評価
- リスクの許容限度の設定
- リスク対応方法の設定と評価

リスクの評価　統制活動　監視活動

情報と伝達

統制環境

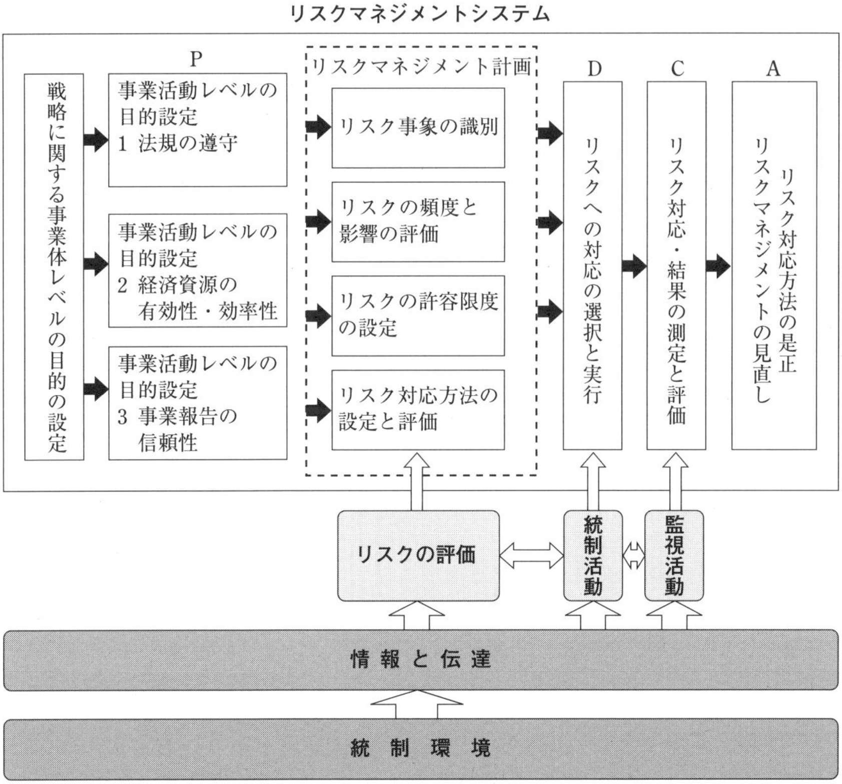

出典：鳥羽至英『内部統制の理論と実務：執行・監督・監査の視点から』国元書房，2005年，137頁。

できる仕組みを設置しているか否かにかかっている。これらの点から，CSR会計システムによって事業リスクの把握と評価を実践して，企業活動の継続的な改善につなげる一連の会計行為が，CSRリスクのコントロールにとって欠かせない要素であると理解できよう。

以上の見解から，適正かつ信頼性の高い財務報告を作成するには，企業組織内に内部統制のフレームワーク（リスクマネジメントプロセス）を導入して自律的かつ横断的なCSRMSを構築すること，そして企業組織におけるリスクの把握と評価のための仕組みとしてCSR会計が重要な役割を担っている点が明らかにされた。このことは，内部統制システムと連動したCSRMSを形成するための内部管理機能—すなわち，企業組織内におけるマネジメントプロセスをモニタリングする機能—を備えた仕組みが，会計システムに必要不可欠な要素であることを意味する。

さらに，CSR会計を内部統制システムに組み込んでCSRリスクをコントロールできる仕組みが整うと，全社的なリスクマネジメントシステムが効率的に機能すると予想され，内部統制の三つの目的も達成可能となる。図2.1は，リスクマネジメントシステムと内部統制の構成要素との関係を整理したものである。この図から両者が直接あるいは間接的に関係していることが理解できよう。

ここまで検討した内容を整理すると，CSR活動の「識別」にかかわる会計問題で重要となるのは，業務の効率性と財務報告の信頼性を高めるという目的の達成に向けてCSRにかかわる諸事象をリスクと捉え，CSRリスクを未然に防止するCSRMSの運用・管理プロセスと，企業会計フレームワークとの結節点を探る点にあるといえる。こうした観点からCSR会計問題に接近すると，CSR活動に取り組む企業に求められる「パフォーマンスの向上」と「アカウンタビリティの遂行」という目標の因果関係の検証も可能となるはずである。

3. CSR会計の展開

(1) CSR会計の定義

　それでは，2004年にR-becから公表された「CSR会計ガイドライン（R-BEC 004)」[11]等のCSR会計に関する議論を踏まえて，「財務報告プロセス」との関連からCSR会計のあり方を模索しておきたい。

　本書は，CSRにかかわる諸事象を企業価値に重大な影響を及ぼす「リスク」と捉えることにより，CSR活動を事業活動の一部として認識して一連の活動に伴う「CSR関連コスト」を貨幣的な尺度で把握すること，そしてCSRにかかわるアカウンタビリティの遂行とパフォーマンスの向上という側面の因果関係に焦点をあてながら，そうした情報をつくり出す会計の仕組みを明らかにする点に眼目がある。したがって，CSR定量化の検討にあたっては，企業活動の内生的要因（経済的フローと社内ストック）を対象とする従来の企業会計（制度）が，企業の経済活動のすべての部分に関する影響をどのように捉えるかという点を主題として，具体的な対応策を講じなければならないことになる。

　このような基本思考に立脚すれば，外生的要因の展開の結果と認識されてきたCSRにかかわる諸事象をリスクと受け止めた場合に，従来の企業会計フレームワークをどのように再構成して，CSR会計システムを組み込むかが主要な論点であることが明示される。したがって，上述した論点を踏まえた本書が担うべき課題は，CSRリスクをコントロールするためのCSR会計情報の企業組織内におけるフローの仕組みを提示する点にあるといえる。

　そこで，まず，企業組織における全社的な情報フローの体現化にあたり，会計がマネジメントシステムと一体となって機能すべきことを，財務報告の作成プロセスとの関係から検証しておこう。

　近年のCSR問題に端を発する企業不祥事の発覚により，従来の企業会計フレームワークが対象とする企業活動の範囲に変化が生じている。これまで外生的要因の展開の結果とされてきた諸事象に関する対応が，企業の持続的な発展

にとって不可欠であると認識されると，それらの事象を会計によって識別・測定・伝達する仕組みを新たに編成しなければ，企業活動の全貌が把握できなくなり，財務報告を含むディスクロージャー面にも多大な影響を及ぼすことになってしまう。

このように，今日の財務報告（制度）が検討すべき課題は，「情報の利用者に対してどのような会計情報を提供すべきか」という視点だけでなく，「そうした情報をつくり出すための仕組みを，企業組織内においてどのような観点から策定すべきか」という議論へと重点が移行しているといってよい[12]。これは，CSR問題をはじめとする新たな事象に会計が直面するときに，組織内における会計情報の作成プロセスを見直すべきことを示唆している。

CSR会計研究において財務報告プロセスとの関係に焦点をあてるのは，企業活動とそれに至る意思決定プロセスを会計によってどのように映し出すのか，またそうした会計情報フローを企業組織内の情報フローとどのように関連づけるかという点が，検討すべき重要な課題と位置づけられるからである。つまり，財務報告プロセスとの関連からCSR定量化の問題を捉えると，企業活動を所与としてスタートするのではなく，「企業活動とそれに至った意思決定そのものにフォーカスした，会計による企業活動の映し方」を主題とすべきであり，企業組織内における会計情報フローの仕組みそのものを再検討することが，本書のメインテーマといえる。

これらの内容を整理すると，CSR問題と財務報告プロセスとを関連づけながら，企業組織内において会計情報フローの仕組みのあり方をあらためて問い直すことには，重要な意味があるといってよいだろう。CSRリスクが企業活動に重大な影響を及ぼす可能性があると経営の主体が認識して何らかの意思決定に及べば，会計に対してもCSRリスクをコントロールするための機能が要請されることになるからだ。

以上の考察を踏まえ，本書では次に示す定義に基づいてCSR会計フレームワークの設計と構築を試みている[13]。

「CSR会計とは，情報の利用者（企業内外のステークホルダー）が，企業の

CSR問題にかかわる事象をリスクと認識して判断や意思決定を行うことができるように，CSRリスクのマネジメントのあり方とCSRパフォーマンスの向上に関連する活動を，財務諸表の会計数値に基づいて貨幣単位で識別・測定して伝達するプロセスである」

上記の定義に示されるとおり，本書の対象となるCSR会計は，企業組織内のリスクコントロールをめぐる情報フローに着目して，そうした情報がどのように作成され，補正されて報告されるのかというプロセスを重視した会計フレームワークの設計と構築を指向している。このような形で展開されるCSR会計は，従来の企業会計のフレームワークの延長線上での展開を念頭に置き，外生的要因の展開の結果であるとされてきたCSR関連の支出を新たなコスト項目として認識して，CSRリスクマネジメントのプロセス分析やCSR活動の進捗状況の把握と評価に結びつける点にその特徴と意義を有する[14]。

それでは，以下において，こうした検討課題を踏まえながら，企業内の組織においてCSRリスクをどのように統制するかという点を，内部統制とリスクマネジメントシステムとの関係から考察してCSR会計フレームワーク設計の視点をより明確にしていきたい。

(2) CSR問題の会計フレームワーク

いかなる方法によってCSR活動を識別・測定・評価・伝達するかというCSR会計問題は，これからの会計学のあり方にも大きな変化をもたらす契機となると予想される。本書では，CSRリスクのマネジメントのあり方を含む企業責任を「CSR」と位置づけることで，CSR会計フレームワークの設計と構築に向けた会計理論を展開してその方向性を模索している。このようなアプローチを採用する理由は，CSRにかかわる諸事象と会計とを有機的に結びつけて問題に接近する場合，会計情報をつくり出す組織のあり方に着目して，CSRリスク（社会，環境，倫理・コンプライアンスなどにかかわる諸問題）が企業価値に及ぼすインパクトの評価という側面から企業会計フレームワークを再構成する必要があると考えたからである。

60　第2章　CSR会計の基本問題

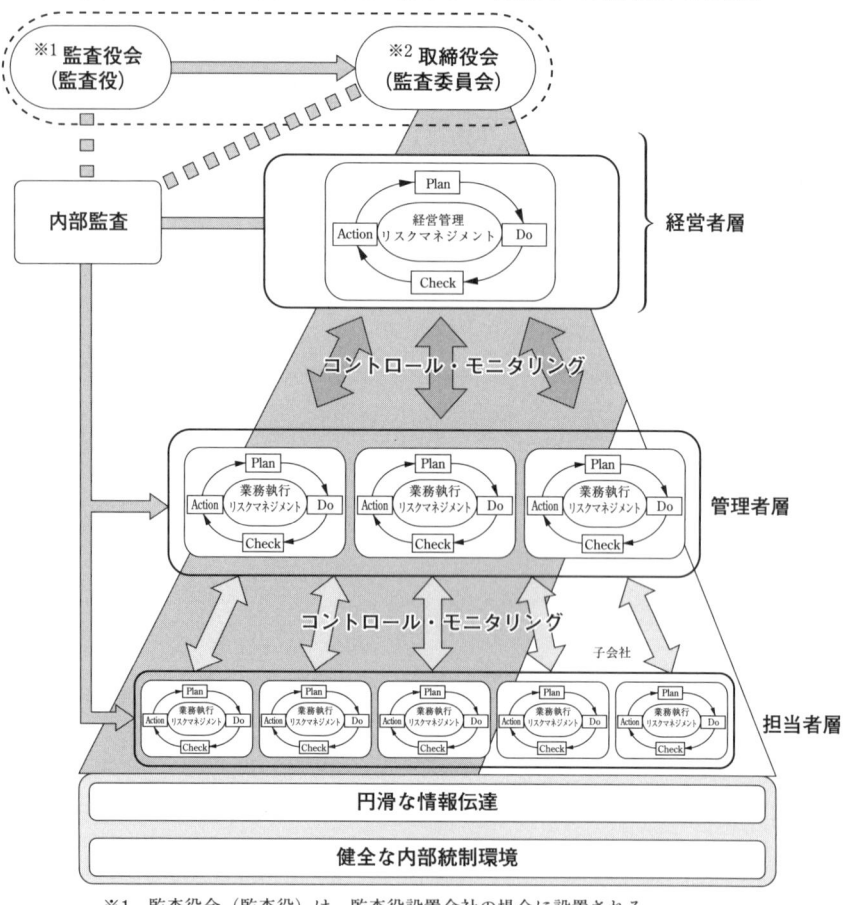

図2.2　リスクマネジメントと一体となって機能する内部統制の全体図

※1　監査役会（監査役）は，監査役設置会社の場合に設置される。
※2　監査委員会は，委員会等設置会社の場合に設置される。
出典：経済産業省リスク管理・内部統制に関する研究会『リスク新時代の内部統制：リスクマネジメントと一体となって機能する内部統制の指針』2003年，24頁に加筆・修正を加えて本図を作成。

　これらの内容を踏まえると，CSR会計システムが企業内外のステークホルダーに対して信頼性と目的適合性等の特性に適った情報を提供するには，CSRリスクを内部統制する仕組みの構築により，企業内の各部門間における業務の

連携を図りながらCSRにかかわる諸事象をマネジメントできる体制の整備が最優先の課題であることを再度確認しておきたい。つまり，CSR問題が企業会計フレームワークの再構成にどのようなインパクトを与えるのかという課題を検討する場合，図2.2のようにCSRリスクを含むリスクマネジメントのあり方を企業組織内の各階層においていかに内部統制していくかが，CSR会計にかかわる問題の中核になっている点に留意しなければならない。

上記の点を勘案すれば，CSR情報が財務諸表を補完する役割を果たすには，客観的かつ比較可能な方法によってCSR問題にかかわる諸事象を定量化するとともに，さらに自発的情報開示へと展開させて，企業会計フレームワークの再構成へとつなげることが重要である。

そこで，CSRの問題と会計を有機的に結びつけて考えるために，まずはCSRリスクが企業価値に及ぼすインパクトの評価，という側面からCSR会計の問題に接近する必要があろう[15]。

つまり，図2.3に示したように，初期的な取組み段階では，CSR問題にかかわる諸事象をリスクと捉えて，それらを未然に防止するためのマネジメント

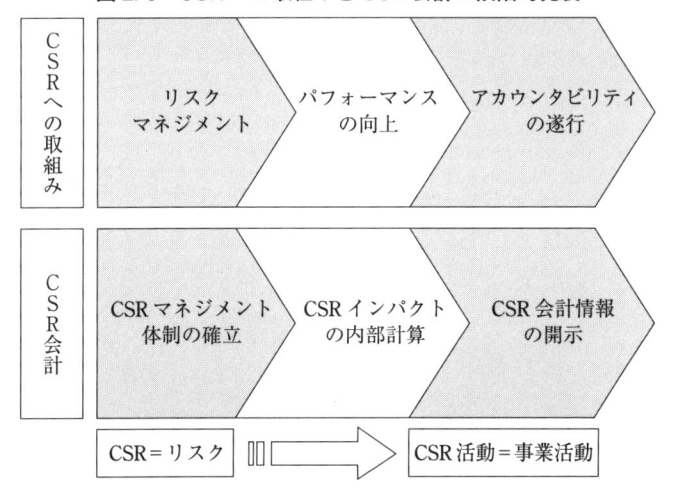

図2.3 CSRへの取組みとCSR会計の段階的発展

CSRへの取組み: リスクマネジメント → パフォーマンスの向上 → アカウンタビリティの遂行

CSR会計: CSRマネジメント体制の確立 → CSRインパクトの内部計算 → CSR会計情報の開示

CSR＝リスク ⇒ CSR活動＝事業活動

体制をどのようにして整備するか，といった側面から検討課題に着手しなければならない。さらに，次なる段階として，CSRに取り組む企業に求められる「パフォーマンスの向上」と「アカウンタビリティの遂行」という因果関係を明確にするために，CSRへの取組み状況を定量的に把握して開示するための定量化の枠組みをどのような視点から構築すればよいか，理論的な検討が求められる。こうした一連の検討を通じて，CSRへの取組みを事業活動の一部として定着させる経営環境が次第に整ってくる。

上記の視点を踏まえてCSRにかかわる会計問題を整理すると，まず議論の出発点として，CSR会計の基本領域において定量化の対象となる範囲の特定から問題に取り組むべきことが明らかとなった。そして，次の問題として，特定された範囲の中でCSR会計に求められる基本機能を具備したCSRリスクのコントロールに主眼を置く定量評価の枠組み作りに着手しなければならない。

4. CSR会計の基本機能

CSR会計は，従来の財務活動に加え，CSR活動領域として経済・環境・社会の三つの側面（この点に関する詳細ついては，第4章を参照）に関する企業活動も識別・測定対象とする総合的な会計システムの構築を目指している。すなわち，企業がその価値観に基づいて果たすべき社会的責任をどのように認識して対応しているのか，さらには社会に対してどのような形で貢献しているのか，という点を会計的な手法によって貨幣情報として表現することを企図しているのである。

こうした考えに基づくCSR会計に求められる最も基本的な機能は，企業内部においては，経営者（CEO）だけでなく部門管理者や従業員，さらに企業外部のステークホルダーに対しても，CSR活動や取組みに関する情報——CSRに関する企業の方針，目標，個々人が果たす役割等——を理解しやすい形で提供するという点にある。したがって，CSR会計の構築に際しては，継続的な企業内外のステークホルダーとのコミュニケーションを通じて，企業活動の維持・

4. CSR会計の基本機能

改善に役立つ情報の提供がその基底にあることを十分認識しておかなければならない。

CSR会計の最終的な目的は,新たな会計方法の普及を通じて社会に新しい企業価値評価の視点を提供することにより,企業の自律的かつ健全な事業活動を促進すると同時に,経済社会が地球環境や人間社会全体と調和的かつ持続的な発展へと導く点にある。

CSR会計を多くの利用者に広く活用してもらうためには,ステークホルダーとのコミュニケーション活動が企業経営の機能の一部を構成するという視点に立ち,以下に示す二つの基本機能（「報告機能」と「管理機能」）を一体的に捉えて,CSR活動に関する識別・測定・評価の枠組みの設計と構築に取り組む必要がある。

(1) 報 告 機 能
① ステークホルダーとのコミュニケーション機能

CSR会計の第一の主眼は,ステークホルダーにとって重要性の高いCSR情報を貨幣情報として提供する点にある。適切なCSR会計情報の公表は,ステークホルダーに対するアカウンタビリティを果たすことにつながり,企業の社会的信頼を高めると同時に,より適切かつ広い視野に立った企業の社会的評価の確立に寄与するからである。

CSR会計に関する情報は,多くの場合,CSR報告書を媒介手段としながら,企業のCSRへの取組姿勢や具体的な対応等と併せた情報公開が想定される。こうした報告の実践により,従業員や地域社会に属する関係者も企業の考え方や姿勢を認識できるきっかけとなるだけでなく,ステークホルダーによる企業に対する何らかの行動につながるかもしれない。

以上のように,適切なCSR会計情報の開示によってステークホルダーに対するアカウンタビリティの遂行につながるだけでなく,企業の社会的信頼を高めると同時に,社会的にもより適切かつ広い視野に立った企業の社会的評価の確立に寄与することが期待される。

② ステークホルダー別分配情報提供機能

　企業と何らかの関係を有するステークホルダーは数多く存在するが，従来，各ステークホルダーには，企業との関係はもとより，他のステークホルダーとの相対的な位置づけに関する情報は提供されずにきた。

　経営者が自社にとってより重要なステークホルダーに対して優先的に対応することは，企業本来の持つ経済主体という特性に照らしても妥当といえるが，場合によっては代表訴訟等のような経済法上の制裁を受けることも想定しておく必要がある。また一方で，ステークホルダーの立場からは，企業から自分たちが他のステークホルダーと比べて不平等な扱いを受けていないか，という点についてこれまであまり関心が高くなかったように思われる。

　上記の点を考慮して，CSR会計では企業がどのステークホルダーに対してどのような対応を行っているのかという点について，ステークホルダーとのコミュニケーション活動を行う場合の意思決定に有用となる客観的な会計情報を提供する。具体的には，ステークホルダー間の相互不信や利害対立などのコンフリクトの調整機能を果たすことを目的とした「ステークホルダー別分配計算書」を設け，報告主体の対象期間に属するすべての経済価値の源泉とその分配状況によって企業及び各ステークホルダーとの関係を明らかにする。

　以上のように，CSR会計システムは，従来の財務会計が提供してこなかったステークホルダーの視点からみた情報を，経営者及び各ステークホルダーに提供することにより，ステークホルダー間の利害調整にも配慮しなければならない。

(2) 管　理　機　能

① CSR活動のモニタリング機能

　CSR会計システムは，通常の事業活動からアウトプットされる財務諸表（損益計算書の私的コスト項目）をベースとして，CSRリスクにかかわる諸事象をCSRMSに準拠しながらCSR関連コストとして識別・抽出する仕組みである。

　CSR会計システムによってこれまで私的コストに内包されていたCSR関連

コストを識別できれば，次なる段階では財務諸表上のその他の費用項目との連携・統合によるコスト分析が可能となり，可視化されたこれらの情報に基づいて現在の活動内容を見直す機会や新たな活動領域の検討など，CSR活動のモニタリングが行える環境が整う。

さらに，財務諸表上の費用項目との比較・分析を通じて，CSR活動への新たな経営資源の投入を従来の会計情報に反映することも可能となる。

② **CSRに関する経営管理機能**

CSR会計は，CSR活動の定量的な把握・集計により，CSRMSにかかわる「プロセス」と「結果」の分析と評価を行う点に主眼を置く。こうした分析と評価の実践により，CSR活動に対する適切な経営判断とCSRへの取組みの促進に貢献すると考えるからである。

CSR会計の経営管理機能とは，企業等のCSR情報システムの一環として，CSRMS及びCSR活動の定量的な把握・集計とその分析・評価による，適切な経営判断を通じた効率的かつ効果的なCSR活動への取組みを促す機能を意味している。具体的には，企業内部において，CSR活動領域別のCSR関連コストを前期と当期に分けて数値情報で表示して分析・評価を行うことで，CSR活動が事業活動に与える影響が把握できる。CSR活動に費やしたCSR関連コストは，CSR基本方針や経営戦略に基づく活動が実践されたかどうかの検証を可能とするだけでなく，ステークホルダーに対する経済価値配分の基礎データとして利用することもできる。

このように，CSR会計には，その利用を通じて経営者や関係部門等における経営管理及びコミュニケーションツールとしての役割が期待されている。しかし，CSR会計情報が現実にこうした役割を十分に果たせるのか，さらには直接的に企業業績に影響しない点や，短期的にはコスト要因となることも想定しておく必要がある。この点について，経営者は長期的な視野からその立場と考え方を明確にしておかなければ，CSR会計の有する経営管理機能の有効活用は図れないであろう。

5. お わ り に

　CSR会計研究が何よりも意義があるのは，CSRをキーコンセプトに据えて企業会計フレームワークの再構成を試みる点にある。つまり，CSR会計は，会計情報や財務報告を創出する企業組織の再編成，それが会計情報及び財務報告のあり方に及ぼす影響を，財務会計のみでなく監査，管理会計における情報の有用性をも視野に入れた会計学のフレームワークの設計と構築を目指しているからである。

　そこで本章では，次の課題の検証によってCSR活動の「識別」にかかわる会計問題を考察した。CSR活動を会計的に識別するには，まず，財務報告を含むディスクロージャーの観点から見たコーポレート・ガバナンス問題に着目することが重要であり，「企業活動とそれに至った意思決定そのものにフォーカスした，会計による企業活動の映し方」を主題とした，企業組織内の会計情報フローの仕組みそのものの再検討を要する点を指摘している。

　さらに，CSRリスクマネジメントをめぐる内部統制問題の考察から，信頼性と透明性の高い財務報告を作成するには，企業組織内に内部統制のフレームワーク（リスクマネジメントプロセス）を導入して自律的かつ横断的なCSRMSを構築することと，会計システムがCSRMSと一体となって機能すべきことを，財務報告プロセスとの関係から明らかにした。

　以上の流れにしたがって本章では，CSR活動を会計的に「識別」する際に求められる視点が，CSRリスクを未然に防止するCSRMSの運用・管理プロセスと，企業会計フレームワークとの結節点から導き出されるという考え方を提起している。そして，これらの考察結果を踏まえて，CSR会計を，「情報の利用者が，企業のCSRにかかわる事象をリスクと認識して判断や意思決定を行うことができるように，CSRリスクマネジメントのあり方とCSRパフォーマンスの向上に関連する活動を，財務諸表の会計数値に基づいて貨幣単位で認識・測定して伝達するプロセスである」と定義して，ステークホルダーとのコミュ

ニケーション活動に重点を置きながら，CSR 会計に求められる基本機能（「報告機能」と「管理機能」）を具備した会計フレームワークを設計・構築する必要があるとの見解を示した。

注

（1） 本書では，一般の経営者の感覚として情報の質を捉えているが，理論的な側面からみた場合，CSR 情報に関する判断基準には検討の余地があることを付記しておきたい。
（2） Committee of Sponsoring Organization of the Treadway Commission, *Internal Control-Integrated Framework*, AICPA, 1992, p. 13（鳥羽至英，八田進二，高田敏文共訳『内部統制の統合的枠組み：理論編』白桃書房，1996 年，18 頁）．
（3） COSO, *Ibid.*, p. 10（鳥羽至英他，前掲訳書，19 頁）．
（4） COSO, *Ibid.*, p. 12（鳥羽至英他，前掲訳書，23 頁）．2005 年 7 月に公表されたわが国の内部統制に関する公開草案では，財務報告に係る内部統制の視点から，COSO レポートの三大目的に四つ目の目的として「資産の保全」を加えている点に特徴がある。また，基本的要素についても，COSO レポートの五つの要素に「IT の利用」を加えている点に差異が見受けられる。
（5） 鳥羽至英『内部統制の理論と実務：執行・監督・監査の視点から』国元書房，2005 年，129-130 頁。
（6） 例えば，事業活動に内在する CSR リスクを浮き彫りにして，具体的にどのような CSR 活動に取り組むべきかを明らかにする仕組みとして，「倫理法令遵守マネジメントシステム」を全社レベルで導入・運用することも一案であると考える。この点については，次の文献を参照されたし。高巌『コンプライアンスの知識』日本経済新聞社，2003 年，89-93 頁。
（7） COSO, *Ibid.*, p.12（鳥羽至英他，前掲訳書，23 頁）．
（8） Committee of Sponsoring Organization of the Treadway Commission, *Enterprise Risk Management Framework*, AICPA, 2004.
（9） この点については，次を参照されたい。経済産業省リスク管理・内部統制に関する研究会『リスク新時代の内部統制：リスクマネジメントと一体となって機能する内部統制の指針』2003 年，及び，日本公認会計士協会『経営研究調査会研究報告書第 26 号：CSR マネジメント及び情報開示並びに保証業務の基本的考え方について』2005 年。
（10） The Institute of Chartered Accountants in England & Wales, *Internal Control : Guidance for Directors on the Combined Code*, September 1999, par. 9, par. 17.
（11） 麗澤大学企業倫理研究センター編『R-BEC004：CSR 会計ガイドライン』麗澤大学企業倫理研究センター，2004 年。なお，R-BEC004 は，2007 年 12 月に R-BEC007 として改訂された。麗澤大学企業倫理研究センター編『R-BEC007：CSR 会計ガイドライン』

麗澤大学企業倫理研究センター，2007 年（http：//www.r-bec.reitaku-u.ac.jp/files/R-BEC007.pdf）。
(12)　今福愛志「財務報告をめぐる情報フローの再編成：ディスクロージャー委員会とコーポレート・ガバナンス問題」『産業経理』Vol. 64 No. 2，2004 年，4 頁。
(13)　拙稿「リスクマネジメントをめぐる CSR 会計の体系化：CSR 活動の『認識』『測定』問題を中心として」『経営会計研究』第 5 号，2005 年，35 頁。
(14)　著者の提案する CSR 会計フレームワークでは，CSR 会計計算書として，企業の環境・社会的側面にかかわる CSR 活動の状況を把握するために，CSRMS に準拠しながら CSR 関連コストを識別して作成する「CSR 活動計算書」と，マルチステークホルダーに対する経済価値の分配状況を明らかにするために，損益計算書を新たな視点で組み替えて作成する「ステークホルダー別分配計算書」の二種類の計算書の利用を想定している。CSR 会計計算書のメカニズムと具体的な内容については，第 4 章を参照のこと。
(15)　この点については次の文献を参照されたい。今福愛志「CSR 会計のフレームワークの再構成：CSR リスクマネジメントと会計」『企業会計』Vol. 56 No. 9，2004 年，18-19 頁。

第③章 | CSR 会計フレームワークのデザイン

1. は じ め に

　CSR にかかわる会計問題の主題は，企業がステークホルダーに対して果たすべき経済的責任と社会的責任との均衡に重点を置き，従来の会計理論では識別・測定の対象と捉えていなかった CSR に関する諸要素を，企業活動の社会的インパクトとしてコストアプローチによって体系的に把握する点にある。つまり，CSR 会計は，マネジメントシステムに準拠しながら CSR 活動領域別にコスト項目を識別し，「CSR 関連コスト」として表現する点にフレームワーク設計のポイントがある。これは，経営活動全体から CSR 活動領域別にコスト部分を分離・独立させる新たな仕組みとして「内部 CSR 会計システム」を従来の会計情報システムに組み込むことを意味する。

　本章の目的は，上記の考えに基づいて設計された会計フレームワークにより，CSR 活動の財務的インパクトを実際にどのような処理を通じて把握すればよいのか，CSR 会計理論の中核を担う CSR 関連コストの識別と測定の枠組みに関する考察を中心に具体的な検証を行う点にある。それでは，CSR 活動によって生じたコスト部分を，企業会計のフレームワークにおいてどのような方法で把握すればよいのであろうか。

　上記の問いに対して，本章では，従来の企業会計フレームワークの延長線上で CSR 会計を展開するには，どのような視点から CSR 定量評価を実践すべきか，企業組織内における情報フローの再編成に焦点を合わせて，CSR 会計システムが有効に機能するための CSR 会計データ識別・測定の枠組み― CSR 会計における CSR 関連コストの捉え方―について検討を加えておきたい。

2. CSR関連コストの範囲をめぐる識別・測定問題

これまで見てきたように，CSRにかかわる諸事象は，企業にとって重大な影響を及ぼす「リスク」として次第に顕在化している。会計学がCSRという新たな事象に直面した場合には，CSR問題を会計の内生的要因の展開と捉えて企業会計フレームワークを再構成しなければ，CSR活動の進展状況や達成度を定量的に表現することは困難といえる。

そこで，前述した定量評価モデルの検討課題を踏まえて，本書が提案するCSR会計システムにおけるCSR関連コスト定量化の枠組みを具体的に検討したい。

(1) CSR関連コストの概念と範囲

CSR問題に取り組む企業は，CSRリスクを軽減するためにマネジメント体制を整備するとともに，その運用と管理のプロセスを通じてCSRパフォーマンスを向上させ，その結果をステークホルダーに対して説明する，という責務が課せられている。

そこで次なる段階の問題は，CSRパフォーマンスの向上とアカウンタビリティの遂行を両立させるために，CSR活動に伴って生じるCSR関連コストをいかなる方法によって会計フレームワークに反映させるかという検討課題を，どのような視点から理論的に整理すればよいかという点に集約される。

CSR関連コストの識別・測定問題で重要な点は，負担する経営主体による区分にしたがって，企業が支出するコストを「私的コスト (private cost)」と「CSR関連コスト」[1]に分類して理論的検討を行うことにある。したがって，実際に事業活動における貨幣的支出，すなわち，私的コストの中に埋没するCSR関連コストを識別して分離・独立させるには，さらなる詳細な区分に基づきながら問題を論証しなければならない。

つまり，CSR関連コストは，すでに貨幣的支出がなされた私的コストに埋

没する「私的CSR関連コスト」と，CSR活動に取り組むことによって将来支出が予想される「潜在的CSR関連コスト」，及び企業活動によって第三者（社会）が被っている損害部分である「社会的CSR関連コスト」[2]の三つに細分できる。このようにCSR関連コストは三つのカテゴリーに区分されるが，企業会計フレームワークの延長線上でCSR会計を展開する場合には，私的コストに埋没する「私的CSR関連コスト」を識別して抽出することが最優先の課題となる。

以上の論点を整理して，損益計算書における私的コストと私的CSR関連コストの関係を図示したものが，図3.1である[3]。

一般に損益計算書の私的コストと呼ばれるものの中には，「売上原価」や「販売費及び一般管理費」「営業外費用」「特別損失」が含まれる。現時点の企業会計においては，これら私的コストのすべての部分にCSR活動に関連した貨幣的な支出が内包されており，私的CSR関連コストを分離・独立させるには，後述する「内部CSR会計システム」を企業会計のフレームワークの中に組み込む必要がある。

以上のように，私的CSR関連コストが従来の私的コストのどの部分に対応しているかを明らかにすることにより，CSRリスクをどの程度軽減できてい

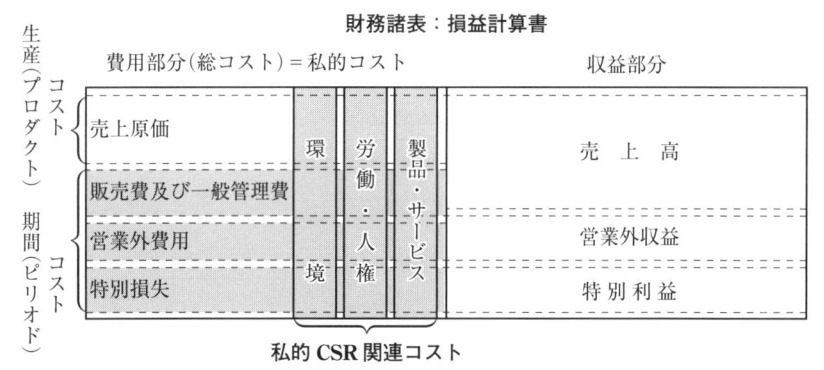

図3.1 損益データにおける私的CSR関連コストの位置づけ

財務諸表：損益計算書

生産（プロダクト）コスト / 期間（ピリオド）コスト	費用部分（総コスト）＝私的コスト			収益部分
売上原価	環境・人権	労働	製品・サービス	売 上 高
販売費及び一般管理費				
営業外費用				営業外収益
特別損失				特別利益

私的CSR関連コスト

出典：拙稿「"CSR会計"への理論的側面からのアプローチ」『Cyber Security Management』Vol. 6 No.64，2005年，43頁に加筆・修正を加えて本図を作成。

るか，さらにどの程度CSRパフォーマンスが向上しているか，という活動状況を判断する際の基礎データとして利用することが可能となる。

(2) CSR関連コスト内部化のプロセス

　CSR会計のフレームワークはどうあるべきかを考えてみると，企業が自らの価値観に基づいてどのようにCSRを捉えて，どのような方法によってリスクに対応しているのか，というCSRリスクのマネジメントのあり方が現実に問題となっており，これはCSR会計を展開する上で重要な視点を提供している。

　このことは，CSRリスクを含むリスクマネジメントを内部統制システムの中に統合する問題と深くかかわっている[4]。つまり，効率的かつ効果的な取組みの実現と，CSR活動に対する企業内外のステークホルダーの理解や協力を得るために必要なことは，CSRを事業活動全体の中に統合して捉え，組織内のCSR推進にとって有用な取組みに関する情報を提供する点に求められるからである。この点こそ，CSR会計のあり方の中核ともいえる部分といってよい。

　図3.2で示したように，CSR会計問題を解くカギは，まず企業会計のフレームワークにCSRにかかわるコストをどのように位置づけて，いかなる方法によって新たなコスト項目として組み込んでいくかという，CSR関連コスト内部化のプロセスを解明する点にある。すなわち，従来の財務会計では認識できなかった事業活動の外生的な部分を，いかにして企業会計フレームワークに反映させるかという点から段階的に検討を進めることが，CSR会計をめぐる検討課題を浮き彫りにする第一歩といえる。これは，CSR活動の結果生じるCSR関連コストを，従来の財務会計上のコストとは別に洗い出し，新たなコスト項目として会計上認識して整理することを意味している。こうした考え方に基づき，本書では企業が負担するコストを「私的コスト」と「CSR関連コスト」に分類して考察を進めるが，後者のCSR関連コストは従来の企業会計のフレームワークでは私的コストの範疇に含まれており，現時点ではその実態が明らかにされていない部分である。

2. CSR関連コストの範囲をめぐる識別・測定問題　73

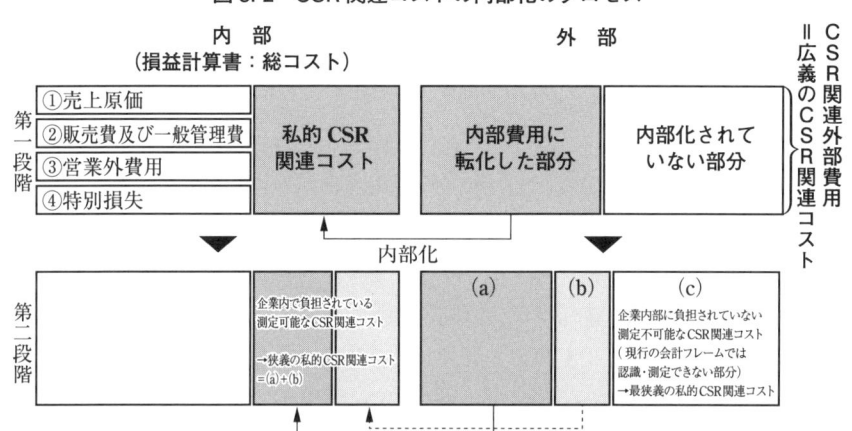

図3.2　CSR関連コストの内部化のプロセス

	内　部 (損益計算書：総コスト)		外　部		＝CSR関連外部費用＝広義のCSR関連コスト
第一段階	①売上原価 ②販売費及び一般管理費 ③営業外費用 ④特別損失	私的CSR関連コスト	内部費用に転化した部分	内部化されていない部分	
	▼	↑内部化	▼		
第二段階		企業内で負担されている測定可能なCSR関連コスト →狭義の私的CSR関連コスト＝(a)＋(b)	(a)	(b)	(c) 企業内部に負担されていない測定不可能なCSR関連コスト(現行の会計フレームでは認識・測定できない部分) →最狭義の私的CSR関連コスト

出典：拙稿「企業価値評価のためのCSR会計の基本フレーム：CSRの測定方法とディスクロージャーの視点から」『青山マネジメントレビュー』No. 7, 2005年, 48頁を一部修正して本図を作成。

　本書ではこの点に着目して，事業活動に直接関連のない外生的な要因の展開の結果として扱われてきたもの（広義のCSR関連コスト）の中で，すでに何らかの形で企業内部において負担され，内部費用として処理されているもの［(図3.2の(a)部分)］から段階的に企業会計のフレームワークに反映させることが，CSRと会計にかかわる問題解決の糸口であると考えている。

　つまり，すでに内部費用には含まれているが，現時点ではCSR関連コストとして識別されていない部分を，マネジメントシステム（PDCAサイクル）をインジケータ（指標）として抽出し，コスト項目として整理するプロセスを，CSR定量化の第一段階と著者は位置づけている。

　上記の方法により，財務会計上の費用項目（「売上原価」「販売費及び一般管理費」「営業外費用」「特別損失」）に内包されるCSR関連コストを顕在化させ，その他の財務会計上のコストと連携・統合できれば，現在の活動内容を見直す機会や新たな活動領域の検討を行う際に貴重な情報源となるからである。さらに，財務諸表における損益データとの相対的な比較・分析を通じて，CSR活動への新たな経営資源の投入［図3.2の(b)部分］を企業会計のフレームワークに反映させることも可能となるであろう。

（3） 内部 CSR 会計システムにおける識別と測定

　CSR をめぐる会計問題は，各経営主体の会計行為の連鎖をひとつのまとまった「財務報告プロセス」と捉えて，そうした一連のプロセスにおいて CSR にかかわる諸事象をいかに企業会計のフレームワークにとり込んでいくかが，その核心部分を構成している。このように考えると，従来の会計フレームワークから CSR 関連コストを抽出して集計する仕組みである内部 CSR 会計システムが，CSR 会計のあり方の中核を担っていることが理解できるであろう[5]。

　CSR 会計の意義は，従来の企業価値評価にはなかった新たな視点として，CSR 活動への取組みをリスクマネジメントの観点から経済的側面，環境的側面，社会的側面に区分して貨幣額を用いて定量化を試みた点にある。これは，図3.3

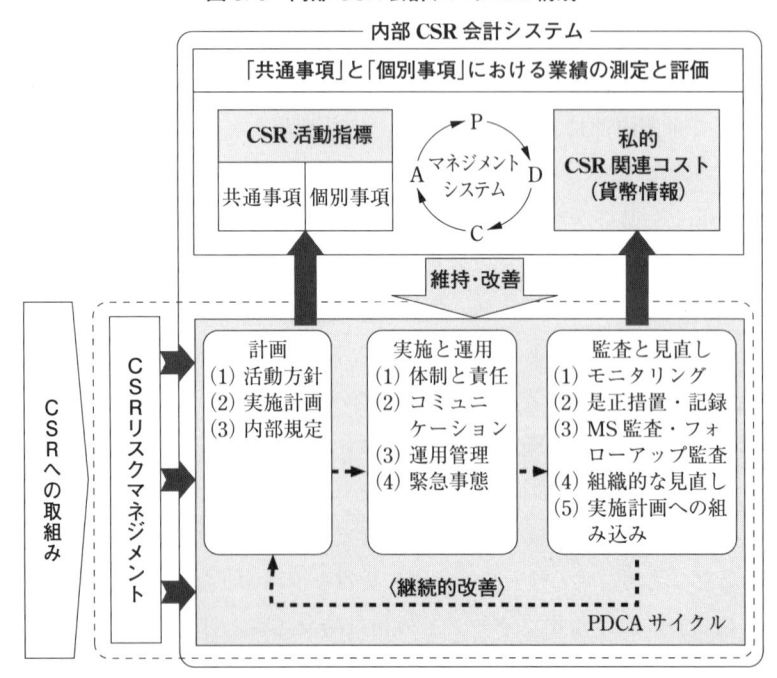

図3.3　内部 CSR 会計システムの構成

出典：拙稿「リスクマネジメントをめぐる CSR 会計の体系化：CSR 活動の『認識』『測定』問題を中心として」『経営会計研究』第5号，2005年，34頁。

に示した「内部CSR会計システム」によるCSR活動の定量化によって実践される。

ここで，内部CSR会計システムの導入とは，通常の事業活動に基づく会計情報とは別の観点から，CSR問題にかかわる諸事象をマネジメントシステムに準拠してコスト項目として識別して抽出するために，現行の会計フレームワークの再構成を通じて会計処理プロセスに新たな仕組みを組み込むことを意味する。

そして，次なる処理プロセスとして，内部CSR会計システムによって識別して分離・独立させた私的CSR関連コストを集計・整理するために，CSR活動領域別に集計用のフォーマットとして「CSR会計計算書」を準備しなければならない。集計用のフォーマットに設定する活動指標は，活動領域ごとにCSRMSに準拠した「共通事項」と「個別事項」の区分にしたがって設定を行い，これらの指標に基づいて「私的CSR関連コスト」を集計・整理していく。そして，活動領域別のフォーマットに集計・整理した後（ないしは同じタイミングで），CSR問題にかかわる諸事象の財務的な影響を明らかにするために，損益計算書の費用項目と私的CSR関連コストを併記して統合用のフォーマットを作成する。このような枠組みを採用する理由は，活動や取組みそのものが企業の理念・経営方針やCSR基本方針，及びCSR活動を推進するためのマネジメント体制に基づく結果であるか否かを，私的CSR関連コストと財務諸表の損益データとを関連づけて分析と評価を行うためである。

以上のように，CSR会計は会計情報をつくり出す企業組織の再編プロセスを通じてCSR問題にアプローチすることで，企業の果たすべき社会的責任をステークホルダーとの関係から明確化するとともに，CSR的視点を組み入れた企業活動の成果を，会計的な手法によって識別・測定・伝達する企業価値評価の新たな尺度を提供する。

こうした枠組みによって体系化されたCSR会計システムが実務で導入されることになれば，社会に新たな企業価値評価の尺度が提供できるだけでなく，企業の自律的かつ健全な事業活動の促進にもつながるなど，経済社会が地球環

境や人間社会全体と調和を図り，企業が持続的な発展を遂げるための社会インフラとしてその役割を発揮できると考えている。

3. CSR会計情報の利用者とCSR会計の基本領域

(1) CSR会計情報の利用者と情報要求

　企業行動の実態を表現する尺度（＝情報）には，「貨幣情報」「物量情報」「記述情報」という三つの情報レベルが存在する。CSR会計を展開する媒体としてCSR報告書を想定した場合，情報の範囲は貨幣情報に限定されるわけではなく，物量情報や記述情報も含めたより広い範囲の情報を用いて活動実態を表現することができる。これに対して，財務報告書を媒体とするときには，取り扱う情報の範囲がCSR報告書の場合とは異なり，財務諸表に記載される貨幣情報と，財務諸表を補完するための経営活動に関する記述情報がその対象となる。

　このように，取り扱う情報の範囲は媒体によって異なる点はすでに説明したが，本書におけるCSR会計の目的は，CSR問題の財務的影響を従来の会計情報（財務諸表）と関連づけて適切に会計処理を行って開示する点にある。したがって，本書では，財務諸表にかかわるCSR会計問題を対象として，情報の範囲を貨幣情報のみに限定したCSRの定量化に関する理論的な検討を中心に議論を進めていきたい（情報開示に関する詳細については後述する）。

　それでは，財務諸表にかかわるCSR会計を展開することの理論的根拠を明らかにするために，国際会計基準委員会（International Accounting Standards Committee：以下，「IASC」と略記する）から公表された「財務諸表の作成・表示に関する枠組み(Framework for the Preparation and Presentation of Financial Statements)」(以下，「IASC概念フレームワーク」と略記する）に基づき，CSR会計の「目的」と対象となる「情報の利用者」，及びその「情報要求」について内容を確認しておこう。

　まず，IASC概念フレームワークでは，「財務諸表の目的」を，「……（中略）……，広範な利用者が経済的意思決定を行うにあたり，企業の財政状態，経営

成績及び財政状態の変動に関する有用な情報を提供すること」[6]にあり，投資意思決定情報の提供が，財務諸表（＝会計情報）に求められる最大の機能であると規定している。

財務諸表の利用者については，「……（中略）……，現在及び潜在的な投資家，従業員，債権者，仕入先及びその他の取引業者，得意先，政府及び監督官庁，一般大衆」[7]という七種のステークホルダーを列挙している。

そして，「財務諸表は，これら利用者の情報要求のすべてを満たすことはできない。しかし，すべての利用者に共通する情報要求がある。投資家は企業のリスク資本の提供者であるので，彼らの要求を満たす財務諸表を提供することによって，財務諸表が満たすことのできるその他の利用者の大部分の要求を満足させることになるであろう」[8]と述べ，財務諸表の主たる利用者として「投資家」を掲げて，投資家のニーズに焦点を合わせればその他の利用者の情報要求も満たせると説明している。

上記の点に関しては，2004年9月に公表されたわが国の企業会計基準委員会『討議資料：財務会計の概念フレームワーク』においても，同様の見解が示されている。

「財務報告の目的は，企業価値評価の基礎となる情報，つまり投資家が将来のキャッシュフローを予測するのに役立つ企業成果等を開示することである。この目的を達成するにあたり，会計情報に求められる最も基本的な特性は，意思決定有用性である。すなわち会計情報には投資家が企業の不確実な成果を予測するのに有用であることが期待されている。」[9]

これら代表的な財務会計概念フレームワークの見解を踏まえると，財務諸表との連携を図るCSR会計システムを展開する場合には，広範なステークホルダーの情報要求を満たすために，投資家を対象とした意思決定に有用な情報の提供を目的とする枠組みが求められる，という結論が得られた。

それでは次なるステップとして，ここで検証した情報要求を満たすために，CSR会計で記載すべき情報はどのようなものなのか，という点を詳しく見ていきたい。

(2) CSR 会計の基本領域と対象となる範囲

　CSR の問題が会計に及ぼすインパクトを明らかにする作業プロセスとして，CSR 会計の基本領域を整理することからはじめよう。

　具体的な議論に入る前に，まず企業会計の役割について整理しておきたい。

　「現代の企業会計は，企業の社会的責任の増大に照応して，ますますその財務情報を外部の利害関係者（ステークホルダー；引用者注）に伝達する役割を重視しなければならない必要性に迫られるにいたった。」[10] 財務情報の開示の責任は，まさしく「会計責任（accountability）」であり，これこそ「企業の社会的責任にほかならず，財務会計は，この観点に基づいて財務情報を測定し，その結果を外部の利害関係者に伝達」する役割を担っている[11]。

　こうした役割を担う企業会計は，通常，その用途や用法によって「内部（報告）会計＝管理会計」と「外部（報告）会計＝財務会計」に分類される。この考え方にしたがえば，CSR 会計の基本領域も「内部報告を目的とする領域」と「外部報告を目的とする領域」に分けて考えることが可能である。

　このようにして基本領域を明らかにすることは，企業会計フレームワーク再構成の道筋を浮き彫りにするだけでなく，そのプロセスにおいて生じた問題点や課題に適切に対応する理論的な発展方向を示す際に有効なアプローチと考える。次に，これら二つの基本領域において対象となる会計の範囲を見ていくことにしよう。

　第一に，内部報告を目的とする CSR 会計は，CSR 問題が企業価値に及ぼすインパクトの内部計算，及びそれらをいかにして経営管理に応用するかという点の検討を目的とした領域（内部 CSR 会計システムの領域）である。しかし，端緒の時期にある CSR 会計の現状を勘案すると，従来の管理会計で見られるような経営管理への応用の可能性を言及する段階に至っているとはいえないであろう。

　そのため，CSR 会計の第一段階では，CSR 活動の実態をどのような方法によって貨幣単位で定量化していくか，というインパクトの識別・測定問題に議論を限定せざるを得ない。したがって，本領域にかかわる会計問題は，企業会計フ

レームワークにおける私的コスト[12]の中に隠れたCSR関連コスト（貨幣的支出としてすでに内部化されているCSRにかかわるコスト）を識別し，新たなコスト項目として分離・独立させることが主要なテーマとなる。

　第二に，外部報告を目的とするCSR会計は，その識別と測定の対象を整理して，そこで得られた情報の企業外部への伝達を目的とした領域（外部CSR会計システムの領域）である。その際，使用する媒体（手段）としては，財務報告書とCSR報告書（CSRレポートないしサステナビリティ報告書などを含む）が想定されるが，この異なる二つの媒体（捉え方）は，それぞれの目的とする開示内容に差異があるために，結果として取り扱う情報の範囲にも違いが生じてしまう。さらに，財務報告書を対象とする場合には，その情報を財務諸表本体，注記，補足情報のどこに記載するかが問題となってくる。

　以上の内容を踏まえると，外部報告を目的とするCSR会計の焦点は，期間損益計算の枠組みにおいて，「CSR活動の定量化で用いられる情報の範囲を明確にする」ことと，「CSRにかかわる支出をどのように識別・測定し，開示するのか」という点にあるといってよい。

　このような観点に照らすと，企業会計における二つの領域は，「はじめからそれぞれが別個に存在している（完全に独立している）ものではなく，同じ物事の異なった側面であるにすぎず，会計情報の成り立つ基礎資料はほとんど同じ源泉から得られる」[13]ことがわかる。つまり，こうした領域形成の出発点は，「……（中略）……それが企業会計すなわち財務会計の伝統的枠組みのなかで形成された」ということであり，「企業会計の総合的・構造的把握のためにも，基本的要素の内在的展開として捉えること」が必要なのである[14]。このように，会計情報の用途や用法の違いに応じて，それぞれがとり込まれた経済資料に関する測定や伝達の方法に違いが生じ，そのために属性が異なったものへと分岐して，これら二つの領域は形成されたのである。

　ここまでの内容を整理すれば，企業内部におけるCSR活動の定量化と企業外部（ステークホルダー）への情報開示を別々の会計領域に関する問題として捉えるのではなく，両者は表裏一体の関係にあるという視点からCSR会計の

理論を組み立て，さらに会計システムの形成へと発展させる点が重要であることが理解できるであろう。

　つまり，企業内部のCSR問題にかかわるインパクトの適切な把握を中心課題とする内部CSR会計システム（管理会計的側面）は，企業外部への情報開示に主眼を置く外部CSR会計システム（財務会計的側面）にとって不可欠な要素であり，両者が有機的に統合されずして，CSR問題に関連する有用な情報提供を目的とする会計フレームワークの展開は不可能といっても過言ではない。

　CSRにかかわる諸事象との関連で会計問題を捉えると，それは財務報告プロセスのあり方の再編にとどまらず，より広い視点からコーポレート・ガバナンス・システムの強化までを対象とした問題として，CSR会計をめぐる課題に取り組む必要性を示唆している。こうしたCSRの定量化問題と財務報告プロセスのあり方に関する検討を通じて，CSR活動を事業活動の一部と位置づけ，全社的な業務フローの中で各部門間の連携を図りながら，CSRリスクマネジメントをガバナンスできる仕組みが整っているか，会計的な手法によって識別・測定・評価する枠組みを形成しなければならない。

　より具体的には，コーポレート・ガバナンス・システムの強化を前提として，CSRリスクの内部統制が組織内で有効に機能しているか否かを，企業会計のフレームワークにCSR会計システムを組み込むというメカニズムによって究明することが，CSR会計問題のコアを形成しているといえるだろう。

　以上のように，CSR会計フレームワーク設計の視点は，CSRにかかわる諸事象を個々の企業の社会的責任問題に限定するのではなく，CSRリスクマネジメントを内部統制するための財務報告プロセスのあり方に焦点をあてて，マネジメントシステムに基づく具体的な取組みを，財務諸表との関係から企業会計のフレームワークに反映させる点に眼目がある点をここで確認しておきたい。

4. CSR会計の一般的要件

(1) 前提条件：CSR会計で記載すべき情報は何か

　CSR会計の実施にあたり，財務報告書に記載すべき情報の一般的な要件（必要事項）は，基本的に財務会計の場合と違いはない。つまり，報告主体である企業は，CSR会計を通じた情報の開示にあたり，重大な誤謬や恣意性に基づく偏りを排除し，公正妥当な判断に基づいて正確かつ明瞭に，そして重要な情報を開示しなければならないからである。

　CSR会計は，まず，①CSR関連コストを識別して分離・独立させるための仕組みとして，内部CSR会計システムを構築することから着手する。次に，分離・独立させたコストを集計・整理するために，②CSR活動領域別に設けた集計用のフォーマット（=CSR会計計算書）に，CSRマネジメント体制を維持・改善のために要したコスト（費用額と投資額）を，前期と当期とに分けて貨幣額で計上する。

　このような流れで測定・集計されたCSR会計情報の報告にあたっては，現在及び将来の投資家，債権者その他の情報利用者が，合理的な意思決定を行うために有用な情報を提供すること，そしてCSR会計情報を通じてそれらステークホルダーとのコミュニケーションを促進することを最も重視している。

　上記の内容を踏まえると，CSR会計情報は，目的適合性や信頼性などに加えて，多様なステークホルダーが理解できる点や，ステークホルダーが同意できる情報が選択されている点などの要件も兼ね備えていなければならないことになる。

　CSR会計が以上のような要件を具備して本来の機能を発揮するには，CSR会計の基礎にある経営そのものが透明性を保持し，経営者がその意思決定に際して合理的かつ中立的な判断を行うとともに，行動することが大前提となる。

82　第3章　CSR会計フレームワークのデザイン

(2) CSR会計の要件：留意すべき情報の重要原則は何か

　CSR会計では，マネジメントシステムに準拠した内部CSR会計システムを経て，CSRマネジメント体制の維持・改善のために要したCSR関連コストを貨幣情報によって表示する，という流れでCSRインパクトの財務的影響に関する識別・測定・集計作業を行っていく。

　CSR会計情報を有用なものとする情報の質的特性は，さまざまな属性のものから成り立っているが，図3.4はこうしたCSR会計情報を有用なものとする特性間の関係を示している。CSR会計情報の有用性を高めるには，財務会計がそうであるのと同様に，記載される情報が一定の原則にしたがって作成されたものでなければならない。CSR会計が情報開示者に対して求める情報の重要原則は，図3.4に示した16項目から構成される。

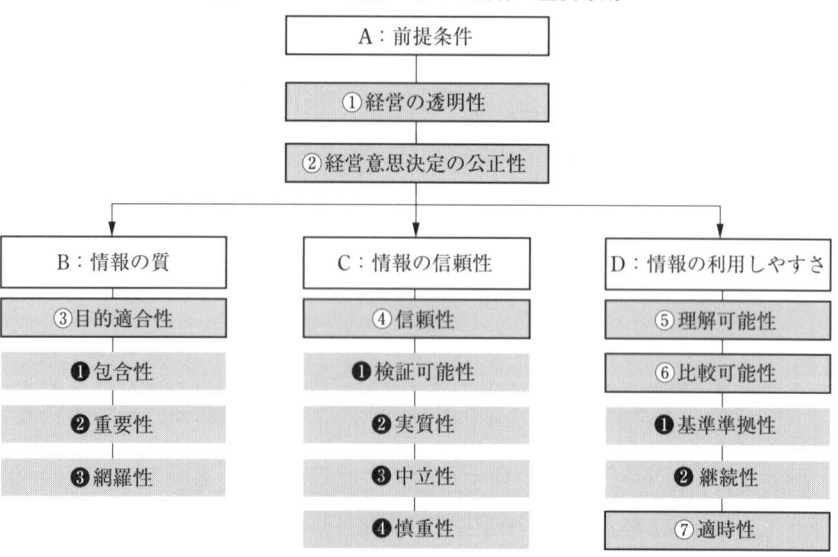

図3.4　CSR会計における情報の重要原則

```
          A：前提条件
          ①経営の透明性
        ②経営意思決定の公正性
    ┌─────────┼─────────┐
 B：情報の質   C：情報の信頼性   D：情報の利用しやすさ
 ③目的適合性      ④信頼性         ⑤理解可能性
 ❶包含性        ❶検証可能性       ⑥比較可能性
 ❷重要性        ❷実質性          ❶基準準拠性
 ❸網羅性        ❸中立性          ❷継続性
                ❹慎重性           ⑦適時性
```

出典：麗澤大学企業倫理研究センター編『R-BEC007：CSR会計ガイドライン』麗澤大学企業倫理研究センター，2007年，22頁。

【A：前提条件としての原則】
① 経営の透明性
　CSR会計が信頼され，本来有する社会的かつ経営的な機能を発揮するためには，経営者の理念や方針，経営手法，具体的なマネジメント手法，情報開示や会計の方針などをステークホルダーに対して合理的な範囲で明らかにしなければならない。

② 経営意思決定の公正性
　CSR会計が信頼され，本来有する社会的かつ経営的な機能を発揮するには，企業の経営組織が公正な意思決定プロセスを具備していなければならない。経営者は個別の意思決定にあたり，可能な限り多くの情報を入手して分析を行い，合理的かつ偏りのない一般に妥当と思われる判断を行う必要がある。

【B：情報の質に関する原則】
③ 目的適合性
　CSR会計は，情報利用者のニーズに応え，ステークホルダーの意思決定に資する有用な情報を提供するものでなければならない。そのためには，CSR会計の実施に際して，多様なステークホルダーのニーズを十分考慮した上で多面的に検討を行い，報告する情報の範囲，項目，情報の加工方法などを情報利用者の立場から決定することが求められる。

❶ 包含性
　CSR会計の実施にあたり，報告主体は自らのステークホルダーの範囲を合理的かつ中立的に決定して状況に応じてこれを見直さなければならない。また報告主体は，情報利用者にとって有用かつ有意義な情報を提供するために，ステークホルダーとの体系的かつ継続的な関与を通じてステークホルダーの多様なニーズの把握・分析を行い，重要な情報をもれなく識別・測定するとともに，報告を行う義務がある。

❷ 重要性
　経営資源は有限であるが，無制限な情報提供はかえって情報の有用性を妨げる恐れがある。CSR会計情報の提供に際しては，ステークホルダーのニーズ

や企業環境，将来への影響等を考慮して重要性の高いものから優先的に表示しなければならない。

❸ 網　羅　性

ステークホルダーが重大な関心を有する重要な情報項目であり，報告主体がその企業環境や将来への影響が重大であると判断した情報項目については，CSR会計に盛り込み，説明・開示しなければならない。

【C：情報の信頼性に関する原則】

④ 信　頼　性

CSR会計は，情報の重大な誤謬及び変更を排除するとともに，ステークホルダーから信頼を得るものでなければならない。

❶ 検 証 可 能 性

CSR会計情報は，その情報の原因事実に至るトレーサビリティを有していなければならない。報告主体は，報告情報に関する説明や管理の必要に備えて，情報の根拠に関する客観的な検証可能性を確保しておく必要がある。

❷ 実　質　性

CSR会計情報は，現に存在する事実に基づいたものでなければならない。

❸ 中　立　性

CSR会計情報は，合理的な判断に基づく偏りのない，中立的なものでなければならない。そのためには，中立的な判断を確保できる組織体制を整備しておかなければならない。

❹ 慎　重　性

不確実性を伴う情報は慎重に取り扱われなければならない。そのためには，その性質や対象範囲，判断根拠を明らかにしておかなければならない。

【D：報告する情報の利用しやすさに関する原則】

⑤ 理 解 可 能 性

CSR会計は，情報の利用者が多様である点に配慮し，専門的な知識や経験を有する利用者だけでなく，合理的に十分納得のいく情報を提供することにより，誰にでも理解できるよう最大限工夫しておく必要がある。情報は単に形式

的なものではなく，CSRの実態に即した具体性を有するものでなければならないからである。

⑥ 比較可能性

CSR会計は，当該企業が各期間を通じて比較可能であり，かつ異なる企業間において比較可能な情報，すなわち類似点と相違点を識別できる情報を提供するものでなければならない。

❶ 基準準拠性

CSR会計の実施に際しては，一般に確立された，あるいは確立されつつあるCSR会計に関する一定の考え方に基づいて行うことが重要である。

❷ 継続性

会計処理の原則や手続きについては，原則として毎期同じ方法を適用し，情報の一貫性を保持しなければならない。もし何らかの変更があった場合には，変更に関する説明とその影響について説明と開示を行う必要がある。

⑦ 適時性

CSR会計は，情報利用者が適時，的確な意思決定を行えるよう，情報の性質や重要性を考慮してタイムリーな情報の提供を行わなければならない。したがって，その報告にあたっては，年に一度と限定するものではなく，柔軟に対応する必要がある。

5. おわりに

本章では，私的CSR関連コストを従来の私的コストから識別して分離・独立させるための施策として，自社のCSR問題にかかわる活動内容をマネジメントシステムに依拠して特定化する枠組み—CSR活動指標を「共通事項」と「個別事項」に分けてCSR関連コストを識別・測定・集計する方法—に関する議論を展開した。ここで留意すべきは，CSR会計はあくまでも「手段」であり，「目的」ではないという点である。つまり，企業がCSR問題に取り組む背景には，企業価値を毀損させる恐れがあるCSRリスクのマネジメントのあり方と，

CSR パフォーマンスをいかにして向上させるか，という課題をどのような仕組みによって解決するかという問題が横たわっているからである。

これらの問題を克服するには，CSRMS が有効に機能する仕組みと，効率的かつ効果的に事業活動と CSR 活動を実践するためのインフラストラクチャーの整備が必要不可欠といえる。したがって，CSR 会計に求められる視点として，CSRMS が経営理念や活動方針に基づいて運用されているかという点を明らかにするとともに，一連の活動状況―活動や取組みそのものが企業の理念・経営方針や CSR 基本方針，及び CSR 活動を推進するためのマネジメント体制に基づく結果であるか否か―を企業外部のステークホルダーにありのままに説明するための CSR 定量化のフレームワークの確立が重要であることを指摘した。

そして，CSR 会計システムを設計・構築する際の理論的根拠を明らかにするには，CSR 会計の対象とする領域，利用者とその情報ニーズ，及び CSR 関連コストの範囲と識別・測定問題を，CSR リスクのマネジメントのあり方を踏まえた内部会計的な側面から検討する必要がある。そのためには，通常の事業活動に基づく会計情報とは別の視点から，CSR 問題にかかわる諸事象をマネジメントシステムに依拠してコスト項目として識別し抽出するための仕組みとして，企業会計のフレームワークに「内部 CSR 会計システム」を統合する必要があるとの提言を行った。

さらに，CSR 会計情報を介したステークホルダーとのコミュニケーション促進の要件として，CSR 会計情報を有用なものとするための情報の質的特性，すなわち CSR 会計が情報開示者に対して求める情報の重要原則も提示した。

本章の考察を通じて，従来の企業価値評価にはなかった CSR 的視点―経済的側面，環境的側面，社会的側面から企業活動の成果を把握して評価する試み―を組み入れた会計的手法による CSR 定量評価の枠組みが確立されると，企業の果たすべき社会的責任がステークホルダーとの関係から明らかとなるだけでなく，CSR を評価軸とするマネジメント体制への移行も可能となり，企業の持続的な成長にも大いに貢献するとの見方を示した。

注

（1） 一般には「社会原価」ないしは「社会的コスト」（social cost）として分類されているが，本書では同様の意味で「CSR 関連コスト」という用語を使用している。社会原価の分類については次の文献を参照されたい。德谷昌勇『企業社会会計論』白桃書房，1986 年，80-81 頁。
（2） 「社会的 CSR 関連コスト」は，事業活動を通じた貨幣的な支出を伴うコストではなく，金額的に表現しえない要素等を含む第三者（社会）への影響を意味している。
（3） 図 3.3 の損益データは，損益計算書が会計期間を通じた経営成績を表現するという意味合いから，「収益部分」と「費用部分」を単に明示したものである。
（4） 今福愛志「CSR 会計のフレームワークの再構成：CSR リスクマネジメントと会計」『企業会計』Vol. 56 No. 9，2004 年，21 頁。
（5） 拙著『CSR 会計を導入する』日本規格協会，2005 年，28 頁。
（6） International Accounting Standards Committee, *Framework for the Preparation and Presentation of Financial Statements*, IASC, 1989, para. 12（広瀬義州，間島進吾編『コンメンタール国際会計基準Ⅰ』中央経済社，1999 年，51 頁）．
（7） IASC, *Ibid.*, para. 9（広瀬，間島，前掲書，48 頁）．
（8） IASC, *Ibid.*, para. 10（広瀬，間島，前掲書，50 頁）．
（9） 企業会計基準委員会基本概念ワーキンググループ『討議資料：財務会計の概念フレームワーク』2004 年，9 頁。
（10） 黒澤清『近代会計学入門』中央経済社，1984 年，9 頁。
（11） 黒澤，前掲書，9 頁。
（12） 本書で用いる私的コストの範囲は，現在，企業活動において貨幣的支出がなされているか，あるいは将来貨幣的な支出が予想される部分を指している。なお，本書では，私的コストを，「企業会計のフレームワークにおける私的コスト（CSR 関連コストを含む）」場合と，「CSR 関連コストを分離・独立させた後に残った部分」を指す場合の二つのケースで使用している。
（13） 宮澤清『財務会計論』白桃書房，1995 年，23 頁。
（14） 浅羽二郎『財務報告論の基調』森山書店，1994 年，11 頁。

第4章 CSR会計計算書の体系と構成要素

1. はじめに

　CSR会計フレームワーク設計の視点が明示され，CSR定量評価の新たな枠組みが構築できると，次に通常の会計処理システムから識別・抽出したCSR関連コストを活動領域別に収容する受け皿が必要となるが，CSR会計では「CSR会計計算書」の作成によってこの要請に応える。

　CSR会計計算書は，単にコストデータを格納する場にとどまらず，全社的にCSR会計情報を閲覧できる環境を提供するという役割も担っている。つまり，こうした新たな会計情報フローの仕組みの構築によって活動領域別のコスト態様が明らかとなれば，CSR活動の達成度合いや進捗状況の分析と評価をタイムリーかつ適正に行える環境も次第に整うのである。

　こうした観点に照らすと，外部会計的な側面から見た検討課題は，その識別と測定の結果をいかなる形で集計・整理し，そこで得られた情報をどのような媒体によって開示するかを明らかにする点にあるといってよい。以上の認識に基づき，本章では，CSR会計情報と財務諸表との連携を実現するCSR会計計算書による定量評価の枠組みについて，CSRに関するディスクロージャー媒体のネットワーク問題も視野に入れながら検証を行う。

2. 客観的な「評価規準」の策定問題

(1) CSR会計計算書の体系

　CSRにかかわる会計問題は，会計情報としてCSRをどのように扱うか，と

いう点の理論的な検討からはじまり，CSRにかかわる諸事象を定量的な会計情報にまで高めることによって，客観的な企業価値評価モデルとしてのCSR会計フレームワークの全体像が明らかとなる。

わが国においてCSR問題を論じる場合には，個々の企業の社会的責任問題として受け止める傾向があるが，CSR会計のフレームワークという点から捉えると，CSRに関するディスクロージャー媒体のネットワーク化という社会・経済システム全体の問題として生起している点が極めて重要といってよい[1]。

それでは，CSR会計が取り扱う活動領域を明らかにする手掛かりとして，CSRMSの主要な要求事項について確認しておきたい。まず，要求事項として考えられるものを，以下に列挙する[2]。

- 基本方針の策定・公開
- 重要なリスク側面の特定
- 法的及びその他の要求事項
- 目的及び目標
- マネジメントプログラム（実施計画）
- 体制，資源，役割，責任及び権限
- 教育訓練
- コミュニケーション
- 文書化
- 文書管理
- 運用管理
- 緊急事態への準備及び対応
- モニタリング及び評価
- 不適合，是正及び予防処置
- 記録の管理
- システムの構築・運用状況を確認するマネジメントシステム監査又は，運用の結果の良否を確認するパフォーマンス監査
- マネジメントレビュー

CSRMS は，「結果」重視ではなく，上記の要求事項を満たすための「プロセス」をコントロールする仕組みを具備したものでなければならない。プロセスがコントロールできる仕組みにするためには，コンプライアンス（法令遵守）をマネジメントシステムの中核に据えて，法令がカバーする範囲において CSR 分野をとり込む必要がある。

具体的にどのような CSR 分野に取り組むのか，またその中でどのような目標を設定すればよいのか，という点は各企業の判断に委ねられるが，その一方で，企業ができるだけ広い範囲の CSR 分野をとり込み，その達成に向けて取り組むインセンティブを構成するような枠組みないし仕組みを構築しなければならない。

つまり，図 4.1 に示したように，CSR を「狭義の法令遵守（フェイズ1）」「倫理実践（フェイズ2）」「社会貢献（フェイズ3）」という三つのフェイズに分けて，まずは長期的視点から企業組織内における体制づくりを目指すことからとり掛

図 4.1 企業社会責任のフェイズ

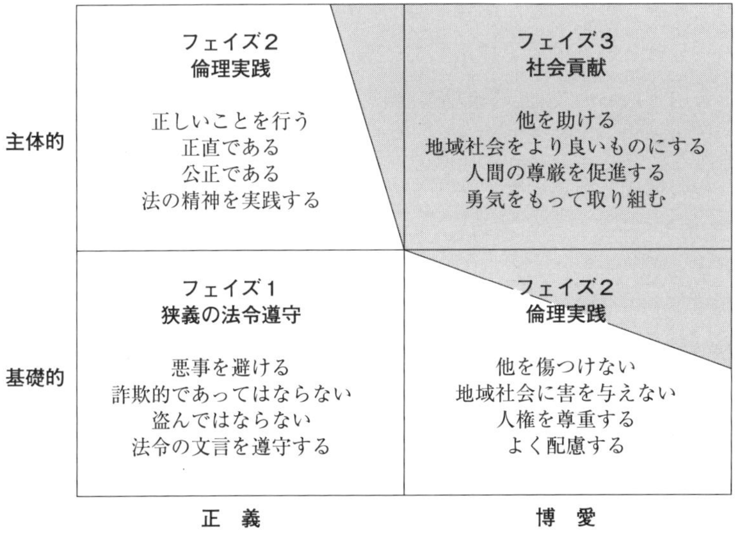

	正　義	博　愛
主体的	フェイズ2 倫理実践 正しいことを行う 正直である 公正である 法の精神を実践する	フェイズ3 社会貢献 他を助ける 地域社会をより良いものにする 人間の尊厳を促進する 勇気をもって取り組む
基礎的	フェイズ1 狭義の法令遵守 悪事を避ける 詐欺的であってはならない 盗んではならない 法令の文言を遵守する	フェイズ2 倫理実践 他を傷つけない 地域社会に害を与えない 人権を尊重する よく配慮する

出典：高巖＋日経 CSR プロジェクト編『CSR：企業価値をどう高めるか』日本経済新聞社，2004 年，38 頁。

かることが望ましいと考える[3]。その際重要なことは,「社内の役職員にコンプライアンスの必要性を伝え,具体的に実践できるもの」でなければならず,次の点に留意する必要がある[4]。

① 企業組織が実践しようとする理念や価値を確認すること。
② 組織にとって重要と思われる関係法令やルールの特定,あるいは放置しておけば法令違反が膨らむと思われる事項を確認すること。
③ 倫理方針の中でも,あるいはその前文などに,経営トップ自らが企業倫理やコンプライアンスに積極的に取り組むことを説明すること。

したがって,CSR問題を従来の企業会計フレームワークに組み込むためには,まず上記のプロセスをコントロールする仕組み—すなわち,CSRリスクマネジメントをガバナンスする仕組み—の強化が前提となり,こうしたマネジメントシステムのあり方を基礎としてCSR分野の内容あるいはそれを構成する要素をどのように捉えるかが,CSR会計の対象とする活動領域を特定する上で重要なカギを握っている。

CSR分野の構成については,例えば,GRI（Global Reporting Initiative）は「経済」「社会」「環境」の三分野,国連グローバル・コンパクトは「人権」「労働」「環境」の三分野という構成を採用しているのに対して,図4.2に示した経済同友会の企業白書においては,「市場」「環境」「人間」「社会」という四分野構成の枠組みを提示している[5]。

これらの構成と前述の要求事項を踏まえて,CSR会計の扱う範囲として「経済」「環境」「社会」にかかわるCSR分野を想定し,機能面として「マネジメントシステム」「コンプライアンス」「コーポレート・ガバナンス」の視点を加味して内容を整理すると,CSR会計の取り扱う全領域が明らかとなる。こうして整理された内容を,財務諸表（損益計算書）と関連づけて検証することにより,CSR問題にかかわる会計の対象領域が特定できる。

それでは,CSR会計が扱う全領域を把握するために,図4.3を用いて計算書の種類と,各計算書で取り扱う情報の範囲を整理しておくことにしよう。

図4.3は,財務諸表における損益計算書を機軸として,CSR会計で用いる

2. 客観的な「評価規準」の策定問題　93

図 4.2　企業評価の体系

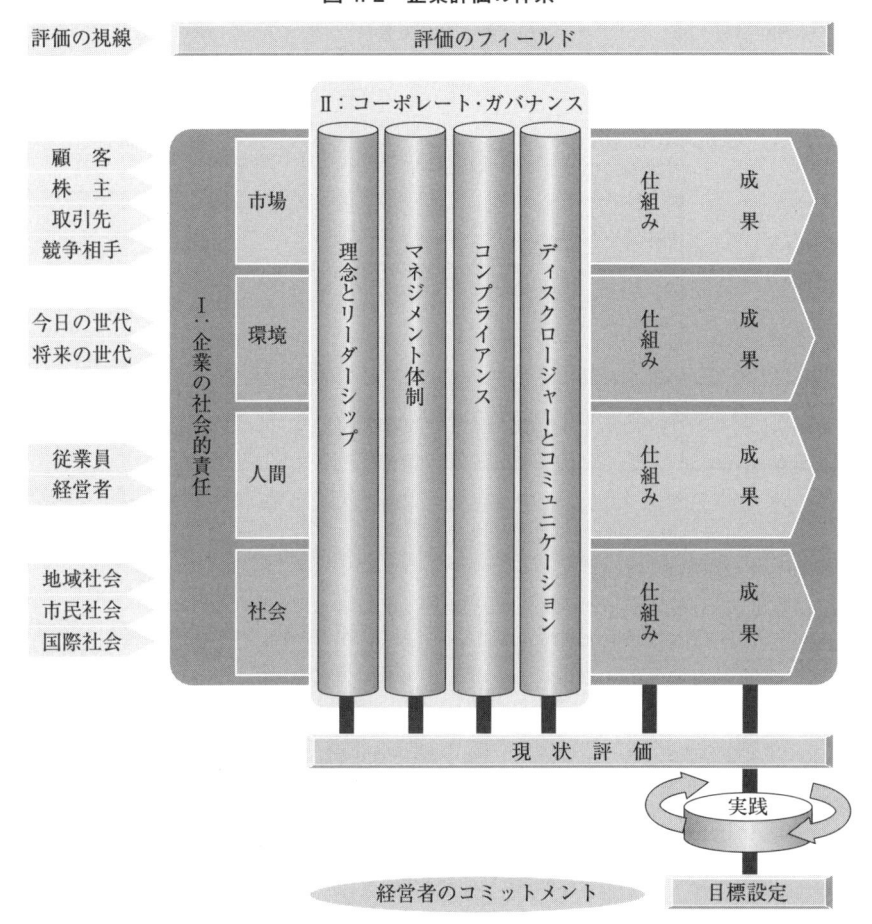

評価の視線	評価のフィールド						
顧客 株主 取引先 競争相手	Ⅰ：企業の社会的責任	市場	Ⅱ：コーポレート・ガバナンス				仕組み／成果
今日の世代 将来の世代		環境	理念とリーダーシップ	マネジメント体制	コンプライアンス	ディスクロージャーとコミュニケーション	仕組み／成果
従業員 経営者		人間					仕組み／成果
地域社会 市民社会 国際社会		社会					仕組み／成果

現状評価 → 実践 → 目標設定

経営者のコミットメント

出典：社団法人経済同友会『第15回企業白書：「市場の進化」と社会的責任経営』社団法人経済同友会, 2003年, 59頁。

各計算書との関係を示したものである。図の左側の部分は，より広範なステークホルダーを対象として，損益計算書の各項目を組み替えた「経済的側面」を，右側の部分は事業活動を通じて CSR にかかわる取組みに要したコストを，マネジメントシステムに準拠して集計・整理する「環境・社会的側面」にかかわる計算書を指している。

図 4.3 損益データと CSR 会計計算書の関係

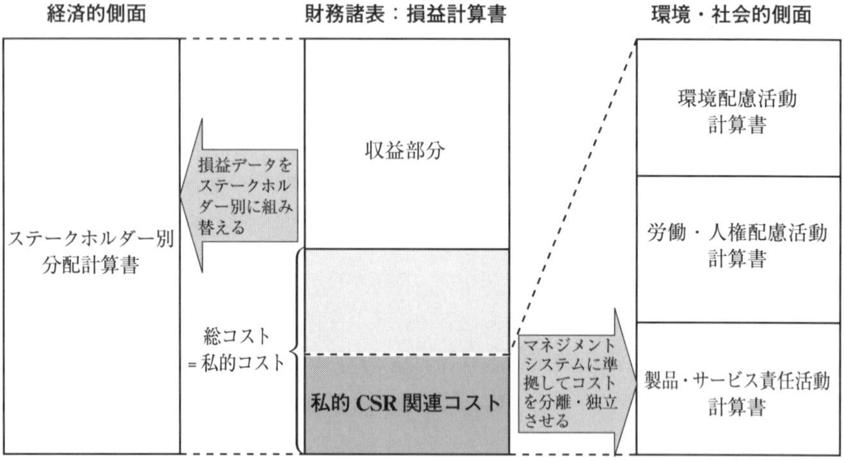

経済的側面	財務諸表：損益計算書	環境・社会的側面
ステークホルダー別分配計算書	収益部分／総コスト＝私的コスト／私的 CSR 関連コスト	環境配慮活動計算書／労働・人権配慮活動計算書／製品・サービス責任活動計算書

（損益データをステークホルダー別に組み替える）
（マネジメントシステムに準拠してコストを分離・独立させる）

出典：拙稿「CSR 会計とディスクロージャーの在り方」『Cyber Security Management』Vol. 6 No. 65, 2005 年, 34 頁。

　このように，損益計算書と関連づけながら CSR の活動領域を整理すると，四つの計算書が浮かび上がる[6]。これら四つの計算書に呼称をつければ，それぞれ「環境配慮活動計算書」[7]「労働・人権配慮活動計算書」[8]「製品・サービス責任活動計算書」[9]「ステークホルダー別分配計算書」となる。本書で提示したこれらの CSR 活動領域は，あくまでもひとつの例示であり，必ずしも網羅的なものではない。前述したように，マネジメントシステムに準拠しながら活動を推進するという視点に立てば，ステークホルダーとのコミュニケーション活動を通じて組織自らが独自の要素及び範囲を決定することが望ましいといえよう。

　ただし，このような形で活動範囲等の設定に柔軟性を持たせた場合でも，従来の企業会計フレームワークの延長線上において CSR 会計を展開できれば，会計情報としての客観性や検証可能性，比較可能性等の質的な要件は十分満たし得ると考える。

(2) CSR会計の実行プロセス

　以上の考察で明らかなように，CSR会計はマネジメントシステムのあり方と密接に関連している。CSRMSを構築するにあたって，企業はまず長期的な経営方針や企業戦略と適合したCSR基本方針などを記載する「CSR活動方針書」[10]の策定からとり掛からなければならない。この方針書は，経営者のCSR活動の現状やあり方に関する認識，事業活動におけるCSR活動の必要性について，経営者のコミットメントを記述するために作成するものである。

　そして，CSR活動方針書に基づき，社会的に見た場合にマネジメントシステムそのものが透明性及び公正性を保持していることを明らかにするために，「マネジメント体制に関する報告書」を作成する。こうした計画段階の作業が完了すると，実際にマネジメントシステムの実施・運用段階へと進む。つまり，CSR基本方針を実現するには，活動領域別のマネジメントシステムを構築して適切に運用・管理する点が重要となる。

　上記の一連のプロセスがCSR会計の対象領域となるわけだが，CSRMSの成果を識別・測定するには，実際に運用されているマネジメントシステムに準拠した内部CSR会計システムの構築から着手しなければならない。内部CSR会計システムによって私的CSR関連コストを財務諸表のデータから分離・独立させた時点で，次に集計用のフォーマットであるCSR会計計算書に抽出したデータを集計・整理する，という手順で処理を行う。

　以上のような会計処理プロセスを経て集計・整理された活動領域別の私的CSR関連コストは，財務諸表のデータと比較・検討できる形で情報開示に結びつければ，投資家をはじめとする企業内外のステークホルダーからフィードバック情報を得て，当初策定したCSR活動方針や次期のCSR基本方針の策定作業の基礎資料として活用できるようになる。

　また，CSR活動に取り組んだ結果として，それらの活動や取組みが社会的にどのように評価されているか，という企業外部からみた評価を「CSR活動に対する外部評価一覧表」[11]という形で整理しておく点も重要といえる。この一覧表は，CSRへの取組みを企業内部からの評価だけでなく，外部からの評

96　第4章　CSR会計計算書の体系と構成要素

図4.4　マネジメントシステムに準拠したCSR会計の実行プロセス

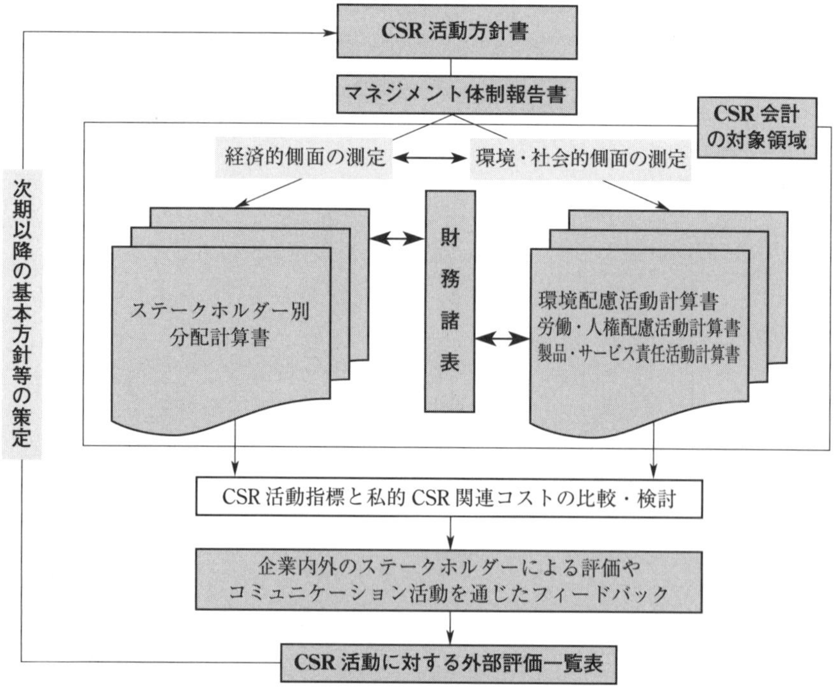

```
                    CSR活動方針書
                         │
                 マネジメント体制報告書
         ┌───────────────┴───────────────┐  CSR会計
         │ 経済的側面の測定 ⇔ 環境・社会的側面の測定 │ の対象領域
         │         │                │         │
次期以降の │   ステークホルダー別    財務   環境配慮活動計算書   │
基本方針等 │   分配計算書          諸表   労働・人権配慮活動計算書 │
の策定    │                           製品・サービス責任活動計算書 │
         └───────────────┬───────────────┘
                   CSR活動指標と私的CSR関連コストの比較・検討
                              │
                   企業内外のステークホルダーによる評価や
                   コミュニケーション活動を通じたフィードバック
                              │
                   CSR活動に対する外部評価一覧表
```

出典：拙著『CSR会計を導入する』日本規格協会，2005年，71頁に加筆・修正を加えて本図を作成。

価も考慮に入れながら実際の活動や取組みに反映させるためのものであり，次期以降のCSR活動全般に関する改善点などを検討する際に参考になると思われる。CSRMSに準拠したCSR会計を実行するプロセスを整理すると，図4.4の通りである。

3. CSR会計計算書の構成要素

(1) CSR会計計算書の意義と役割

　内部CSR会計システムによって識別された環境・社会的側面にかかわるCSR関連コストを活動領域別に集計する受け皿として，CSR会計フレームワー

3. CSR 会計計算書の構成要素　97

クでは三つの「CSR 活動計算書」を準備している。これら CSR 活動計算書で集計されたデータを損益計算書と統合し，事業活動における CSR 活動の取組状況の分析と評価を目的として「損益計算書との統合計算書」を作成する。また，CSR 活動計算書とは別に，経済的側面に関するデータの集計・提供を目的として「ステークホルダー別分配計算書」も作成する。各計算書は，損益計算書のデータを基礎としてデータ間の連携を保ちながら作成していくが，一連の作成プロセスを示すと図 4.5 のような流れになる。

それでは，CSR 会計計算書の作成プロセスの大まかな流れを，CSRMS の各プロセスに沿って説明しておこう。

CSR 活動に取り組む企業は，まず企業理念に基づいて CSRMS の構築からと

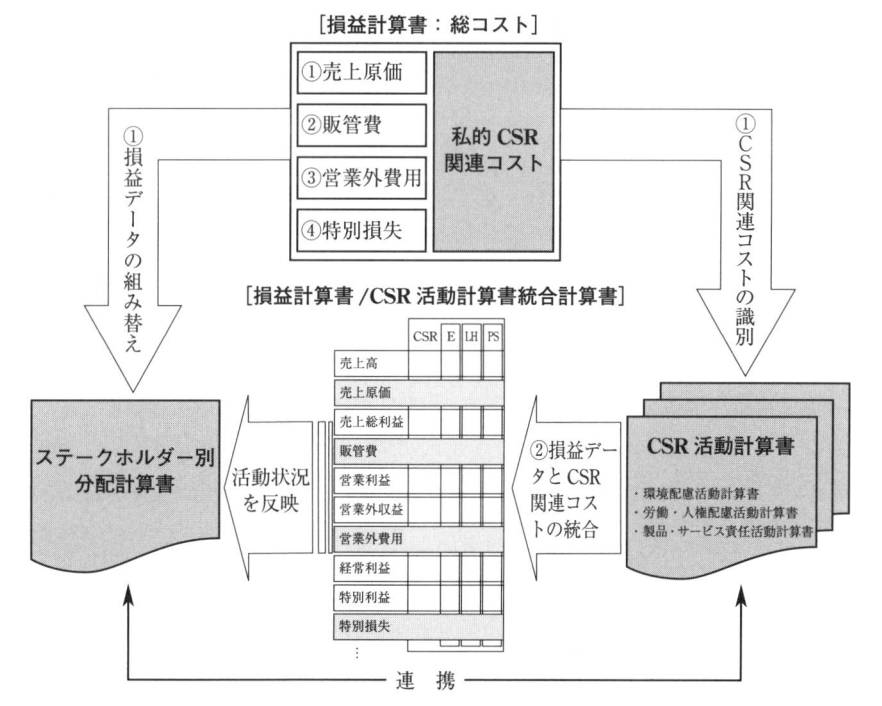

図 4.5　CSR 会計計算書の作成プロセス

出典：拙稿「リスク・マネジメントをめぐる CSR 会計の体系化：CSR 活動の『認識』『測定』問題を中心として」『経営会計研究』第 5 号，2005 年，38 頁。

り掛かることになる。そこで，第一段階として長期的な経営方針や経営戦略と適合したCSR活動基本方針を作成しなければならない。そして，次なるステップとして，CSR活動基本方針をブレークダウンしたCSRMSの運用状況等を定期的にモニタリングして管理することが求められる。その際，CSRMSのあり方や運用状況等をチェックするために，CSR活動領域別の集計用フォーマットに活動データを識別・測定して集計する手続きが必要となってくる。

この集計用フォーマットを「CSR活動計算書」と呼び，「環境・社会的」側面にかかわる活動領域別のCSRMSを運用・管理するために要したコスト（投資額・費用額）を，「共通事項」と「個別事項」に区分して集計・整理していく。

さらに，CSR活動基本方針等に基づいて経済的な活動が実践されているか否かを明らかにしておく必要がある。これがCSR活動を評価する際の「経済的」側面にかかわる部分であり，企業が一年間に創造した経済価値（分配原資）をどのステークホルダーにどの程度分配されたかを，「ステークホルダー別分配計算書」に整理する。

それでは，以下において，「CSR活動計算書」と「ステークホルダー別分配計算書」の仕組みを説明しておこう。

(2) CSR活動計算書の構成

「環境・社会的」側面にかかわる三つのCSR活動計算書の特徴は，内部CSR会計システムにおいて分離・独立させた私的CSR関連コストを，活動領域別の計算書フォームにしたがって集計・整理して，CSR問題にかかわる諸事象の企業価値に及ぼす財務的影響—すなわち，領域別の活動実態を明らかにする点にある。

ここで留意しなければならないのは，企業が持続的発展を遂げる上で重要な点が，「CSRリスクを未然に防止するための長期的な経営方針や，企業戦略と適合したCSR基本方針の作成をはじめとするCSRマネジメント体制の確立にある」ということである。そして，これらの取組みについては，一定のルールにしたがって内容が整理され，企業内外のステークホルダーへの情報開示に

よって企業はアカウンタビリティを果たすことができる。つまり、環境・社会的側面にかかわるCSR活動計算書は、CSRMSに準拠した「共通事項」と「個別事項」の区分に基づき、損益計算書の各コスト項目からCSRに関連する「隠れコスト」を識別し分離・独立させて集計することを目的としている。

このような理由から、CSR問題の財務的影響を適切に会計処理して開示するには、CSR活動を環境配慮、労働・人権配慮、製品・サービス責任という三つの活動領域に区分して、活動領域別にマネジメントシステムの運用と管理のプロセスから生じた私的CSR関連コストを、「共通事項」と「個別事項」の枠組みに沿って集計・整理しなければならない。

CSR活動計算書の仕組みを理解するために、マネジメントシステム準拠型の計算書の体系を、図4.6の環境配慮活動計算書を参照しながら説明する。

図4.6の「共通事項」欄のE1からE5の活動指標は、CSRMSの構築・運用・管理にかかわる各プロセスに対応した指標であり、企業の継続的活動を通じて相互に関連しながら定期的に反復される活動を指している。この区分において

図4.6 CSR活動計算書(例):環境配慮活動計算書

集計範囲:個別
対象期間:H20.4.1〜H21.3.31　　　　　　　　　　　　　　(単位:百万円)

活動指標の区分		コスト		該当する損益計算書項目
		前期金額	当期金額	
共通事項	E1 環境配慮活動に関する方針及び実施計画の策定(P)	「計画」段階	「計画」段階	「売上原価」「販管費」に対応
	E2 環境関連法規制への対応(D)			
	E3 環境マネジメント・システムの維持・運用(D)	「実施」「運用」段階	「実施」「運用」段階	
	E4 情報公開(D)			
	E5 監査及び審査(C)		「監査」段階	
個別事項	E6 環境負荷削減(D)			「売上原価」「販管費」「営業外費用」に対応
	E7 汚染物質の保全・管理(D)		「実施」「運用」段階	
	E8 社会活動(D)			
	E9 環境修復等(A)		「見直し」「改善」段階	「特別損失」に対応
	E10 環境に関連する係争・訴訟・賠償(A)			
合　計　額				

出典:拙著,前掲書,74頁に加筆・修正を加えて本図を作成。

集計された金額は，事業活動において私的コストとしてすでに処理されたものの中から，CSR活動にかかわるコスト部分を内部計算によって識別・分離・独立させ，CSRMSに依拠して整理した数値である。

さらに，「共通事項」欄の「計画」→「実施・運用」→「監査」段階の情報がフィードバックされ，その結果として新たな「実施計画」に基づく自主的な取組みを行う場合には，「個別事項」欄にこれらの新規項目を設けてコストを集計する。

それでは，以下において，「①共通事項」と「②個別事項」の中身を解説しておきたい。

① 共 通 事 項

「共通事項」で取り扱う活動指標は，CSRMSに準拠しながら領域別（環境配慮活動，労働・人権配慮活動，製品・サービス責任活動）の活動や取組みが実施されているか，すなわちCSRリスクをマネジメントする体制が整備されているか否かを判断するために，システムの構築・運用・管理に関連した項目を対象として設定を行う。こうした金銭的尺度によるプロセスの評価は，経営（事業）戦略やCSR活動基本方針に照らしながら組織の不完全さやリスクを正確に認識して合理的なコントロールを実践する場合や，企業組織を再編成する際に重要なデータとして活用できる。

このように当該指標に基づく貨幣的支出額は，「前期」と「当期」に区分して開示することにより，どの程度CSRリスクを軽減できる体制が整ったかという状況──その増減の主要因となった事実や具体的な活動・取組みの検証等──を適切に把握するための基礎データとして有効利用できる。「共通事項」で設定するシステム構築及び運用・管理面に関する活動指標を，環境配慮活動を例に整理したものが表4.1である。

具体的な処理の流れは，CSRMS（「計画(Plan)」「実施と運用(Do)」「監査(Check)」「見直し(Act)」）の各プロセスにおいて生じた維持・改善のためのコスト，及び主な取組内容を記載して完了する。ここで集計された測定結果を比較・検討しながら継続的改善に結びつけると，CSRMSを支援するCSR会計はより効果

3. CSR会計計算書の構成要素　101

表4.1　「共通事項」における活動指標の概要

活動指標	具体的な活動内容
E1. 環境配慮活動に関する方針及び実施計画の策定	・マネジメント・システム構築に伴って生じる文書作成コスト ・外部機関による支援と認証の取得等に要するコスト
E2. 関連法規制への対応	・法規制遵守のための取組みに伴って生じる人件費 ・法規制に関連する取組みに要するコスト
E3. マネジメント・システムの維持・運用	・マネジメント・システムの維持・運用に伴って生じる文書管理コスト ・社員教育及びオリエンテーションコスト
E4. 情報公開	・報告書及び資料等の作成に要するコスト ・ステークホルダーとのコミュニケーション活動に伴って生じるコスト
E5. 監査及び審査	・モニタリングや監査の実施に要するコスト ・内部監査資料等の作成に要するコスト
E6. マネジメント・システムの見直し	・マネジメント・システムの改善・是正計画の策定等に伴って生じるコスト ・マネジメント・システムの見直しに伴って生じる文書改訂コスト

出典：拙著，前掲書，60頁に加筆・修正を加えて作成。

的に機能する。

　CSRMSの各運用プロセス（「計画」「実施と運用」「監査」「見直し」）で発生するコストは，まずプロセス毎の活動内容を具体的に把握して，下記に示す区分に基づいて洗い出していく。

■　CSR活動に関する方針及び実施計画の策定（P）

　CSR活動に関する方針や実施計画，教育計画，監査計画，是正改善計画などを記載したコンプライアンス文書（マニュアル）の作成に要する費用額から構成される。

　なお，必要に応じてコンプライアンス部署・監査部門の権限規定や社内外のヘルプライン（相談窓口や公益通報チャネル）の運用規定などの内部規定が必要となる場合や，外部機関による支援と認証審査を行うときには，これらの作成に要した費用額もこの項目に含めて処理を行う。

- **関連法規制への対応（D）**

CSR活動を遂行するためのマネジメント・システムの構築に伴って生じる費用額，及び法規制等を遵守するための仕組みの構築や法規制に関連する諸活動に要する費用額から構成される。

例えば，土壌汚染などの法規制遵守に関する取組みに要したコストや，将来の法制化を想定して実践した，法規制に関連する取組みに要するコストなどが該当する。

- **マネジメント・システムの維持・運用（D）**

事業活動における内部不正等の防止を目的として，適正なCSR活動が行えるよう，マネジメント・システムの維持・運用に必要な組織体制の構築に要する費用額や，全従業員に対して行う教育やオリエンテーションに伴って発生する費用額からなる。

具体的には，内部研修及び外部研修に関する計画（対象者やテーマの選定）の策定に要するコスト，教育マテリアルの作成に要するコスト，研修計画に基づく継続的な内部研修の実施に伴うコスト，外部研修や外部講師の招聘による研修の実施に伴うコストなどから構成される。

- **情報公開（D）**

CSR活動に関連する外部公表に必要な資料及びレポート等（CSR報告書を含む）の作成費用や，ステークホルダーとのコミュニケーション活動に要する費用額から構成される。

- **監査及び審査（C）**

企業及び企業集団に属する従業員等が適正にCSR活動を行っているか否かを監視するために実施するモニタリング・監査計画の策定に要する費用や，内部監査や定期審査の実施，及び監査報告書の作成に要する費用額などからなる。

- **マネジメント・システムの見直し（A）**

マネジメント・システムの運用を通して明らかとなった経営上の問題に対して，経営層による改善・是正計画や見直し等の措置（CSRMSの更新・再構築に伴う文書改訂など）を講じる場合に要する費用額から構成される。

3. CSR会計計算書の構成要素 103

② 個別事項

　次に，CSRMSの運用と管理を通じて，モニタリングや監査を実施した結果，維持・改善すべき点が明らかとなった場合には，新たに「共通事項」とは別項目を設定し，自主的な取組みや係争ないしは賠償などの問題に対処しなければならない。こうした理由から，下記に示した企業独自の新たな活動指標を記載する「個別事項」を設ける。

　ここでとり扱う指標は，CSRMSにおける新たな「実施計画」に基づく自主的な活動に関連する項目と，活動内容の組織的な「見直し」による改善活動にかかわる項目が中心となる（活動領域別の「個別事項」でとり扱う指標については，表4.2の「個別事項」欄を参照のこと）。

■　自主的なマネジメント活動・取組み及び社会的活動（D）

　CSRMSの維持と運用を通じて明らかとなった自主的かつ積極的なマネジメント活動や自社独自の社会貢献活動等の実施に伴って発生する費用額から構成される。

■　改善・是正（A）

　本来であればすでに取り組むべき活動について，CSRMSの運用・管理を通じて修復や改善等の対応が必要となる事実が明らかとなり，結果としてそうした事態に対処する場合には，修復・修繕活動や係争・訴訟・賠償等の対応に伴って生じる費用額を計上する。

　「個別事項」における具体的な活動指標として，環境配慮活動に基づく活動内容を表4.2に例示する。

　以上のようにCSR会計システムは前述した枠組みに基づきながら，CSRMSに準拠した活動指標を「共通事項」と「個別事項」に分けて設定して私的CSR関連コストの存在を明らかにしていく。この枠組みによって得られた測定結果は，財務諸表上の私的コストと併記する形で企業会計のフレームワークに落とし込み，データの比較・検討を通して当該期間の活動内容の組織的見直しと，次期以降における事業活動の継続的改善へと結びつける連結環としての役割を担う。

表4.2 「個別事項」における活動指標の概要

活動指標	具体的な活動内容
E6. 汚染物質の保全・管理	・低質の汚染にかかわるコスト ・廃棄物処理コスト
E7. 社会活動	・寄付金等の拠出額 ・物品等の提供に要するコスト
E8. 環境修復など	・土壌汚染の対策に要するコスト ・自然環境破壊の修復に要するコスト
E9. 環境に関する係争・訴訟・賠償	・係争関連コスト ・訴訟関連コスト ・賠償金や賦課金

出典：拙著，前掲書，61頁に加筆・修正を加えて本表を作成。

こうした一連のワークフローにしたがって会計行為が実践できれば，CSRMSの各プロセス（P→D→C→A）の運用・管理面で，有用な情報を提供できる体制が次第に整ってくる。以上の枠組みで集計したCSR関連コストは，以下において説明する損益計算書との統合を通じて，事業活動で要する費用項目と対比しながら各コスト項目の分析を行う際に利用するが，個別事項で集計した項目は，とりわけCSR活動の進捗状況等の検証やコストの原因分析，そしてステークホルダー別分配計算結果の影響分析等での活用を念頭に置いており，次期以降の活動基本方針の策定や活動実践へとつなげる重要な指標と位置づけている。

（3） 損益計算書との統合計算書

損益計算書との統合計算書とは，環境配慮，労働・人権配慮，製品・サービス責任等の個別活動領域に関する活動内容の測定・集計結果を損益計算書と統合した計算書を指す。

損益計算書との統合計算書で集計・報告される項目は，報告主体のCSRに関する状況及びその維持・改善活動に関する定量的な情報であり，CSR会計情報のコアを形成するものである。CSR会計情報の利用者は，これらの情報

から報告主体のCSRに関する実態やそうした実態への対応状況の把握が可能となる。

つまり，CSR活動計算書によって集計されたCSR関連コストは，CSR基本方針や経営戦略に基づく活動が実践されたかどうか検証するための判断材料として最終的には損益計算書と統合され，マルチステークホルダーに対する経済価値の分配状況を明らかにしたステークホルダー別分配計算書と併せて，CSR活動の進捗状況の検証やコストの原因分析等での活用を目的としている。

具体的な計算書の作成方法は，まず損益計算書データとCSR活動計算書データの統合を図るために，損益計算書の各コスト項目と併記する形で，CSR活動領域別にコストを区分して記載する。その上で，本計算書に計上される活動

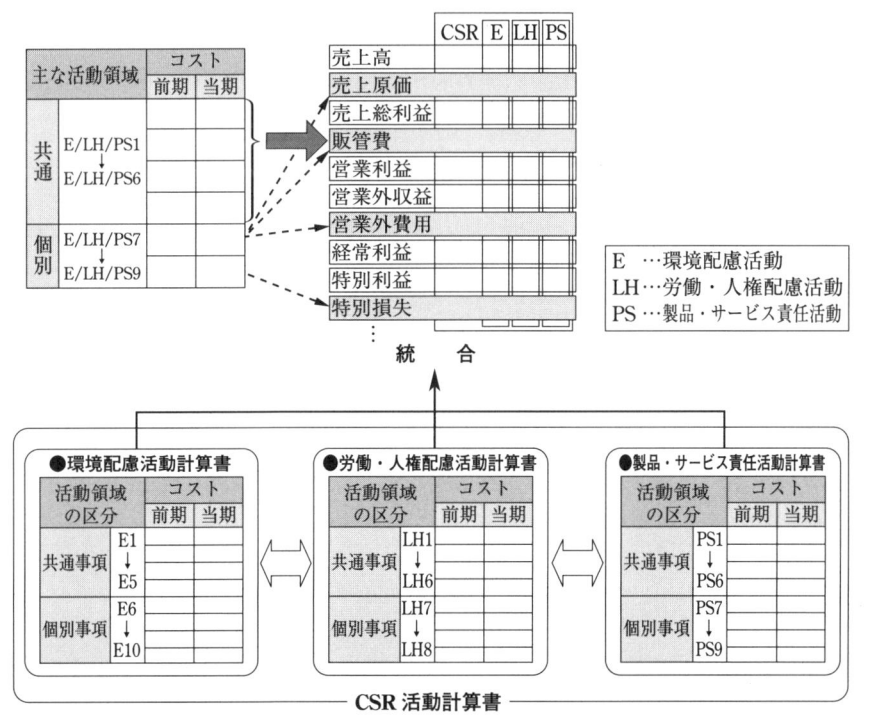

図4.7　CSR活動計算書と損益計算書の統合プロセス

E　…環境配慮活動
LH…労働・人権配慮活動
PS…製品・サービス責任活動

出典：拙稿，前掲稿，40頁。

領域別の CSR 関連コストを，損益計算書の費用項目にしたがって各 CSR 活動計算書のデータを組み替えて集計して計上する。そして，本計算書に計上された CSR 活動領域別のコストデータは，事業活動と CSR 活動との関係を明らかにするために，損益計算書のコスト項目毎に活動領域別の CSR 関連コストを合計する，という流れで分析と評価を行う際に活用する（図4.7を参照）。

（4） ステークホルダー別分配計算書の構成

それでは，次に CSR 活動における経済的側面にかかわる計算書の中身について説明しておこう。

まず，CSR 活動の「経済的」側面を対象としたステークホルダー別分配計算書の特徴は，従来の財務諸表が主に株主利益の算定を目的としているのに対

表4.3　ステークホルダーへの分配額に対応する損益計算書項目（例）

ステークホルダー	対応する損益計算書項目
顧客	事業収益
その他	受取利息配当金等の営業外収益，特別利益
調達先，購買先	売上原価，販売費及び一般管理費の一部
役員	役員報酬，役員賞与，ストックオプション，退職給付，同引当金繰入額，年金費用
従業員	給料手当，賞与，法定福利費，厚生費，退職給付，同引当金繰入額，年金費用
派遣社員	支払人件費等
株主	支払配当金
金融機関等	支払利息等
地域社会	寄付金
国	法人税，租税公課
自治体	住民税，事業税，租税公課
内部留保	繰越利益剰余金，減価償却費[12]

出典：拙稿，前掲稿，44頁。

して，報告主体である企業が事業活動を通じて獲得した経済価値（損益計算書の全金額）を各ステークホルダーにどのように分配しているかを明示する点にある[13]。

すなわち，ステークホルダー別分配計算書は，マルチステークホルダーに対する経済価値の分配状況を明らかにする点を目的として，報告主体の対象期間に属するすべての経済価値の源泉とその分配状況を示す点に主眼を置く計算書である。このような点に目的がある経済的側面に関するステークホルダー別分

表4.4　ステークホルダー別分配計算書（例）

集計範囲：個別
対象期間：H15.4.1～H16.3.31
（単位：百万円）

区　分		ステークホルダーの内訳	前期金額（カッコ内は分配率：%）		当期金額（カッコ内は分配率：%）		増減額
分配原資	①事業を通じた社会への貢献	・顧客	8,739,310	(100.0)	8,963,712	(100.0)	224,402
	①'売上高以外の分配原資	・その他	167,814		180,108		12,294
			468,653		470,343		1,690
前給付費用：②供給業者への支払額		・調達先,購買先	6,932,356	(73.9)	7,186,182	(74.7)	253,826
差引：③分配価値額			2,443,421	(26.1)	2,427,981	(25.3)	△15,440
④会社内部		・役員	4,736	(0.1)	4,673	(0.0)	△63
		・従業員	129,388	(1.4)	153,796	(1.6)	24,407
		・派遣社員等	12,797	(0.1)	20,972	(0.2)	8,176
⑤資金調達先		・株主	125,883	(1.3)	151,245	(1.6)	25,412
		・金融機関等	11,022	(0.1)	10,847	(0.1)	△175
⑥地域社会			7,174	(0.1)	3,583	(0.0)	△3,591
⑦公共部門		・国	336,860	(3.6)	248,821	(2.6)	△88,039
		・自治体	84,215	(0.9)	62,205	(0.6)	△22,010
⑧内部留保		・内部留保	696,432	(7.4)	926,478	(9.6)	230,046
分配額			1,408,457	(15.0)	1,582,620	(16.5)	174,163
⑨罰課金,賠償金等			0	(0.0)	0	(0.0)	0
⑩その他調整			1,034,964	(11.0)	845,344	(8.8)	△189,620
総合計			2,443,421	(26.1)	2,427,964	(25.3)	△15,457

出典：麗澤大学企業倫理研究センター編『R-BEC004：CSR会計ガイドライン』：麗澤大学企業倫理研究センター，2004年，72頁に加筆・修正を加えて本表を作成。なお，データは参考例。

配計算書は，CSR 活動計算書の作成と並行して次の手順で作成する。

同計算書のすべての経済価値の源泉とその分配は，適正な財務諸表（損益計

図 4. 8　ステークホルダー別分配計算書のデータ処理の流れ

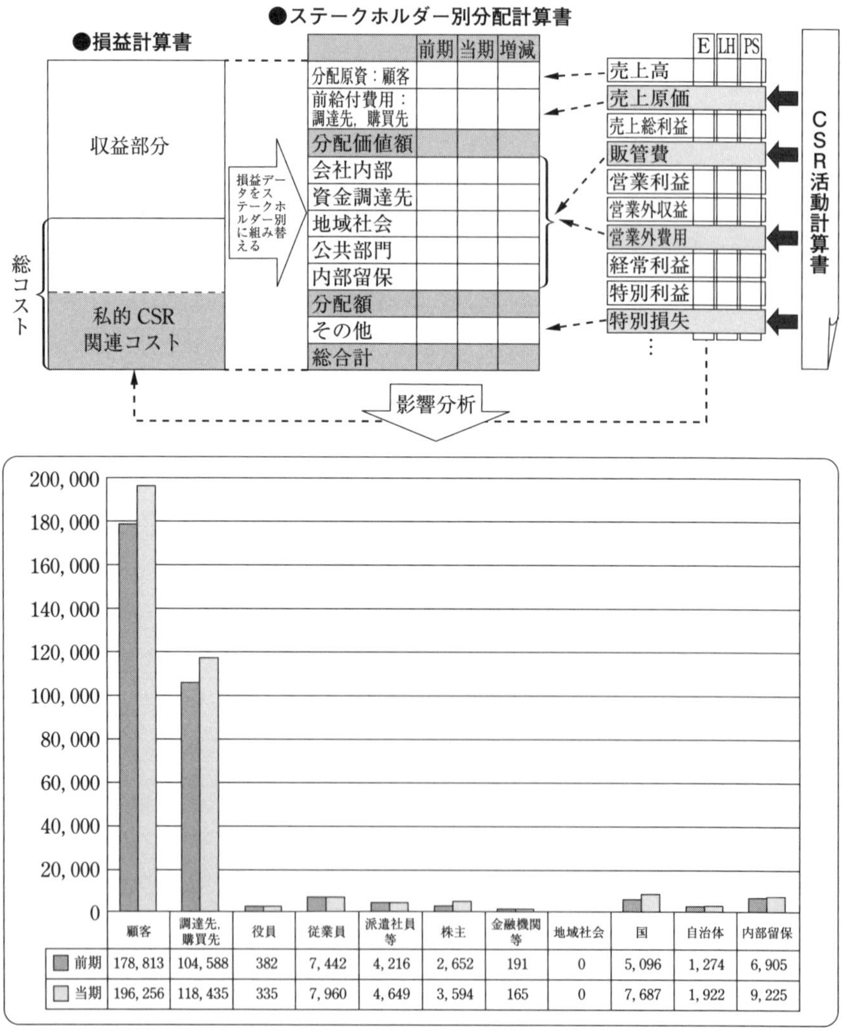
●ステークホルダー別分配計算書
●損益計算書
収益部分
総コスト
私的 CSR
関連コスト
損益データをステークホルダー別に組み替える
前期
当期
増減
分配原資：顧客
前給付費用：
調達先，購買先
分配価値額
会社内部
資金調達先
地域社会
公共部門
内部留保
分配額
その他
総合計
E
LH
PS
売上高
売上原価
売上総利益
販管費
営業利益
営業外収益
営業外費用
経常利益
特別利益
特別損失
CSR活動計算書
影響分析
200, 000
180, 000
160, 000
140, 000
120, 000
100, 000
80, 000
60, 000
40, 000
20, 000
0

	顧客	調達先，購買先	役員	従業員	派遣社員等	株主	金融機関等	地域社会	国	自治体	内部留保
前期	178, 813	104, 588	382	7, 442	4, 216	2, 652	191	0	5, 096	1, 274	6, 905
当期	196, 256	118, 435	335	7, 960	4, 649	3, 594	165	0	7, 687	1, 922	9, 225

出典：拙稿，前掲稿，45 頁。

算書）の数値を基礎として，その区分を，「分配原資」「前給付費用」「分配額」「その他調整」とし，分配額とその他調整額を合計した分配額等は分配価値額と一致する仕組みになっている。

　同計算書では，分配原資については顧客などから得られた事業収益（例えば，売上高），営業外収益，特別利益，利益処分額等の合計額から，また前給付費用は供給業者（調達先，購買先）への支払額（売上原価や販売費及び一般管理費の一部）から構成されている。そして，分配原資から前給付費用を差し引いて分配額を算出していく。

　分配額に関しては，会社内部（役員，従業員，派遣社員），資金調達先（株主，金融機関等），地域社会，公共部門（国，自治体）などのステークホルダーに対して分配された金額で構成されるが，参考指標として各ステークホルダーへの分配額に対応する損益計算書項目を表4.3に示しておきたい。なお，これら以外の「その他の調整項目」は，罰課金・賠償金，その他調整などから構成されているが，分配額とその他の調整項目を合計した分配額等は，分配価値額に一致するよう金額を決定する。

　表4.4はステークホルダー別分配計算書のフォームと数値例を示したものである。

　以上のように，ステークホルダー別分配計算書の目的は，報告主体が事業活動を通じて獲得した経済価値を各ステークホルダーに対してどのような内訳で分配したかを損益計算書と連携させながら把握する点にある。さらに，同計算書で得られた結果を，CSR活動計算書と併せて分析と評価を行うと，CSR活動基本方針に基づいて活動が実践されたかなどの活動実態の把握にも活用できる（図4.8を参照）。

4.　CSR会計計算書作成の基本事項

　CSR会計は，企業のCSRに関する基本方針や事業戦略との関係と適合したものであり，ステークホルダーの意思決定に関連するものでなければならない。

そのために，CSR会計の実施に際しては，以下に掲げる基本事項を定めておく必要がある。

- 対象期間
- 集計範囲
- 集計項目
- 基本様式

CSR会計計算書の公表に際しては，これらの事項について開示を行うとともに，変更があった場合には，変更した重要な事項，内容，理由及び影響を明らかにしておかなければならない。

(1) 対象期間

対象期間は，原則として企業の事業年度とする。なお，CSR報告書においてCSR会計に関する内容を報告する場合には，CSR報告書の対象期間が事業年度と異なるときには，その旨及び理由を明らかにしておく必要がある。

(2) 集計範囲

CSR会計の集計範囲は，原則として報告企業の事業範囲にかかわるCSRの重要なコスト及びそれに関連する投資及び費用額とする。なお，ここでいう企業には，当該企業及びその子会社，関連会社等が含まれる。

ただし，報告するためのデータが十分に確保されていない場合や，重要性の観点から集計結果に著しい影響をもたらさないと認められるものについては，報告の際にその事実と理由の明示を前提として集計範囲から除くことができる。

(3) 集計項目

CSR会計の対象とする事項は，報告主体がステークホルダーと体系的かつ継続的に関与しながら，ステークホルダーの多様なニーズの把握・分析を通して重要と判断された項目とする。なお，CSR会計情報をCSR報告書上で報告する場合には，CSR報告書における報告項目と整合性が確保されなければならない。

(4) CSR会計計算書の基本様式

　本書では，CSR活動への取組みを，経済的側面，環境的側面，社会的側面によって区分した上で，その集計と報告の媒体（手段）である「CSR会計計算書」において，具体的な集計項目を定めている。

　表4.5から表4.10に，環境・社会的側面にかかわる「環境配慮活動計算書」「労働・人権配慮活動計算書」「製品・サービス責任活動計算書」，及び「CSR活動計算書：集計用」と「損益計算書との統合計算書」，経済的側面にかかわる「ステークホルダー別分配計算書」の基本様式を例示しておく。

表 4.5 環境配慮活動計算書

集計範囲：(　　　　　)
対象期間：　年　月　日～　年　月　日　　　　　　　　　　　（単位：百万円）

活動領域の区分	コスト 前期	コスト 当期	該当する損益計算書項目
共通事項　E1 環境配慮活動に関する方針及び実施計画の策定（P） ①マネジメント・システム構築に伴って生じる文書作成コスト ②外部機関による支援と認証取得に要するコスト			
E2 関連法規制への対応（D） ①法規制遵守への取組みに伴って生じるコスト ②将来，法制化されることを想定した取組みに要するコスト			
E3 マネジメント・システムの維持・運用（D） ①マネジメント・システムの維持・運用に伴って生じる文書管理コスト ②教育マテリアルの作成に要するコスト ③継続的な内部研修の実施に要するコスト ④外部研修や外部講師の招聘に要するコスト			
E4 情報公開（D） ①外部公表のための報告書類及び資料等の作成に要するコスト ②ステークホルダーとのコミュニケーション活動に伴って生じるコスト			
E5 監査及び審査（C） ①モニタリング・監査の実施に要するコスト ②内部監査資料等の作成に要するコスト			
E6 マネジメント・システムの見直し（A） ①マネジメント・システムに関する見直し措置の策定に要するコスト ②マネジメント・システムの見直しに伴って生じる文書改訂コスト ③マネジメント・システムの更新・再構築に伴って生じるコスト			
小　　計			
個別事項　E7 自主的なマネジメント活動・取組み及び社会的活動（D） ①自主的な環境保全活動及び取組みに伴って生じるコスト ②寄付金等に要するコスト ③その他社会貢献活動に伴って生じるコスト			
E8 改善・是正（A） ①修復・修繕活動に伴って生じるコスト ②係争・訴訟等に伴って生じるコスト			
小　　計			
合　計　額			

（作成目的）
当該計算書は，企業等の環境配慮活動に関する取組度合や進捗状況を，貨幣額によって明らかにすることを目的として作成する。

（作成上の留意点）
①算定方法は合理的な理由なく変更してはならない。変更がある場合には，その旨，理由及び変更に伴う影響を注記すること。
②基準期間を使用する場合には，基準期間を注記すること。
③減価償却費は別掲するか，もしくは費用額の内訳を示すこと。
④共通事項と個別事項に関する費用の内訳は，その把握ができない場合は総額で示すことができる。また，その総額は，当該活動を担当する部門費によって示すことができる。その場合はその旨を注記する。
⑤効果ないしは有効性の推計については，その主な内容と対応するコスト項目を注記すること。

【効果ないしは有効性の推計に関する注記】

主な内容	対応するコスト項目

表4.6 労働・人権配慮活動計算書

集計範囲：（　　　　）
対象期間：　年　月　日～　年　月　日　　　　　　　　　　　（単位：百万円）

活動領域の区分	コスト 前期	コスト 当期	該当する損益計算書項目
共通事項 L1 労働・人権配慮活動に関する方針及び実施計画の策定（P） ①マネジメント・システム構築に伴って生じる文書作成コスト ②外部機関による支援と認証取得に要するコスト			
L2 関連法規制への対応（D） ①法規制遵守への取組みに伴って生じるコスト ②将来，法制化されることを想定した取組みに要するコスト			
L3 マネジメント・システムの維持・運用（D） ①マネジメント・システムの維持・運用に伴って生じる文書管理コスト ②教育マテリアルの作成に要するコスト ③継続的な内部研修の実施に要するコスト ④外部研修や外部講師の招聘に要するコスト			
L4 情報公開（D） ①外部公表のための報告書類及び資料等の作成に要するコスト ②ステークホルダーとのコミュニケーション活動に伴って生じるコスト			
L5 監査及び審査（C） ①モニタリング・監査の実施に要するコスト ②内部監査資料等の作成に要するコスト			
L6 マネジメント・システムの見直し（A） ①マネジメント・システムに関する見直し措置の策定に要するコスト ②マネジメント・システムの見直しに伴って生じる文書改訂コスト ③マネジメント・システムの更新・再構築に伴って生じるコスト			
小　計			
個別事項 L7 自主的なマネジメント活動・取組み及び社会的活動（D） ①自主的な労働・人権配慮活動及び取組みに伴って生じるコスト ②寄付金等に要するコスト ③その他社会貢献活動に伴って生じるコスト			
L8 改善・是正（A） ①係争・訴訟等に伴って生じるコスト			
小　計			
合　計　額			

（作成目的）
当該計算書は，企業等の労働・人権配慮活動に関する取組度合や進捗状況を，貨幣額によって明らかにすることを目的として作成する。

（作成上の留意点）
①算定方法は合理的な理由なく変更してはならない。変更がある場合には，その旨，理由及び変更に伴う影響を注記すること。
②基準期間を使用する場合には，基準期間を注記すること。
③減価償却費は別掲するか，もしくは費用の内数として示すこと。
④共通事項と個別事項に関する費用の内訳は，その把握ができない場合は総額で示すことができる。また，その総額は，当該活動を担当する部門費によって示すことができる。その場合はその旨を注記する。
⑤効果ないしは有効性の推計については，その主な内容と対応するコスト項目を注記すること。

【効果ないしは有効性の推計に関する注記】

主な内容	対応するコスト項目

表 4.7　製品・サービス責任活動計算書

集計範囲：（　　　　）
対象期間：　年　月　日～　年　月　日　　　　　　　　　　（単位：百万円）

活動領域の区分		コスト		該当する損益計算書項目
^		前期	当期	^
共通事項	P1 製品・サービス責任活動に関する方針及び実施計画の策定（P） ①マネジメント・システム構築に伴って生じる文書管理コスト ②外部機関による支援と認証取得に要するコスト			
^	P2 関連法規制への対応（D） ①法規制遵守への取組みに伴って生じる人件費 ②将来，法制化されることを想定した取組みに要するコスト			
^	P3 マネジメント・システムの維持・運用（D） ①マネジメント・システムの維持・運用に伴って生じる文書管理コスト ②教育マテリアルの作成に要するコスト ③継続的な内部研修の実施に要するコスト ④外部研修や外部講師の招聘に要するコスト			
^	P4 情報公開（D） ①外部公表のための報告書類及び資料等の作成に要するコスト ②ステークホルダーとのコミュニケーション活動に伴って生じるコスト			
^	P5 監査及び審査（C） ①モニタリング・監査の実施に要するコスト ②内部監査資料等の作成に要するコスト			
^	P6 マネジメント・システムの見直し（A） ①マネジメント・システムに関する見直し措置の策定に要するコスト ②マネジメント・システムの見直しに伴って生じる文書改訂コスト ③マネジメント・システムの更新・再構築に伴って生じるコスト			
小　　計				
個別事項	P7 自主的なマネジメント活動・取組み及び社会的活動（D） ①CSR に配慮した研究開発活動等に伴って生じるコスト ②寄付金等に要するコスト ③その他社会貢献活動に伴って生じるコスト			
^	P8 改善・是正（A） ①リコール対応，クレーム対応に伴って生じるコスト ②係争・訴訟等に伴って生じるコスト			
小　　計				
合　計　額				

（作成目的）
当該計算書は，企業等の製品・サービス責任活動に関する取組度合や進捗状況を，貨幣額によって明らかにすることを目的として作成する。

（作成上の留意点）
①算定方法は合理的な理由なく変更してはならない。変更がある場合には，その旨，理由及び変更に伴う影響を注記すること。
②基準期間を使用する場合には，基準期間を注記すること。
③減価償却費は別掲するか，もしくは費用額の内数として示すこと。
④共通事項と個別事項に関する費用の内訳は，その把握ができない場合は総額で示すことができる。また，その総額は，当該活動を担当する部門費によって示すことができる。その場合はその旨を注記する。
⑤効果ないしは有効性の推計については，その主な内容と対応するコスト項目を注記すること。

【効果ないしは有効性の推計に関する注記】

主な内容	対応するコスト項目

表 4.8　CSR 活動計算書：集計用

集計範囲：(　　　　)
対象期間：　年　月　日〜　年　月　日　　　　　　　　　　　　（単位：百万円）

活動領域の区分			コスト 前期	コスト 当期	該当する損益計算書項目
共通事項	T1 社会・環境活動に関する方針及び実施計画の策定（P）				
	内訳	①環境配慮活動			
		②労働・人権配慮活動			
		③製品・サービス責任活動			
	T2 関連法規制への対応（D）				
	内訳	①環境配慮活動			
		②労働・人権配慮活動			
		③製品・サービス責任活動			
	T3 マネジメント・システムの維持・運用（D）				
	内訳	①環境配慮活動			
		②労働・人権配慮活動			
		③製品・サービス責任活動			
	T4 情報公開（D）				
	内訳	①環境配慮活動			
		②労働・人権配慮活動			
		③製品・サービス責任活動			
	T5 監査及び審査（C）				
	内訳	①環境配慮活動			
		②労働・人権配慮活動			
		③製品・サービス責任活動			
	T6 マネジメント・システムの見直し（A）				
	内訳	①環境配慮活動			
		②労働・人権配慮活動			
		③製品・サービス責任活動			
	小　　計				
個別事項	T7 自主的なマネジメント活動・取組み及び社会的活動（D）				
	内訳	①環境配慮活動			
		②労働・人権配慮活動			
		③製品・サービス責任活動			
	T8 改善・是正（A）				
	内訳	①環境配慮活動			
		②労働・人権配慮活動			
		③製品・サービス責任活動			
	小　　計				
合　計　額					

（作成目的）
当該計算書は，CSR 活動計算書に計上された各活動指標の数値を，集計・整理することを目的として作成する。

（作成上の留意点）
①算定方法は合理的な理由なく変更してはならない。
②算定方法に変更がある場合には，その旨，理由及び変更に伴う影響を注記すること。
③基準期間を使用する場合には，基準期間を注記すること。
④減価償却費は別掲するか，もしくは費用額の内数として示すこと。

表4.9 損益計算書との統合計算表

		CSR活動計算書データ			
		CSR関連コスト合計（ ）	環境（ ）	労働・人権（ ）	製品・サービス（ ）
損益計算書データ	売上高　　　　　　　　　　（ ）				
	売上原価　　　　　　　　　（ ）	（ ）	（ ）	（ ）	（ ）
	売上総利益　　　　　　　　（ ）				
	販売費及び一般管理費　　　（ ）	（ ）	（ ）	（ ）	（ ）
	営業利益　　　　　　　　　（ ）				
	営業外収益　　　　　　　　（ ）				
	営業外費用　　　　　　　　（ ）	（ ）	（ ）	（ ）	（ ）
	経常利益　　　　　　　　　（ ）				
	特別利益　　　　　　　　　（ ）				
	特別損失　　　　　　　　　（ ）	（ ）	（ ）	（ ）	（ ）
	税引前当期純利益　　　　　（ ）				
	法人税, 住民税及び事業税　（ ）				
	法人税等調整額　　　　　　（ ）				
	当期純利益　　　　　　　　（ ）				
	（前期繰越利益）　　　　　（ ）				
	（当期未処分利益）　　　　（ ）				

（作成目的）
当該計算書は, 損益計算書とCSR活動計算書のコストデータを統合して, 事業活動におけるCSR活動の占める割合を分析・評価することを目的として作成する。
（作成上の留意点）
①CSR活動計算書領域別のコスト項目を, 損益計算書の対応する各コスト項目と併記する形で計上する。
②財務会計上で行なわれた会計方針の変更が当該計算書に影響を及ぼす場合には, その旨を注記すること。

表 4.10　ステークホルダー別分配計算書

集計範囲：（　　　　）
対象期間：　年　月　日～　年　月　日　　　　　　　　　　　　　（単位：百万円）

区　分		ステークホルダーの内訳	前期金額（カッコ内は分配率：%）	当期金額（カッコ内は分配率：%）	増減額
分配原資	①事業を通じた社会への貢献	・顧客			
	①'売上高以外の分配原資	・その他			
前給付費用：②供給業者への支払額		・調達先，購買先			
差引：③分配価値額					
④会社内部		・役員			
		・従業員			
		・派遣社員等			
⑤資金調達先		・株主			
		・金融機関等			
⑥地域社会等					
⑦公共部門		・国			
		・自治体			
⑧内部留保		・内部留保			
分配額					
⑨罰課金，賠償金等					
⑩その他調整					
総　合　計					

（作成目的）
当該計算書は，報告主体が事業活動を通じて得た経済価値を各ステークホルダーに対してどのように分配したのか，という点を明らかにすることを目的として作成する。
（作成上の留意点）
①当該分配状況に関する経営者自身の評価や今後の分配方針について注記すること。
②当該計算書は，原則として適正な財務会計数値を基礎とする。財務会計上行なわれた会計方針の変更が当該計算書に影響を及ぼす場合には，その旨を注記すること。
③当該計算書上における集計方法は，合理的な理由なく変更してはならない。変更がある場合には，その旨，理由及び変更に伴う影響を注記すること。
④特定情報の集計範囲が全体方針と異なる場合にはその旨と理由を注記すること。また集計範囲の変更は集計算定方法の変更と同様に扱う。
⑤著しい増減額については，その要因を分析して具体的に記載すること。
⑥「その他調整」額がマイナスとなる場合（分配原資の金額より分配額の方が大きい場合）は，その原資となった内訳を記載すること。

5. CSR会計情報と財務諸表との連携

　CSR会計の出発点が，財務諸表上の私的コストに埋没するCSR関連コストを識別して分離・独立させる点にあることは，すでに説明したとおりである。しかし，このような流れに沿って，単にCSR活動領域別の会計データを識別して測定・集計しただけでは企業会計のフレームワークとは有機的に統合されておらず，投資意思決定情報の有用性という面からは十分に利用者の情報要求を満たしているとはいえない。

　つまり，私的コストから抽出した私的CSR関連コストは，従来の企業会計フレームワークとの統合を通じてはじめて情報利用者の情報要求―投資家が将来のキャッシュフローを予測する際に役立つ企業成果等の情報―を満たすことが可能となるからである。したがって，CSR会計情報のディスクロージャーに際しては，より広い視点から企業が直面するCSR問題が財務報告プロセスのあり方そのものの拡張を促しているという点を踏まえて，開示すべき内容を検討しなければならない。

　しかし，財務報告書を報告媒体として利用する場合であっても，CSR会計情報の財務諸表本体での開示を必ずしも意味してはいない。財務諸表における開示形態は，「本体」「注記」「補足情報」に区分されるが，CSR会計システムを既存の財務報告プロセスの拡張と位置づければ，英国の「営業・財務概況」（Operating and Financial Review：以下，「OFR」と略記する）の開示規制のように，非財務諸表情報―財務諸表の補足情報―として開示を行うという財務報告（制度）の新たな展開と捉えることも可能である。

　本書で提案するCSR会計は，CSRリスクマネジメントの内部統制システムへの統合を通じて，CSRリスクマネジメントをガバナンスできているか否かを企業内部で管理する活動状況に関する定量情報の提供と，企業外部のステークホルダーに対して活動実績を説明するための会計情報の作成・提供により，財務諸表を補完する点に主な役割がある。このような捉え方は，個々の企業の

社会的責任問題としてCSR会計を論じるのではなく，CSRをめぐる財務会計に対してコーポレート・ガバナンスにかかわる会計問題があらためて検討すべき重要な課題を投げかけていることと関連している[14]。

この点に関連して，英国会計基準審議会（Accounting Standards Board：以下，「ASB」と略記する）は，財務諸表の補足情報として社会・環境・倫理（Social Environmental Ethical：以下，「SEE」と略記する）問題をはじめとする次のようなOFR情報の開示を要求している点で，CSR会計のディスクロージャー問題にとって非常に有益な示唆を与えているといえよう[15]。

「14. OFRは，財務諸表を補足するだけでなく，全般的な企業情報を高めるための補完機能を有する。

15. OFRは，財務諸表で報告されない事業と業績に関する有用な財務及び非財務情報を提供することにより，財務諸表を補完する。

16. ……（中略）……財務諸表に記録された金額について追加的な説明を提供し，財務諸表に網羅された情報を構成する条件や事象を説明する。（後略）……」

また，ASBは『財務報告基準書』においても，「（財務諸表の）補足情報は，一般的には，財務諸表と同様の目的を持つが，たいていは異なる種類の情報からなる。例えば，補足情報には，……（中略）……財務諸表本体への計上には適当であるとみなされない革新的又は試験的なディスクロージャーが含まれる。補足情報の中には，財務諸表に記載されていない情報をとり扱っているものもあるが，財務諸表における情報と首尾一貫しない補足情報はない。」という見解を示している[16]。

さらに，「事業体及びその取引が複雑になればなるほど，情報利用者は財務業績や財政状態の基礎となる主要な特性に関する客観的かつ包括的な分析と解説が必要となる。そのようなディスクロージャーは，典型的には『OFR』に記載されているが，(a) 財務業績の主要因（例えば，主たるリスク，不確実性，数年間の傾向及びその対応方法），(b) 財政状態の動向（例えば，資本構成や財務方針に関して採用される戦略），及び (c) 将来の投資形態とみなされる当

期の活動及び支出を検討しているならば，最も有用となるであろう。」として，補足情報が財務諸表固有の限界を補完する役割を果たすとも指摘している[17]。

このような流れは，2002年に米国で公表されたSOX法に関連してSECによって設置を勧告されたディスクロージャー委員会や，COSOフレームワークで指摘するコーポレート・ガバナンス・システムの問題とも深くかかわっている[18]。

つまり，CSRリスクマネジメントの内部統制システムへの統合により，企業が直面する重大なリスクの管理が可能となるが，CSR会計にはこうしたマネジメントシステムの有効性を判断する内部管理機能も求められている。したがって，CSRリスクのマネジメントのあり方と会計問題という視点に照らすと，CSR会計の果たすべき役割は，企業が直面するSEE問題をはじめとしたリスク情報の開示にとどまらず，そうしたリスクを回避するためのマネジメントシステムを構築して企業内の各部門間で連携のとれた組織運営が行われているかをサポートする点にあることが明らかとなる。

以上概観したように，CSRリスクマネジメントの内部統制問題が，これからの財務報告プロセスのあり方と機関投資家をはじめとした企業外部のステークホルダーに対するディスクロージャー問題に重要な影響を及ぼしている点に十分留意しておく必要があるといえよう。

具体的な内容に戻るが，図4.9に示した三つのCSR会計計算書で集計・整理された私的CSR関連コストの金額は，損益計算書における私的コストの該当する項目欄への記載によって，これまで識別・測定されていなかったCSR会計情報を従来の会計情報に組み込むというデータの統合化に関する作業は完了する。

上記の手順で企業活動全体に統合された会計情報は，CSR会計の一般的要件（「第3章4」を参照）に合致するものであり，さらに会計情報との関連性が明示されているという点から，情報利用者の情報要求に十分応えられると判断できる。したがって，従来の会計情報の一部を構成するCSR会計情報は，ステークホルダーに対するアカウンタビリティを十分遂行できる情報としての要件を具備したものであるといってよい。

5. CSR会計情報と財務諸表との連携

これまでの考察を通じて，CSR会計は，CSRリスクのマネジメントのあり方と，CSRパフォーマンスの向上に関連した活動や取組みを領域別に区分して，私的CSR関連コストとして貨幣単位で識別・測定・評価し，財務報告書において財務諸表の補完的役割を果たす補足情報として開示を行う，といった流れで実践される会計行為であることが理解できたと思う。

本章で検討した内容は，私的CSR関連コストの集計と開示にかかわる問題

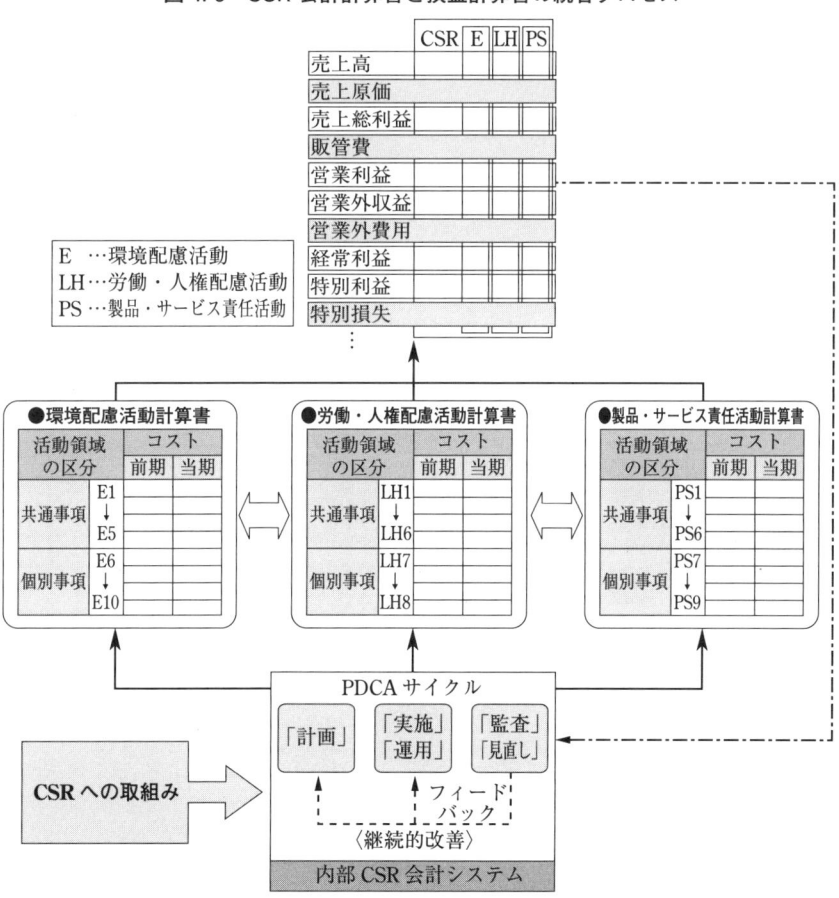

図4.9 CSR会計計算書と損益計算書の統合プロセス

出典：拙著，前掲書，80頁。

に限定されるが，CSR 全般に及ぶ取組みや積極的な社会貢献などをはじめとする諸要素を会計情報として組み込んでいる点が，従来の企業会計のフレームワークの再構成を促す CSR 会計の特徴といえる部分である。

　こうした一連のプロセスで企業活動全体に統合された CSR 会計情報は，従来の会計情報との関連性が明示されている点において，情報の信頼性や目的適合性をはじめとする会計情報の質的特性を具備しているといってよい。つまり，CSR 活動計算書に集計された CSR 関連コストは，CSR 基本方針や企業戦略に基づく活動が実践されたかどうか検証するための判断材料として，最終的に損益計算書と統合され，マルチステークホルダーへの経済価値の分配状況を明ら

図 4.10　CSR 活動計算書とステークホルダー別分配計算書の関係

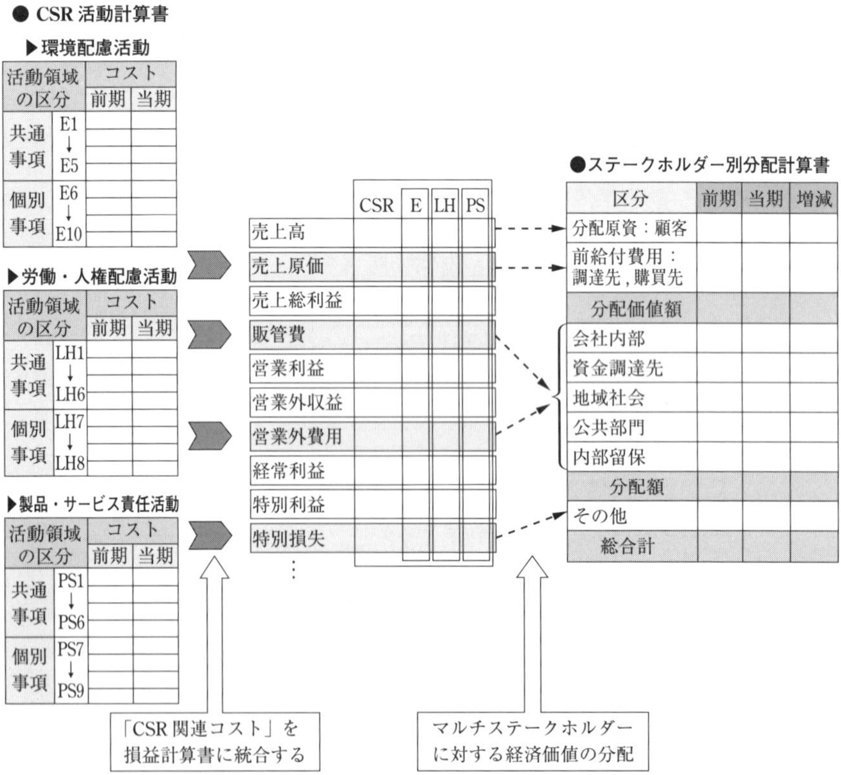

かにするステークホルダー別分配計算書と併せて，CSR活動の進捗状況の検証やコストの原因分析等に活用できるからである（図4.10を参照）。

　現在，CSR会計を実践する大半の企業は，CSR報告書等の媒体によってステークホルダー別分配計算書を開示している。しかし，CSR会計は企業会計と別個に存在するのではなく，会計学を新たな糸口からみる可能性を秘めている。例えば，CSRリスクマネジメントにかかわる会計情報を，財務諸表の「補足情報」として財務報告書で開示し，具体的な取組み内容や進捗状況などの詳細な情報はCSR報告書で開示するという報告書間の相互関係が確立できれば，ディスクロージャーの有用性はより一層高まるはずである。したがって，CSR会計情報の開示のあり方を，CSRをめぐる報告媒体（財務報告書とCSR報告書）のネットワークという視点から捉えることも，今後CSR問題を検討する上で必要不可欠な要素といえよう。

　以上の考察から明らかなように，CSR会計がどのような情報を提供するかは，報告すべき会計情報をつくり出す組織のマネジメントのあり方に少なからず依存している。提供される各種の報告媒体が情報利用者の意思決定に有用であるためには，報告に至る企業組織の情報フローの仕組みと財務報告を含むディスクロージャー・ネットワークの問題が極めて重要である点を指摘しておきたい。

6. おわりに

　本章では，ステークホルダーに対するアカウンタビリティの遂行にかかわる問題として，CSR会計計算書の体系と外部報告のためのディスクロージャーのあり方を外部会計の側面から考察した。これは，昨今の会計不正問題で失墜した財務報告の信頼性を取り戻すには，CSR活動の特定方法やCSR定量化の枠組みを企業会計のフレームワークの延長線上でどのように設計・運用すべきか，という視点からのアプローチが必要であるとの認識に基づいている。

　こうした考えに立脚して，企業の経済的側面と社会的側面とをその両輪としながら適正な事業活動へと導くために，CSR活動に伴って支出したCSR関連

コストをいかなる様式で集計・整理して情報開示すべきかという検討課題に焦点をあて, CSR会計計算書の体系とCSR会計情報をめぐるディスクロージャー問題の検証を行い, 次のような結論を得た。

まず, CSRMSを会計学のキーコンセプトと位置づけた会計の総合的な観点から, CSR会計情報と財務報告のあり方をめぐる課題と関連づけて, 客観的な定量評価の仕組み―CSR会計計算書の体系―を明示している。その上で, 内部CSR会計システムによって識別された環境・社会的側面にかかわるCSR関連コストを活動領域別に集計する「CSR活動計算書」と, CSR活動計算書で集計されたデータを損益計算書と統合して事業活動におけるCSR活動の取組状況の分析・評価に主眼を置く「損益計算書との統合計算書」, 経済的側面に関するデータの集計・提供を目的とした「ステークホルダー別分配計算書」の内容と構成を, CSRMSに依拠して検証した。

さらに, 会計情報の有用性の観点から, 上記の体系で作成されたCSR会計情報と財務諸表との連携による, CSRをめぐる報告媒体とのネットワーク化の可能性についても言及している。

CSR会計情報の適切な開示は, CSR全般にかかわる企業のアカウンタビリティを履行する重要な手段となり, 企業の社会的信頼性の向上に大いに貢献する。本章における考察を通して, CSR会計情報を活用できる環境が整備されれば, 財務偏重ではない適正な企業価値評価の確立にも重要な役割を果たすとの見解を示した。

注

（1） 今福愛志「CSR 会計のフレームワークの再構成：CSR リスクマネジメントと会計」『企業会計』Vol. 56 No.9, 2004 年, 21 頁。
（2） この点については，次の文献を参照されたい。森哲郎『ISO 社会的責任（SR）規格はこうなる：生き残るための CSR マネジメント』日科技連出版社, 2004 年, 87-143 頁。
（3） 髙巌『コンプライアンスの知識』日本経済新聞社, 2003 年, 90 頁。
（4） 髙, 前掲書, 91-93 頁。
（5） 経済同友会の CSR をめぐる「企業評価の体系」は，こうした視点に立つ考え方を具現化したものであり，縦軸に「コーポレート・ガバナンス」（「理念とリーダーシップ」「マネジメント体制」「コンプライアンス」「ディスクロージャーとコミュニケーション」），横軸に「企業の社会的責任」（「市場」「環境」「人間」「社会」）を配置して，新たな企業組織のあり方を提案している。詳しくは，社団法人経済同友会『第 15 回企業白書：「市場の進化」と社会的責任経営』社団法人経済同友会, 2003 年, 59 頁を参照されたし。
（6） 本書における CSR 活動の範囲は，国内外の CSR に関連する各種の規格・ガイドライン等を参考にして CSR 分野でカバーすべき要素を選び出し，これらを整理して体系化したものである。
（7） 環境配慮に関する側面には，報告主体が生物や非生物からなる自然システム（生態系，土地，空気，水，天然資源など）に与える影響にかかわる活動等が含まれる。
（8） 労働・人権配慮に関する側面には，企業が労働・人権に関する慣行の分野において，基本的権利の保護・尊重だけでなく，労働環境の質及び従業員等（パートタイマーや派遣社員も含む）との関係から，人材に与える影響にかかわる活動等が含まれる。
（9） 製品・サービス責任に関する側面には，企業が提供する製品やサービスの欠陥及び顧客情報の管理の不徹底などから，消費者や顧客に与える影響にかかわる活動等が含まれる。
（10） 麗澤大学企業倫理研究センター編『R-BEC004：CSR 会計ガイドライン』麗澤大学企業倫理研究センター, 2004 年, 71 頁。
（11） 麗澤大学企業倫理研究センター編『R-BEC004：CSR 会計ガイドライン』麗澤大学企業倫理研究センター, 2004 年, 80 頁。
（12） 本書で参考例を提示した表 4.3 では，「内部留保」欄に「減価償却費」を位置づけているが，「減価償却費」については，減価償却の対象となる資産の属性によってその他の項目に区分されるケースもある。
（13） ステークホルダー分配計算と付加価値の分配については，次の文献を参照されたい。向山敦夫「CSR の数量化と測定方法」『企業会計』2005 年, 35-41 頁。
（14） 企業統治概念と会計（学）の関係については，財務報告プロセスの編成という視点からその関係を明らかにしている次の文献が詳しい。今福愛志「企業統治の会計学（一）

～（三）」『會計』第 167 巻，第 4-6 号，2005 年。
(15) Accounting Standards Board, *Reporting Standard 1 : Operating and Financial Review*, May 2005, pars. 14-16.
(16) Accounting Standards Board, *Statement of Principles for Financial Reporting*, December 1999, para. 7, pars. 16-17（菊谷正人『国際的会計概念のフレームワークの構築：英国会計の概念フレームワークを中心として』同文舘，2002 年，109 頁）．
(17) ASB, *Ibid.*, para. 7, 18（菊谷，前掲書，110 頁）．なお，この点に関しては，開示プロセスに対応した会計規制の重層化について，財務報告制度のあり方から検討している次の文献を参照されたい。古庄修「開示プロセスの階層構造と財務報告制度：英米における会計規制の外延的拡大」『JICPA ジャーナル』No. 598，2004 年，38-43 頁。
(18) 財務報告をめぐるディスクロージャー委員会とコーポレート・ガバナンス問題を明示的に関連づけた議論については，次の文献を参照されたい。今福愛志「財務報告をめぐる情報フローの再編成：ディスクロージャー委員会とコーポレート・ガバナンス問題」『産業経理』Vol. 64 No. 2，2004 年，4-11 頁。

第5章 CSR会計の導入・運用プロセス

1. はじめに

　本章は，CSR会計システムからアウトプットされる情報と従来の会計情報とをどのように連携させ，企業組織内においてCSR活動の適正な分析と評価へと導くか，というCSR会計の導入・運用プロセスの検証に主目的がある。さらに，CSR会計システムによって創出された会計情報をどのように活用すれば，事業活動とCSR活動とのバランスがとれた企業経営へとつなげられるか，CSR会計情報の分析と評価の視点も併せて示していくことにしたい。

　本章の論点は，次の通りである。
- 従来の企業会計フレームワークの延長線上でCSR会計を展開するには，CSRMSに依拠してどのようなプロセスでシステムの導入を図ればよいか，その基本的な考え方を明示する。
- CSRに関する取組みに会計的視点を加味することで，どのようにCSR活動を定量化して分析と評価に結びつけるかという点を，CSR会計システムの導入と運用のプロセスを通じて明らかにしていく。

　上記二点を踏まえて，CSR会計システムにおける会計データ処理の流れを具体的な事例を示しながら検証する。

2. CSR会計をめぐる情報フローの再編成

　CSR活動に伴って発生するCSR関連コストの存在を明らかにするには，企業組織体制の再編成のプロセスを通じて，社内における情報フローのあり方を

見直す必要が生じる。

そこで，CSR会計システムの導入と運用のプロセスを検証するにあたり，企業組織内における会計情報フローの再編成にとって不可欠な要素である，CSR会計データ識別と測定の意義を整理しておきたい。

(1) 会計情報フロー再編成の視点

会計には，ステークホルダー間の利害を調整する目的と，情報利用者のニーズを満たすために，収集した会計データを整理して報告するという情報提供目的がある。会計の目的をこのように捉えると，会計情報システムは各種ステークホルダーに対して，その多元的な利用目的に適った有用な会計情報を提供するという視点からそのシステム化に取り組まなければならない。

つまり，会計フレームワークを設計する場合には，「会計情報は誰のために作成するのか」「誰がその情報に関心を持っているのか」，さらには「どのような目的のために会計情報が提供されるべきか」「会計情報が有用であるための条件とは何か」という点を十分に考慮しなければならないことになる。

上記の観点に照らすと，CSR会計の目的は，CSR活動に関する取引データを収集し，処理し，それらを情報として企業内外の情報利用者に報告する点にあり，この目的は組織内における情報フローの仕組みの再構成なくして達成し得ない。したがって，CSR会計を実務に適用するには，情報利用者の投資意思決定や経営意思決定に有用なCSRにかかわる会計情報の提供を可能とするための，企業組織内における各業務部門を横断的につないだ全社的な情報フローの実現が求められる（図5.1を参照）。

それでは，CSR会計を企業組織内で有効に機能させるために，組織横断的な情報フローの仕組みをどのような観点から整備すべきなのか。この問いに対する答えは，会計システムを含む各業務システムの統合化を図り，CSRに関するデータを会計システムから抽出して，必要に応じてデータを加工できる環境の整備によって導出される。

つまり，これまでの個別部門単位の情報システムを見直し，組織と業務の流

2. CSR 会計をめぐる情報フローの再編成　129

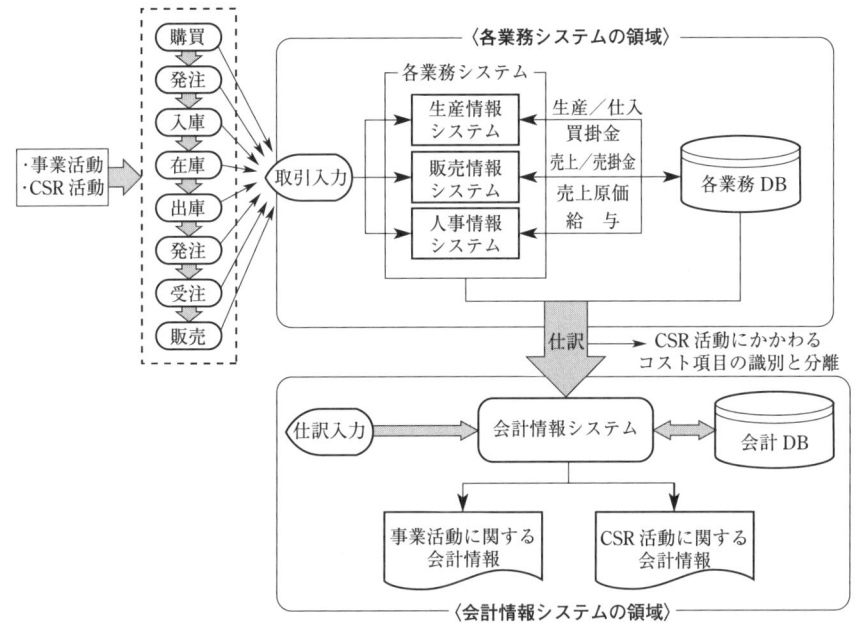

図 5.1　統合化された会計情報システムの体系

出典：拙稿「ERP と会計情報」野々山隆幸，水尾順一，佐藤修編著『IT フロンティアの企業変革と産業マップ』同友館，2001 年，138 頁に加筆・修正を加えて本図を作成。

れを再構築できるよう情報フローの仕組みを編成すれば，経営者の的確な意思決定と情報利用者に対する有用な会計情報を正確かつタイムリーに提供できる環境が整うからである。

(2) CSR 会計データの識別・測定の意義

　CSR 活動の達成度合いや進捗状況をコスト面からモニタリングする CSR 会計の識別・測定の対象は，あくまでも企業活動であり，従来の会計情報との連携によって CSR 会計システムは形成される。CSR 会計では，CSR 活動領域別にコスト項目を識別し，マネジメントシステム（CSRMS）に依拠して CSR 関連コストを抽出する点に会計フレームワーク設計のポイントがある。これは，経営活動全体から CSR 活動領域別にコスト部分を分離・独立させて，従来の会

計情報システムに新たな仕組みとして組み込むことを意味する。

例えば,「教育研修費」を例にこの問題を考えてみよう。CSR 活動に取り組む企業が組織内で教育研修活動を行う場合,事業活動にかかわる教育研修と CSR 活動にかかわる教育研修とが存在することになる。こうした活動に要した支出額の一般的な会計処理では,これらの活動を詳細に区分せずに,一括して「教育研修費」勘定で処理を行う。

しかし,上記の処理では,CSR にかかわる教育研修にどの程度資本を投下したのか,さらに,実際に行われた教育研修の効果がどの程度あるのかなどを検討して具体的な活動の見直しや改善に結びつけることはできず,結果として CSR 活動に関する適正な分析と評価につなげられない。そこで,CSR 活動領域別に要したコストの識別・管理が必要となるわけである。具体的には,これまで「研究研修費」として一括処理していた勘定に新たなコードを付すなどして活動領域別に勘定科目を細分化してこの問題に対処していく(「勘定科目の分解」)。

マネジメントシステムの適正な導入と運用によって取り組むべき CSR 対象領域と関連するステークホルダーが社内で認識され,それらの活動を推進するためにそれぞれの領域で教育研修を実施したとしよう。CSR 会計システムによってこれらの活動に費やしたコスト部分を通常の会計処理システムから識別・抽出して CSR 活動計算書に集計・整理すると,全社的に CSR 会計情報を閲覧できる体制が整ってくる。こうした新たな情報フローの仕組みの構築によって活動領域別にコストの態様が明らかとなり,CSR 活動の達成度合いや進捗状況の分析と評価のタイムリーかつ適正な実施が可能となる。

以上概説したように,CSR 会計システムを導入して CSR 活動をモニタリングする会計処理の実践に向けては,CSR 活動領域別にコスト項目の細分化が行える会計フレームワーク設計の視点が求められる。

3. マネジメントシステムとCSR会計の統合

　それでは，CSR会計システムを実際に導入して，運用・管理する際のマネジメントシステムに依拠した会計フレームワークの全体像を概観しておきたい。

　まず，CSR会計が対象とするCSRMSは，「結果」重視ではなく，CSRに関する要求事項を満たすための「プロセス」をコントロールする仕組みを具備したものでなければならず，そのためにはコンプライアンスをCSRMSの中核に据えて，法令がカバーする範囲においてできるだけ広範なCSR分野をとり込み，その達成に向けて取り組むインセンティブを構成するよう枠組みを構築する必要がある。こうした考えに基づいて，本書では「環境配慮活動計算書」「労働・人権配慮活動計算書」「製品・サービス責任活動計算書」（以上が「CSR活動計算書」）「ステークホルダー別分配計算書」等の計算書をその運用例として想定している[1]。

　それでは，これらの計算書を念頭に置きながら，マネジメントシステムとCSR会計の統合によるCSR活動定量化の流れを説明しておこう。

　企業はマネジメントシステムの運用と管理を通して，どのようなCSR活動の実践が望ましいか，判断を迫られることになる。CSR会計の導入と運用に関する具体的内容を説明する前に，どのような流れでマネジメントシステムとCSR会計を統合するのか，マネジメントシステム構築のプロセスを通じて概説しておきたい。

　まず，どのような流れで組織内にマネジメントシステムを構築すればよいか，麗澤大学経済研究センター「企業倫理研究プロジェクト」が原案を製作し，1999年5月に公表したマネジメントシステム規格であるECS2000（Ethics-Compliance Management System Standard 2000）を参照しながら，マネジメントシステム構築のプロセスの概要を整理しておこう[2]。

　まず，本書ではCSRが「狭義の法令遵守」「倫理実践（広義のコンプライア

ンス)」「社会貢献」の三つのフェイズから構成されており，CSR活動はこれらのフェイズの段階的な実践を通して，より有効な取組みとなるという前提に立って議論を進めていく。

CSRのフェイズ1は「狭義の法令遵守」であり，法律に抵触しないようにするための最低限の取組みと位置づけられる。フェイズ2の「倫理実践」は，法律の意図を汲み，その目的とするところに配慮した取組みを指す。さらにフェイズ3の「社会貢献」は，他に要請されたものではなく，企業自らがなすべきことを決定し，主体的な姿勢で取り組む活動を指す[3]。

上記の前提を踏まえると，倫理やコンプライアンスに配慮した取組みによって将来にわたるリスクの発生を最小限に抑えて責任ある経営を行うには，それを具体化するための仕組みが存在しなければならない。こうした理由から，ECS2000ではISOマネジメントシステム規格の枠組みを援用して倫理とコンプライアンスに関する活動の仕組みを整備・運用することを推奨している。これは，倫理とコンプライアンス，すなわちCSRに関する企業の取組状況を正しく把握し，それを前提として合理的な改善計画を立案し推進するプロセスを具備した体制の整備を意味する。

こうした取組みに会計的視点が加味されるケースはこれまでほとんどなかったが，財務的数値の趨勢も判断材料に加えながら取組みの見直しを行い，活動内容を決定していくことが，マネジメントシステムの管理面においてはより有効と考えられる。つまり，CSR会計システムの導入を行い，これまで識別されていなかったCSRに関する活動を会計情報から抽出してCSR会計計算書という形式で表現できれば，CSR活動の適正な分析と評価につながるだけでなく，活動の見直しを行う際の指標として活用できるからである。

なお，ECS2000の導入と運用にあたり，次の四点を確認しておきたい。

第一に，倫理法令遵守へ取り組むための体制を整えること。最初から完璧な倫理法令遵守体制が整備されている企業は数少ない。したがって，自社の体制が完全でないことを認識してまず体制の整備からとり掛かる必要がある。第二に，継続的な改善が重要であること。前述の通り，完璧な体制を整えた企業は

数少ない点を踏まえると，体制の継続的な改善が求められる。最初は簡単な規程の準備と運用から着手して，やがてそうした活動結果を確認しながら必要な部分を補って必要のない規程は廃棄する，という流れで作業を進めながら自社に適した運用を行うよう心掛ける。第三に，社会に対するアカウンタビリティを重視すること。経営活動において発生するリスクを認識してコントロールし，その上で説明できる体制を整えると，協働を基礎とする企業体制の不完全さを最小限に抑えられる。第四に，体制を整えるといった形式面だけでなく，成果を重視すること。つまり，倫理法令遵守の実効性を高めるという視点に立った継続的改善が要請される。

以上のように，ECS2000の基本的な枠組みは，①計画（Plan），②実施と運用（Do），③監査（Check），④見直し（Act）というプロセスから構築されるが，このプロセスを継続的に繰り返すことで，企業組織の再編成に向けたCSRMSが次第に整備される。

4. CSR会計システムの導入と運用

次に，自社でCSR会計を活用する場合に，具体的にどのような手順にしたがってCSR会計システムを導入して運用すればよいのかという点について説明する。

CSR会計システムは，事業活動における各種CSRリスクに対処するための取組みや諸活動を，従来の会計情報から識別して分離・独立させる会計的装置を指す。したがって，従来の私的コストからCSR活動に伴って発生するCSR関連コストを抽出する仕組みを，CSRMSに依拠しながら展開しなければならない。そこで，以下に示すプロセスに沿って，具体的なCSR会計システムの導入と運用プロセスについて説明を行いたい（図5.2を参照）。

- ■データ連携
- ■データ集計
- ■データの分析と評価

134

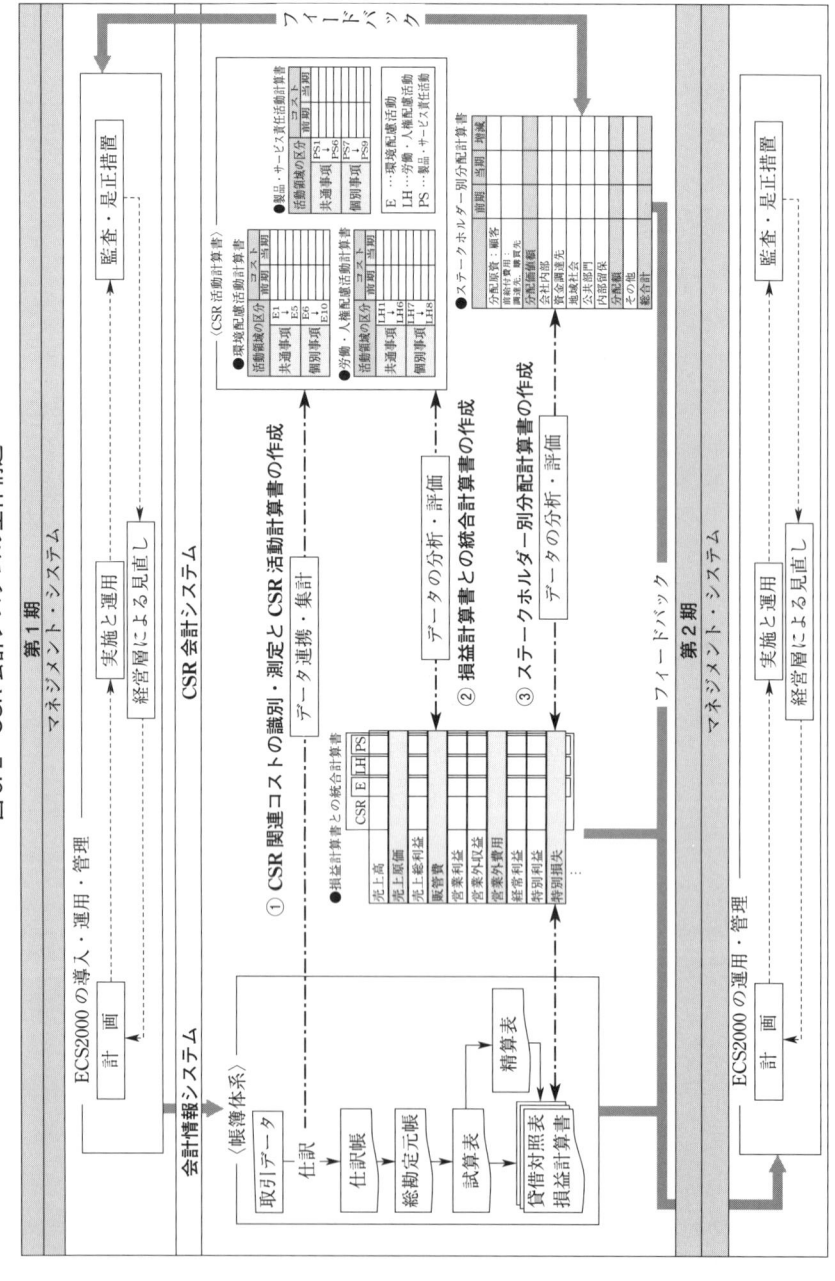

図5.2 CSR会計システムの全体構造

出典：拙稿「CSR会計システムの導入と運用のプロセス」経営会計研究 第8号, 2007年, 44頁。

4. CSR 会計システムの導入と運用　　135

■データの開示

(1) データ連携

　CSR活動は，企業の業種・業態，理念などによってさまざまな形態が想定できるので，「自社のCSRとは何か」「対象となるステークホルダーは誰か」などの課題を社内で解決して共有することがまず重要となる。そのために，ECS2000（CSRMS）の運用・管理を通じた「CSR活動領域及びステークホルダーの特定」がCSR活動に取り組む際の出発点となる。

　そこで，まずは倫理法令遵守システムの構築と運用を通して，自社のCSR活動を特定することから着手し，社内で吸い上がったCSRリスクの活動領域別の分類を行わなければならない。こうした社内体制の整備が完了すると，CSR会計システムによってCSRMSの運用状況等を会計的見地から識別して把握できる環境が整う。以上のように，本書では，CSR関連コストをCSRMSに依拠して「環境配慮」「労働・人権配慮」「製品・サービス配慮」などのCSR活動領域別の計算書に集計して，これらのコスト態様の分析によるCSR活動実績の評価プロセスを明らかにしていく。

　さらに，CSRリスクを軽減するには，CSR関連コストの適時・適切な資源配分が重要となるので，CSR関連コストの趨勢などを事業活動との関連，さらには時系列的に分析・評価する必要がある。このような場合，自社のCSR活動の進捗状況を会計情報としてデータベースに蓄積して情報利用者がいつでも利用できるよう，事業活動とCSR活動領域別に会計データを識別・測定する視点が大切となる。会計情報システムによる日常的な会計処理プロセスを通じたCSR関連コストの分離・独立により，従来のコスト体系を細分化させ，会計情報とのデータ連携を図る点がここでの主要なテーマとなる。

　それでは，CSRMSの運用と管理を通じてCSRリスクをコントロールするには，どのような具体的対応が求められるのであろうか。次に，CSRリスクに対処するために要したコスト項目を，どういった流れで識別・集計すればよいか，企業組織内の情報フローの観点から考えてみたい。

組織横断的なCSR活動を実現するには，まず組織内においてCSRMSを整備する点が最重要課題であり，その前提に立ってシステムが適切に運用・管理され，一定の効果をもたらしているか何らかの手段で把握する必要がある。この場合，CSR活動を定量的にモニタリングするCSR会計の導入により，CSRMSが要求する継続的改善，アカウンタビリティ，形式だけでなく成果を重視する点を会計的側面から支援できる。

CSR会計システムでは，ECS2000を導入した初期的な段階（これを「第一段階」という）において，倫理法令遵守体制を整備し，その上でマネジメントシステムを運用・管理するための活動や取組みなどに伴って生じたコストを，「CSR関連コスト」として集計・整理する。第一段階で集計されたコストは，それを活動領域別にグルーピングして，「CSR活動計算書」の「共通事項」欄に計上する。この仕組みによって，当該企業におけるCSR活動とはどのようなものであり，そうした活動はいかなるステークホルダーを対象とするのか特定できる。

倫理法令遵守マネジメントシステムの継続的な運用・改善プロセスを経た段階（これを「第二段階」という）では，企業独自のCSRに関する活動や目標，ステークホルダーとの関連性が明らかとなってくる。そうなると，当該企業のCSRがどのような領域にかかわっているかをより明確に特定・分類でき，さらにそうした活動領域にかかわる自社独自の視点に基づく積極的な活動が明示される。このように，第二段階で明らかとなった自主的な取組みにかかわるコストは，活動領域別の「CSR活動計算書」の「個別事項」欄に集約する，という流れで処理が行われる。

(2) データ集 計

「(1)」では，CSRMSの構築・運用による企業組織体制の再編成を通じて，自社が取り組むべきCSR活動領域の特定，及び従来の会計情報とCSR会計情報とのデータ連携による活動領域別コストデータの識別について説明した。

次なる段階として，CSR活動領域別に識別されたコストデータは，一定の

フォーマットに集計・整理しておかなければならない。そのために，まずCSR活動の適否の判断を目的として，CSR活動領域別の計算書である「CSR活動計算書」にコストデータを集計・整理して分析と評価の基礎資料を作成する。CSR活動計算書への集計は，① CSR活動領域別に該当するコスト項目を勘定科目にしたがって分類し，②当該コストを要素別に「共通事項」と「個別事項」に計上するという流れで実施する。

ここで，CSRMSの各プロセスにおける運用と管理を通じたCSR関連コストデータの内容と集計プロセスを確認しておきたい。

① **計画（Plan）**

「計画」段階では，企業として基本的な倫理法令遵守に関する方針を定め，それを具体化するための実施計画の策定からとり掛かる。さらに，実施計画に基づいて各企業が抱える各種のリスクを分析してコントロールするために，遵守実践すべき行動規範などを整理するとともに，倫理綱領やコンプライアンス・マニュアルにまとめておく。

倫理綱領の作成・改訂にあたっては，企業の掲げる経営理念，会社としての法令違反リスクなどを念頭に置いて遵守すべき事項，実践すべき事項を整理する。活動を開始した初期の段階であれば，その中に教育訓練や内部監査などに関する計画を盛り込むが，活動が進んだ時点でより積極的な改善計画などに関する実践に関してもこれに含める。こうした一連の取組みに要するコストは，CSR活動計算書に計上することになる。具体的には，「計画」段階で投入されたコストを，「CSR活動計算書：共通事項」の「方針及び実施計画の策定」欄に計上した後，事業活動とのバランスや関連性などを分析・評価する目的から，「損益計算書との統合計算書」の「販売費及び一般管理費」欄に記載する。

さらに，内部規程も整備しておかなければならない。倫理やコンプライアンスに関する関連部署の権限や責任，是正措置を講じるための手続きなどに関して，さまざまな内部規程を設けて，実践する社内体制を構築する。ここで要したコストは，「CSR活動計算書：共通事項」の「方針及び実施計画の策定」欄，及び「損益計算書との統合計算書」の「販売費及び一般管理費」欄に計上する。

マネジメントシステムを導入した一期目は,「計画」にかかるコストが多くなる傾向にあるが,二期目以降にこうした計画段階で生じるコストが少なくなるというわけではない。計画に基づいて実行された活動が想定した効果に結びつかなかった場合には,ここで立案された計画自体の見直しと改善につながり,新たな計画の立案が必要となるからである。さらに,倫理綱領や内部規程の改訂なども必要となるかもしれない。

したがって,活動の継続的な改善に伴い,二期目であっても計画の見直しに伴うコストが発生する可能性がある。その際,最低限の要求事項をクリアして,企業独自の積極的な取組みを決定した際には,そこで生じたコストを「CSR活動計算書：個別事項」に新たな項目を設定して計上することになる。

② **実施と運用（Do）**

この段階では,作成した計画の内容を具体化するために,倫理法令遵守に関する責任部署を設置して実質的な権限を与えなければならない。当該部署は,次の業務を専門的に行う。倫理方針の管理と改訂,計画の実施と見直し,法令及びその他ルールの管理,内部規程の管理と改訂,教育訓練の実施,報告相談業務,その他関連部署との調整,各部門や階層における倫理担当者とのコミュニケーションなどである。

実施と運用を行う場合,企業を構成する個々人が関連する法令やルールを正確に把握することなしに,倫理法令遵守体制の稼動は困難といえる。そのため,関連する法令やルールを理解して,それを遵守する体制の構築が求められる。関係する法令ルールの整備とは,企業内の責任部署がそれらの関係法令にアクセスできる仕組みの確立を意味する。ここで要したコストは,「CSR活動計算書：共通事項」の「関連法規制への対応」欄に計上して,先程と同じように「損益計算書との統合計算書」の「販売費及び一般管理費」欄に転記する。

さらに,倫理やコンプライアンスに関する教育訓練も実施する必要がある。また,社内外から多くの意見を吸い上げて相談やアドバイスが行えるよう,コミュニケーション体系も充実させておかなければならない。この他にも,文書管理や運用管理に関して一定の配慮を要する。

こうした当該部署の活動，すなわち体制の維持・運用面で費やしたコストは，「CSR活動計算書：共通事項」の「マネジメント・システムの維持・運用」や「情報公開」などの該当欄に計上する。これらのコストは，「損益計算書との統合計算書」の「販売費及び一般管理費」欄に転記することで活動の評価や分析にも活用できる。

当該部署の責任体制を確立するには，倫理法令遵守に関する責任体制を周知させなければならないが，責任者は役員以上の者を配置することが望ましい。こうした活動を通じて，企業がどれだけ積極的に体制の強化に取り組もうとしているかを判断できるからである。責任体制を構築する際に特に配慮すべき点がコーポレート・ガバナンス，とりわけ取締役会との関係である。倫理やコンプライアンスの実効性を高めるという点を考慮すれば，経営層までをその対象に含めて，その意思決定や行動が倫理や法令から逸脱したものでないかを判断できるよう公正なチェック体制を整備する必要がある。

上記の処理をCSR会計の視点から見ると，一期目にのみ体制の維持・運用にかかわるコストが多く発生し，二期目にはコストが減少した場合であっても，単純にCSRに関する活動に消極的になったという判断には至らない。つまり，CSR会計では，いかに合理的にCSRリスクをコントロールできるかという部分に焦点をあて，倫理法令遵守体制が有効に機能しているか，すなわちコンプライアンス違反が減少傾向にあるか，倫理的な取組みが促進されているかなど，実際の取組みと併せた判断を行うからである。

その際に有効な指標となるのが，「CSR活動計算書」である。本書では，「環境」「労働・人権」「製品・サービス」というCSR活動領域に分類しているが，企業によって活動領域は異なるはずである。マネジメントシステムの運用・管理により，自社にとってどのような活動がCSRと位置づけられるか検討を行った上で，活動領域を特定することが望ましいといえよう。

③ 監査（Check）

マネジメントシステムにおける監査には，「モニタリング」と「倫理法令遵守マネジメント・システム監査」がある。モニタリングは，それぞれの現場で

行われる日常的なチェック活動を指し，倫理法令遵守マネジメントシステム監査は，倫理法令遵守マネジメントシステムそれ自体が本規格の目的に適ったものであり，かつそれが適切に構築され維持されているかどうか確認するために実施される。

　モニタリングの実施方法は各企業で決定するが，一般にはチェック・リストなどを用いた遵守状況や進捗状況の把握が多いようである。モニタリングの対象となるのは，社会的に大きな影響を及ぼす可能性を有する業務，企業内のメンバーから報告や相談のあった事項，関連する法令やその他ルールの遵守状況などである。こうした取組みに要するコストは，「CSR活動計算書：共通事項」の「監査及び審査」欄に計上するとともに，「損益計算書との統合計算書」の「販売費及び一般管理費」欄にも計上する。

　倫理法令遵守マネジメントシステム監査では，倫理法令遵守マネジメントシステムそのものを監査する手順を確立して，倫理法令遵守マネジメントシステム自体がECS2000の要求する目的に適うものか，それが適切に構築され維持されているかの確認が求められることになる。その際，監査手順には，範囲，頻度，方法だけでなく，その結果を報告する対象とその方法も含まれていなければならない。これらの活動に要したコストは，モニタリングコストと同様，「CSR活動計算書：共通事項」の「監査及び審査」欄と，「損益計算書との統合計算書」の「販売費及び一般管理費」欄に計上する。

　CSR会計システムの導入を通じて適時適切にコストが把握できる環境が整うと，各従業員は自ら日常的に活動内容の見直しや改善を実践できるが，ここで説明した監査はこうした自主的なチェックを意味してはいない。本段階の監査において把握すべきコストは，専門人員等による監査業務によって発生したものを指す。

④　見直し（Act）

　見直し段階では，マネジメントシステム全体の是正や大幅な改善において，各部署の裁量に任せるべきでない大幅な対策を伴うものが対象となるために，経営層の承認が必要となる。まず，経営層が問題の存在を認識・自覚して，次

にそうした問題解決の施策にかかわる検討が求められる。その際には，影響度などの観点から取り組むべき課題に優先順位を設定して，見直し等の措置を講じなければならない。

このような活動に伴って生じるコストは，その取組みが反映される期間の「CSR活動計算書：共通事項」の「マネジメント・システムの見直し」欄と，「損益計算書との統合計算書」の「販売費及び一般管理費」欄に計上される。したがって，ECS2000の求めるマネジメント体制が十分に構築・運用されているかを確認するとともに，計画を見直す上で会計的見地から有効な指標を提供するのが，「CSR活動計算書」と「損益計算書との統合計算書」，及び「ステークホルダー別分配計算書」ということになる。

次に，事業活動の結果として環境や社会などに悪影響を及ぼしてしまった場合の修復費用も「見直し」段階で計上される。仮に，事業活動に伴って環境破壊が生じてしまったケースを想定してみよう。この場合，環境を以前の状態に戻すための修復費用がかかるだけでなく，他にも環境破壊によって損害を被った地域住民などによる訴訟も予想される。そうなると，訴訟費用，さらに敗訴した場合には賠償費用も必要となってくる。

これらのコストは，「CSR活動計算書：個別事項」の「改善・是正」欄，「損益計算書との統合計算書」の「特別損失」欄，「ステークホルダー別分配計算書」の「罰課金・賠償金等」欄に計上しなければならない。

上記のケースを別の観点から見た場合，つまり次期以降に環境教育や環境保全のためのコストをさらに費やすことによって環境被害が減少したとしよう。そうすると，以前よりも「CSR活動計算書：共通事項」の「方針及び実施計画の策定」「関連法規制への対応」「マネジメント・システムの維持・運用」「情報公開」「監査及び審査」欄や，「損益計算書との統合計算書」の「販売費及び一般管理費」欄により多くのコスト計上が予想されるが，このような場合には前年度に計上されていた修復費や賠償金等のコストが減少する点にも留意する必要がある。つまり，CSR会計計算書のコストビヘイビアの分析と評価を通じて，CSRにかかわる活動が効果的な取組みとなっているか，またそれらの

活動を行うこと自体が有効であるのかという根本的な見直しにも一定の配慮が求められるからである。

上記の内容を踏まえ，以下において，倫理法令遵守マネジメントシステムの運用・管理プロセスを参照しながら，CSR会計データの分析と評価の視点を確認しておきたい。

(3) データの分析と評価

次に，自社のCSR活動への取組度合や進捗状況を把握して，ステークホルダーに対する関連性を明らかにする意味合いから，CSR活動計算書と損益計算書とを統合した計算書と，ステークホルダーに対する分配額やその割合を分析・評価するステークホルダー別の分配計算書を作成する。

ここで最も重要なことは，分析と評価の結果をもとに，事業活動にフィードバックして見直し・改善等の活動に結びつける点にある。つまり，会計期間を通じてどのようなCSR活動にいかなるスタンスで取り組んできたのか，そしてその取組効果として倫理的な社内風土の確立が実践できたかを明らかにしなければならないからである。CSR会計システムからアウトプットされた情報を，次期のCSRMSにおいて計画（Plan）策定の主要データとして活用し，次期以降のマネジメント体制や企業戦略にこれらの要素を組み込んで，継続的な改善に結びつける視点が求められる所以である。

以上のように，CSR会計のモニタリング機能を有効活用するには，CSR会計計算書に基づく適正なデータの分析と評価の実施が重要となる。ここでは，「損益計算書との統合計算書」と「ステークホルダー別分配計算書」の両計算書からどのような情報が読み取れるか例示しておきたい。

第一に，「損益計算書との統合計算書」データから，次のような分析が可能である。組織体制の再編を目的としてCSR活動に取り組む場合，取組みの初期段階では組織の見直しに要するコスト負担が増大するが，こうしたコストは，事業活動の推進に不可欠な行為によって生じるため，損益計算書の「販売費及び一般管理費（営業費用）」欄に分類される。また，CSRリスクの軽減に向け

た組織体制の再編に取り組むと，初期段階では新たに発見されたコンプライアンスへの抵触事項等に対処する賠償金等の多額のコスト負担につながる可能性もある。この場合は，損益計算書の「特別損失」欄の増加が予想される。

次に，「ステークホルダー別分配計算書」によるデータ分析についてみてみよう。ステークホルダーへの経営資源配分は，自社のCSR活動方針によってその割合が決定される。したがって，ステークホルダー別に自社の方針に沿った十分な対応ができているかを，本計算書のデータの期間比較を通じた分析と評価から明らかにできる。

また，時系列的にステークホルダー別分配計算書データを分析した際に，データに変化が見られた場合には，その理由はどのような点にあるか明確にするために，CSR活動計算書データと併せた分析と評価によって，そうした状況の変化を会計的見地から検証して実態面の改善へとつなげる方策を立案できる。

(4) データの開示

以上，一連のCSR会計システムの導入と運用により，当該企業のCSR活動を定量的にモニタリングして分析と評価を実践するプロセスを概観した。上記のプロセスにしたがってマネジメントシステムが有効に機能しているか会計的見地から分析・評価できる仕組みが整備されれば，自社におけるマネジメントシステムの有効性を把握することが可能となる。

それでは最後に，CSR会計システムによって識別・測定・集計された会計情報は，いかなる方法（媒体）によってステークホルダーに開示すべきか考えてみたい。ここでは，CSRMS（ECS2000，CSR会計）の運用・管理を通じて明らかとなったCSR活動に関する諸事象について，次の三つの媒体による開示を提案したい。

- ■有価証券報告書における「補足情報」の各項目
    - ●「事業等のリスク」
    - ●「財政状態及び経営成績の分析」
    - ●「コーポレート・ガバナンスの状況」

■ 内部統制報告書

■ CSR 報告書等

　上記の報告媒体による CSR 会計情報の開示には，会計期間を通じてどのような組織体制のもとで，いかなる CSR リスクを認識したか，そうしたリスクに対する対応はどのようになっているかなどの，一連の経営プロセスを企業内外のステークホルダーに対して明らかにするという狙いがある。また，社会に対して自社独自の CSR 活動に取り組んだ結果についても，併せてディスクローズするという意味合いも含まれる。

　報告内容としては，とりわけ，CSR に対する取組みが社内でどのように検討されたか，なぜそうした CSR 活動に取り組むのかなど，一連の活動プロセスを明らかにしなければステークホルダーの理解は得られない。この点を考慮した報告内容の構成は，ディスクロージャーの質的側面にかかわる問題だけに十分な検討が求められる。

　こうした経緯をわかりやすく説明することにより，ディスクロージャー面での CSR 活動の推進体制が確立でき，ステークホルダーに対して自社の存在意義を示すことが可能となるのではないだろうか。

5. おわりに

　本章では，CSR 会計システムからアウトプットされる情報と従来の会計情報とをどのように連携させ，企業組織内において CSR 活動の適正な分析と評価へと導くか，という CSR 会計の導入と運用に関する側面の検証を行った。CSR 会計システムによって創出された会計情報の活用を通じて，事業活動と CSR 活動とのバランスがとれた企業経営へと導く，以下に掲げる CSR 会計情報の分析と評価の視点を提示した。

　CSR 会計の目的は，CSR 活動に関する取引データを収集し，処理し，それらを情報として企業内外の情報利用者に報告する点にあり，この目的は企業組織内における情報フローの仕組みの再構成なくして達成し得ない点を踏まえれ

ば，CSR 会計を実務に適用する場合，情報利用者の投資意思決定や経営意思決定に有用な CSR にかかわる会計情報の提供を可能とするための，企業組織内の各業務部門を横断的につないだ全社的な情報フローの実現が求められる。したがって，CSR に関する要求事項を満たすための「プロセス」をコントロールする CSRMS を整備するとともに，それに応じて組織内における会計情報フローの再編成にも取り組まなければならない。

こうした視点に立つ CSR 会計システムは，事業活動における各種 CSR リスクに対処するための取組みや諸活動を，従来の会計情報から識別して分離・独立させる会計的装置であり，本章では従来の私的コストから CSR 活動に伴って発生する CSR 関連コストを抽出する仕組みを，マネジメントシステムに依拠しながら，「データ連携」「データ集計」「データの分析と評価」というプロセスに沿って説明した。

上記の点に加えて，CSR 会計情報を開示する際には，会計期間を通じてどのような企業組織体制のもとで，いかなる CSR リスクを認識したか，そうしたリスクに対する対応はどのようになっているか，さらに社会に対して自社独自の CSR 活動に取り組んだ結果についても併せてディスクローズするなど，一連の経営プロセスを企業内外のステークホルダーに対して明らかにするための報告媒体に応じたディスクロージャーのあり方を模索する必要がある。

注

(1) CSR 会計計算書の内容については，第 4 章を参照されたし。
(2) ECS2000 の構築については，次の文献を参照のこと。髙巖編『ECS2000 このように倫理法令遵守マネジメントシステムを構築する』日科技連，2001 年。同規格は，倫理法令遵守体制の構築を組織に求めていることから，「倫理法令遵守マネジメントシステム」と呼ばれる。
(3) 髙巖『コンプライアンスの知識』日本経済新聞社，2003 年，90-91 頁。

第⑥章 CSR会計情報の諸類型と開示をめぐる問題

1. はじめに

前章までの考察により，CSRMSに依拠して展開される内部CSR会計システムの設計と構築，及びCSR関連コストの集計と開示のあり方に関する検証を行い，CSR会計フレームワークの全体像をほぼ明らかにしたが，CSR会計を実践段階へと移行するには，従来の会計情報システムの更新や再構築など解決すべきいくつもの課題が残っている。

さらに，企業とステークホルダーとの橋渡しをする有力な手段として，CSRを企業戦略として事業活動に浸透させるためには，CSR活動の定量評価を実践するCSR会計を普及させるとともに，定着させる必要がある。

このような観点に照らしながら，本章では，現在，CSR報告書等の媒体を通じてCSR会計情報を開示する企業の開示内容の類型化と検証を行うとともに，CSR会計実践に向けたディスクロージャーをめぐる諸問題を会計学的視点から考察する。

2. CSR報告書におけるCSR会計情報の類型化

最近，CSR会計を導入してCSR活動の定量評価を実践する企業が増加傾向にある。国内企業が開示する取組み事例を概観すると，例えば，流通大手のイトーヨーカドーをはじめとする数社が，CSR関連の報告書において，顧客に対する売上に基づく付加価値が各種ステークホルダーにどのように分配されたかという観点から定量化に取り組み，「CSR会計」として公表している[1]。現

在導入されているCSR会計は,すべてCSR報告書等の媒体で展開されているが,その手法や様式など定量化の枠組みは統一されておらず,企業によって開示内容にも差異が見られる。

これらの現在開示されているCSR会計情報の特徴を探ると,次の二つの考え方に基づいてCSR会計に着手している。一つはステークホルダーとの関係を従来の会計情報との関連から明らかにしようとするものであり,事業活動を通じて獲得した収益と支出した費用項目を,経済価値の分配という視点から各ステークホルダーに対してどのように配分しているかを報告する開示方式である。もう一つは,ステークホルダーとの関係を明らかにする点では前者と同じ視点に立つが,より詳細にCSR活動に伴って発生したコスト項目とその効果を洗い出し,それらを対比して活動状況を明示する開示形式を採用している。

現在公表されているCSR報告書におけるCSR会計の開示例の類型を整理すると,以下の五つのタイプに区分できる。

- 付加価値分配型:付加価値(ないしは受取現金)を,ステークホルダーに対してどのように分配したかという点を,損益計算書の項目を組み替えて開示する方式。
- 収入支出対比型:財務諸表における損益データを,収入と支出に区分してその内訳ごとにステークホルダーとの関係を明らかにする開示方式。
- CSR関連コスト主体型:CSR活動に要した当期費用金額からなる財務情報を中心に開示する方式。
- CSR関連効果対比型:CSR関連コスト情報に対応させて,CSR関連効果情報も開示する方式。
- 総合的CSR関連効果対比型:CSR関連コスト情報に対応させて,CSR関連効果情報を総合的(「内部効果」と「外部効果」に区分して)に開示する方式。

上記の分類は著者の見解によるものであるが,本章ではこの類型にしたがってCSR会計の開示例を紹介するとともに,本書が提案するCSR会計モデルとの比較を通じて,CSR会計の今後のあり方を外部利用の側面から検証してい

きたいと思う[2]。

CSR会計に関する16社の開示例を類型別にまとめると，表6.1の通りである[3]。

表6.1　CSR会計開示例の類型と開示企業

CSR会計開示例の類型	開示企業
付加価値分配型	大和証券グループ，東芝グループ，イトーヨーカドー，エーザイグループ，JR東日本グループ，日興コーディアルグループ，ノボノルディスクファーマ株式会社，エスエス製薬，東京ガスグループ，NTTドコモグループ
収入支出対比型	コクヨグループ（2004年度版）
CSR関連コスト主体型	コクヨグループ（2005年度版以降），富士フイルムグループ
CSR関連効果対比型	ユニ・チャーム株式会社，西友グループ，東京コカ・コーラボトリング株式会社
総合的CSR関連効果対比型	三井住友海上グループ

(1)　付加価値分配型

①　大和証券グループ

　大和証券グループは，「信頼の構築」「人材の重視」「社会正義の貫徹」「健全な利益の確保」を『企業理念』として掲げて，グループ各社の株式を保有する大和証券グループ本社と，大和証券，大和証券SMBCの二つの証券会社を中心に，それらの活動をサポートする会社によって構成される総合的投資・金融サービスを提供する金融機関である[4]。

　同グループは，こうした企業理念に基づいて，「リテール事業」「ホールセール事業」「アセット・マネジメント事業」「投資事業」「リサーチ，システム，コンサルティング事業」「グループサポート」を主な事業内容として展開しているが，事業活動から得られた経済的価値の各ステークホルダーへの分配状況を継続的に把握するために，『持続可能性報告書』において「サステナビリティ会計」という手法を用いて情報を開示している[5]。同グループの会計モデルの

特徴は，経済性報告における収益より，売上原価，販売費・一般管理費，営業外費用，特別損失，少数株主持分利益の額を差し引いた値を，経済性報告における「経済的価値」として表現している点に見出せる。

同グループの開示する表6.2「ステークホルダーへの経済的価値分配の推移」データから次の内容が読みとれる。役職員への分配である人件費は，営業収益の変化に伴ってここ数年1,200～1,700億円で推移していたが，2006年度は1,633億円となっており，同グループが生み出した経済的価値の約四割を占めている。

さらに，社会への分配である企業市民活動への支出については，業績の変動

表6.2 ステークホルダーへの経済的価値分配の推移

(単位：百万円)

ステークホルダー	2002年度	2003年度	2004年度	2005年度	2006年度	集計方法
役職員	123,904	137,511	143,469	172,923	163,379	販売費及び一般管理費における人件費
社会	320	332	708	604	909	企業市民活動への支出（p.42参照）
株主	7,969	13,307	17,297	45,031	39,072	当年度に係わる中間・期末配当金
債権者	15,783	15,292	22,428	18,478	47,024	金融費用及び営業外費用における支払利息
政府	20,025	26,423	46,921	86,137	77,895	法人税，住民税及び事業税，法人税等調整額，租税公課
子会社の少数株主	2,810	13,480	19,770	40,339	23,746	少数株主利益
内部留保	▲14,291	28,782	34,650	93,055	53,652	当期純損益から当年度に係わる配当金を差し引いた金額
経済的価値計	156,520	235,127	285,243	456,567	405,677	上記計

出典：大和証券グループ『持続可能性報告書2007』48頁及びホームページ「ステークホルダーへの経済的価値の集計方法」（http://www.daiwa-grp.jp/branding/report/2007/ec_stakeholder.html#webonly25）。

2. CSR報告書におけるCSR会計情報の類型化　151

にかかわらず安定的に継続させていくという方針を立てており，2006年度の支出は総額で約9億円となっている。株主に対しては，経済的価値の分配とし

図6.1　ステークホルダーへの経済的価値分配（2006年度）

（単位：百万円）

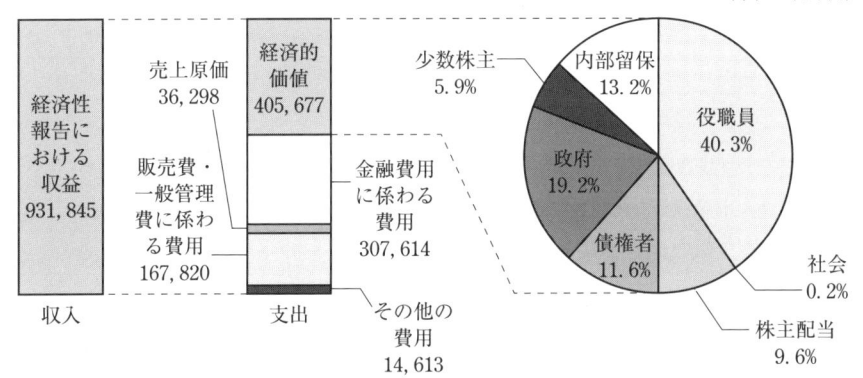

経済性報告における収益 931,845
収入

売上原価 36,298
販売費・一般管理費に係わる費用 167,820
経済的価値 405,677
金融費用に係わる費用 307,614
その他の費用 14,613
支出

少数株主 5.9%
内部留保 13.2%
役職員 40.3%
政府 19.2%
債権者 11.6%
社会 0.2%
株主配当 9.6%

＊単位未満の数値の処理により，合計数値は必ずしも一致しません。

出典：大和証券グループ『持続可能性報告書2007』48頁。

図6.2　収益の構成（2006年度）

その他 6.6%
エクイティ 10.6%
債券 0.3%
インベストメント・バンキング 8.0%
受入手数料 32.9%
アセット・マネジメント 11.5%
その他 2.5%
トレーディング損益 16.9%
営業投資有価証券関連損益 3.5%
金融収益 40.1%

出典：大和証券グループ『持続可能性報告書2007』47頁。

表 6.3 経済性報告における収益の分類表 (2006 年度)

(単位：百万円)

営業収益	受入手数料		306,736
		エクイティ	98,986
		債券	2,666
		アセット・マネジメント	106,906
		インベストメント・バンキング	74,985
		その他	23,190
	トレーディング損益		157,332
	営業投資有価証券関連損益		32,818
	金融収益		373,452
	その他		46,967
営業外収益			10,937
特別利益			3,601
経済性報告における収益			931,845

出典：大和証券グループホームページ「経済性報告における収益の分類表」(http://www.daiwa-grp.jp/branding/report/2007/ec_stakeholder.html # webonly25)。

て毎年継続的に配当金を支払っているが，利益処分に伴う配当金の支払いにあたっては，連結業績の動向を踏まえ，安定性にも配慮して実施することを基本方針としている。また，2006年度における財務会計上の納税額は778億円に達しており，これは同グループが生み出した経済的価値の19.2％を占めていることが分かる。以上のように，ステークホルダーへの経済的かかわりを収益性の分配との関係から明らかにしている点が，同グループの会計モデルの特筆すべき点といえよう。

なお，図6.2の円グラフに示した「収益の構成」は，営業収益と営業外収益，特別利益を合計した総収益を意味する。収益の中身については，例えば2006年度の同グループにおける収益構成の32.9％を占める「受入手数料」が，「エクイティ」「債券」「インベストメント・バンキング」「アセット・マネジメント」

「その他」の五つの項目から構成されていることがわかる。

このように，同グループの分配計算は，他社の公表するモデルと比べて，財務会計との連携をより意識している点が，事業活動とのかかわりをよりわかりやすく表現している部分といえるが，今後は具体的にどのような目標を掲げていかなる活動に取り組んだ結果として現在開示しているステークホルダーへの経済的価値の分配に至ったのか，という活動プロセスの定量化を実施して内部管理に活用すれば，これまで以上に会計情報の有用性が高まると推察される。

② 東芝グループ

東芝グループは，株式会社東芝を中心としたグループ連結会社519社（国内257社，海外262社）から構成され，現在，世界で19万人以上の従業員を雇用してグローバルに事業活動を展開する企業グループである。同グループの事業内容は，「デジタルプロダクツ事業」「社会インフラ事業」「電子デバイス事業」「家庭電器事業」など多岐にわたっており，2006年度の総売上高は7兆1,164億円に達している[6]。

CSR活動への取組みについては，同グループが発行する『CSR報告書2007：社会的責任・環境経営報告』において，「東芝グループのCSRの取り組みをステークホルダー（利害関係を有する方々）の皆様に分かりやすく報告することを目的」として，「1) CSR活動に関する情報開示の充実をこれまで以上に図ること」「2) 読みやすさを追求すること」に配慮しながら，ホームページと冊子版の二構成でその内容を開示している。

同グループのCSR報告書は，「東芝のこころ」「マネジメント」「社会性報告」「環境経営」「コミュニケーション」の五部構成を採用しており，具体的にはCSR活動を推進するための体制を整備した上で，CSR活動全体に関する目標と実績をステークホルダーとのコミュニケーション活動を通じて体系的に情報を整理して開示している点に特徴がある。

CSR活動の定量化については，「ステークホルダーへの経済的価値分配」として，次ページに掲載した表6.4の様式によって情報を公開している[7]。同グループの開示するCSR会計情報の特徴は，さまざまなステークホルダーとの

154　第6章　CSR会計情報の諸類型と開示をめぐる問題

表6.4　ステークホルダーへの経済的価値分配

ステークホルダー	分配額（億円） 2006年度	分配額（億円） 2005年度	金額の算出方法
取引先	55,374	48,685	売上原価（人件費を除く），販売費・一般管理費（人件費を除く）
従業員	13,206	12,344	売上原価と販売費・一般管理費のうちの人件費
株主	304	228	キャッシュ・フロー計算書の配当額の支払
債権者	319	246	営業外費用のうちの支払利子
政府・行政	1,454	901	法人税など
社会	35	30	社会貢献に関する支出を独自に集計※
環境	542	495	環境に関する支出を独自に集計※環境会計での環境保全費用　詳細は，ホームページに掲載（http://eco.toshiba.co.jp/）
企業内部	1,117	589	当期純利益から配当金支払い分を除いたもの

※社会，環境への分配金額は，取引先，従業員への分配のなかにも含まれています。
出典：株式会社東芝『CSR報告書2007』7頁。

関わりの中で事業活動を行うことで経済的な価値を生み出すとの視点に立ち，ステークホルダーに対する経済的な影響度（金銭の分配額）を計算書形式で整理している点に見出せる。

　なお，同計算書の作成にあたっては，客観性を確保するために損益計算書の数値をベースとしているが，社会と環境に関する金額については独自の集計方法に基づいている。この「ステークホルダーへの経済的価値分配」に関する計算書は，本書で提示した「ステークホルダー別分配計算書」と軌を一にするものといえる。つまり，社会と環境を除くその他の部分については，「2006年度は，前年度と比較して，売上高増にともない取引先への分配が増え，増益により従業員，政府・行政などへの分配が増えました。また，東芝の年間配当を増配したため，株主への分配も増えています。」という記述からも明らかなように，客観性確保の観点から従来の会計情報との連携を図るとともに，経年比較による経済的価値分配の状況を具体的に説明している。

2. CSR報告書におけるCSR会計情報の類型化　155

　上記の価値分配計算について若干私見を述べるならば，経営方針に基づいてどのようなCSR活動を実施して，そうした活動や取組みと実際の経済価値の分配がどのように結びついたか，すなわち両者の関連性についてもより具体的に説明するなどの工夫を施すと，情報利用者にとって同社の活動や取組みがこれまで以上に理解可能となると推察される。さらに，この点と関連して，「ステークホルダーへの経済的価値分配」に関する計算書を作成する際の規準やフレームワークを明示することも，情報利用者の観点からは開示された内容を理解する上での手掛かりとなるはずである。

　CSR活動を事業活動の一環と位置づけ，CSR経営を推進するためのマネジメント体制の整備に積極的に取り組んでいる点を勘案すれば，そうした活動内容を可視化するCSR定量化の方法についても一定の規準や枠組みの確立を通じて，より体系的かつ客観的な情報提供が行える仕組みが構築できよう。そうした前提に立ってCSRに関する活動実績の定量化に取り組めば，報告書における開示内容の充実につながるだけでなく，結果として情報の読みやすさにも結びつくのではないだろうか。

③　イトーヨーカドー

　株式会社イトーヨーカ堂（以下，「イトーヨーカドー」）[8]は，「私たちは，お客様に信頼される，誠実な企業でありたい。私たちは，取引先，株主，地域社会に信頼される，誠実な企業でありたい。私たちは，社員に信頼される，誠実な企業でありたい。」を『社是』として掲げ，衣料品，住居関連品，食品の小売業を25都道府県で主な事業内容として展開する大手スーパーチェーンである[9]。イトーヨーカドーのCSR活動への取組みは，1995年に『環境報告書』を発行したことにはじまるが，2001年にはこれを社会的側面・経済的側面の報告を拡張した『サステナビリティ報告書』へと改めている。そして，2003年にはステークホルダーへの責任と環境保全への責任を果たすための取組みについて報告するために，現在の形式である『企業の社会的責任報告書』を発行する，CSR先進企業である。

　イトーヨーカドーの『企業の社会的責任報告書』によれば，同社のCSR会

計への取組みは,「企業として CSR を果たすことが, 持続的発展に向けた『投資』である」という考えに基づいて展開されていることが理解できる。こうした観点に照らして「CSR 指標」の設定を行い, これらの指標に基づいてステークホルダーに対する付加価値の分配情報を開示する点が同社の CSR 会計の特徴といえる (表6.5及び図6.3を参照)[10]。

同社は, CSR への取組みを定量的に把握する枠組みを『イトーヨーカドー CSR 会計』と位置づけており, 財務指標と併せて CSR 会計情報の検討を重ねることで経営戦略や企業活動の方向性を検証できると説明する。具体的には, さまざまなステークホルダーとのかかわりの中で「経済的な富 (付加価値)」[11]を生み出すという観点から, 図6.3に示したように, 事業活動を通じた付加価値を, 同社のステークホルダーである「社員」「役員」「株主」「債権者」「行政」「地域社会・NPO・社会貢献」「環境」「企業内部」に対してどのように分配したかという観点から, 損益計算書を組み替えて作成している。

つまり, 付加価値の分配側面を重視する同社の取組みは, 事業活動を通じて創出された付加価値, すなわち損益計算書の費用及び利益分配にかかわる項目が, どのステークホルダーに, どれくらい帰属しているか, という状況を明らかにする点に主眼を置く[12]。こうしたステークホルダーへの分配情報の分析と開示により, ステークホルダーに対して CSR 活動を中核に据えた事業活動の状況が説明できるだけでなく, 今後の CSR 活動方針を検討する際にも役立つという考え方に基づいている。

ここで, 同社の CSR 会計についてもう少し検討を加えておきたい。表6.5と図6.3に示した同社の CSR 会計への取組みは, 第1章でレビューした「付加価値計算書」と同様の考えに基づいて作成されているが, 付加価値計算書と比べてよりステークホルダーとの関わりを重視する点にステークホルダー主義に立脚した同社の基本的なスタンスが伺える。

さらに, 従来の会計情報 (損益計算書) との関連についても言及している点において, 付加価値計算書の考え方を一歩前進させ, より発展的に企業の社会的側面の定量化にチャレンジしている部分は大変意欲的な取組みであり, CSR

表6.5　イトーヨーカドーの CSR 指標

分類	項　目（単位）	2004年度目標・方針	2004年度実績[1]
連結[2]	営業収益（百万円）	3,560,000	3,623,554
	当期純利益（百万円）	62,000	17,205
単体	営業収益（百万円）	1,554,000	1,473,583
	当期純利益（百万円）	30,000	17,509
	店舗数(店)	8店舗の開店を予定	181（2003年度は4店舗増）
お客様	来店客数の推移（2000年度=100）	価値ある商品・サービスの提供	99.9
	1店舗当たりのお客様問い合わせ件数（件）		481
	バリアフリー対応店舗数（店）		64
	うちハートビル法認定店舗数（店）		44
	うちユニバーサルデザイン対応店舗数(店)		16
お取引先	商品の仕入先数（社）	公正な取引の徹底	2,461
	管理部門の取引先数（社）		760
株主	株主数（名）	株主資本当期純利益率と配当性向の重視	12,586
	発行済株式総数（株）		418,717,685
	外国人株主比率（％）		30.6
	個人株主比率（％）	迅速かつ適正な情報開示	9.8
地域社会	『赤ちゃん休憩室』設置店舗（店）	地域に根ざした社会・文化活動	174
	『マタニティ・育児相談室』設置店舗（店）		159
	『子ども図書館』設置店舗数（店）		11
	ふれあいショップ『テルベ』（店）		7
社員	正社員数（名）	新卒で500名採用予定	12,783（うち新卒採用者161名）
	パートタイマー数[3]（比率[4]）（名（％））	パートタイマーの公平な処遇維持 2006年には，パートタイマー比率を80％へ	35,347（73.1）
	障害者雇用率（％）	2％維持	2.03
	女性管理職比率（％）	男女の差別がない職場環境の維持	15.0
	労働組合加入比率（％）	対象をパートタイマーまで拡大	94.9
	平均勤続年数（年）	安定的雇用の維持	15年8カ月
	平均年間給与[5]（円）		5,594,670
環境	CO_2 排出総量（t-CO_2）	609,201	750,510[8]
	IY環境負荷指標[6]（t-CO_2/m^2 ＊百万 h）	41.73	60.59[8]
	水道使用総量（千 m^3）	原単位当たり1.8％増に抑える	8,966[8]
	廃棄物排出総量[7]（t）	既存店の廃棄物排出量3％減	167,108（2003年比3％増）
	リサイクル率（％）	57.0％の達成	55.7
	食品廃棄物リサイクル率（％）	20％の維持とさらなる向上	22.5

※1　対象期間は，3月1日から翌年の2月末まで。但し，環境に関わる指標は1月1日～12月31日まで
※2　2004年度の連結子会社数は54社，持分法適用連結子会社数は2社，持分法適用関連会社は7社
※3　パートタイマー数は1日8時間，月間163時間で換算
※4　パートタイマー比率は「パートタイマー数÷（年間平均正社員数＋パートタイマー数）」で算出
※5　平均年間給与には，賞与および基準外賃金を含む
※6　原単位は，総営業面積＊営業時間当たりの原単位
※7　廃棄物排出量は，「廃棄物＋リサイクル物」
※8　新しく定義したバウンダリー（集計範囲）をもとに算出
出典：株式会社イトーヨーカ堂『企業の社会的責任報告書2005』20頁。

158

図6.3 イトーヨーカドーのCSR会計

①イトーヨーカドーの事業活動によって生み出された価値 212,625百万円
「営業収益」と「その他の収入」の合計から②③を差し引いた金額を「イトーヨーカドーの事業活動によって生み出された価値」として、お客様やお取引先以外のステークホルダーに分配しています。

社員 81.4%
行政 5.6%
債権者 0.8%
株主 6.8%
役員 1.0%
地域社会・NPO・社会貢献 0.3%
環境 1.9%
企業内部 2.2%

付加価値の分配

分配先	主な項目
社員	人件費、社員教育研修
役員	役員報酬（監査役含む）、役員賞与、役員退職慰労金、役員退職慰労引当金繰入額
株主	中間配当、配当金
債権者	支払利息および社債利息
行政	法人税など（調整額含む）、販管費（租税公課、事業所税）
地域社会・NPO・社会貢献	寄付金、諸負担金
環境	環境経費
企業内部	次期繰越金・前期繰越金、任意積立金増減

お客様からいただく代金
売上高 1,455,358

営業収入 18,225

営業外収益 20,494

特別利益 39,414

13.9%

営業収益 1,473,583
83.4%

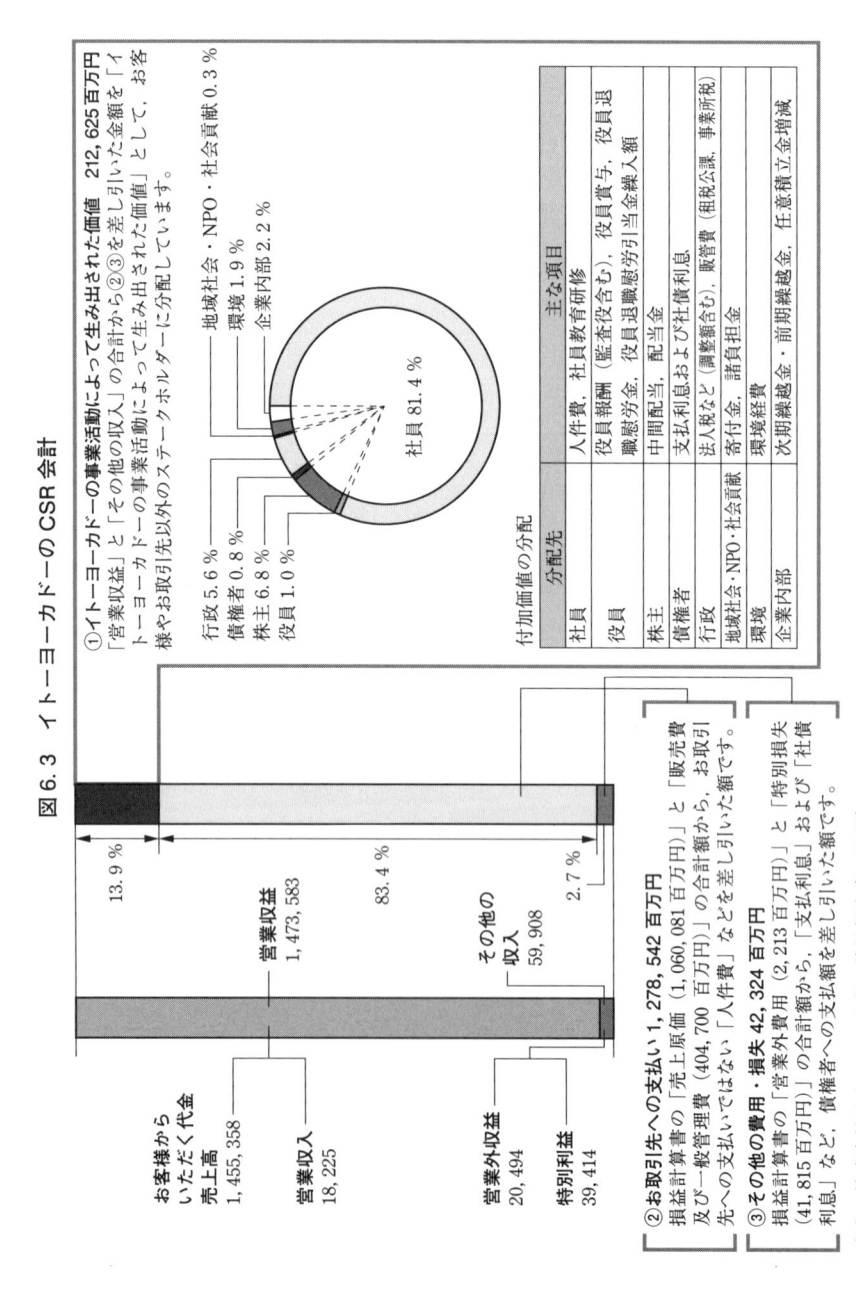

その他の収入 59,908
2.7%

②お取引先への支払い 1,278,542百万円
損益計算書の「売上原価（1,060,081百万円）」と「販売費及び一般管理費（404,700百万円）」の合計額から、お取引先への支払いではない「人件費」などを差し引いた額です。

③その他の費用・損失 42,324百万円
損益計算書の「営業外費用（2,213百万円）」と「特別損失（41,815百万円）」の合計額から、「支払利息」および「社債利息」など、債権者への支払額を差し引いた額です。

出典：株式会社イトーヨーカ堂、前掲報告書、21頁。

会計の導入を検討する他の企業にとっても参考となる点が多い。

　企業によってCSR活動の対象領域には差異があるとしても，「活動内容」とその対象となる「ステークホルダー」とは表裏一体の関係にあるはずである。そうであるとすれば，ステークホルダーに対する付加価値の分配情報の前提には，まずどのような方法ないしは考え方に基づいてCSR活動とステークホルダーを特定し，その上でCSR活動を通じてどのようなプロセスを経て付加価値が創出されたかという部分を定量的に把握することが重要といえる。

　したがって，CSR戦略を事業活動に組み込む手段としてCSR会計に取り組むのであれば，ステークホルダーに対して分配された付加価値はどのような活動を通じて創出したのかという点からCSR会計に着手すると，情報の利用者に対してより有用なCSR会計情報を提供できるはずである。CSRMSの導入と運用を通じて活動領域とステークホルダーの特定を行い，「CSR活動計算書」によって付加価値が創出されるプロセスを会計情報として明示するよう配慮すれば，同社の取組みの実効性はより高まると推察される。

④　エーザイグループ

　エーザイグループは，医療用医薬品を中心とした医薬品の研究・開発，生産，物流・販売，市販後調査を事業とする製薬企業であり，アンメット・メディカル・ニーズ（未だ満たされていない医療ニーズ）の充足，高品質な医薬品の安定供給，薬剤使用のための情報提供，などのコアのファンクションをグループ内で一貫して保有する「シームレス・バリュー・チェーン」戦略を経営の根幹に据えて企業活動に取り組んでいる[13]。

　同グループのCSRへの取組みについては，『環境・社会報告書2007』において，「ヒューマン・ヘルスケア＆コンプライアンス」に基づく活動，ステークホルダーとの関わり，環境保全活動を中心に展開していると述べている。さらに，同報告書では，「患者価値の創出」「株主価値の創出」「社員価値の創出」という三つの価値の創出と，「内部統制」「コンプライアンス」「環境保全」「社会貢献活動」という経営プロセスに沿った構成により，同グループの重要な価値観を表現している。

160　第6章　CSR会計情報の諸類型と開示をめぐる問題

　同グループの報告書を他社の開示する報告書の内容と比較すると，同グループがCSRへの取組みを通じてどのような価値を創出し，そのためにはいかなるマネジメント体制が必要となるかを，両者の関連性を整理しながら明確に示すという姿勢が伺え，この点が活動理念や方針に基づく同グループのCSR活動の特徴となっている。

　CSR活動の定量化に向けては，企業活動をトータルかつ客観的に捉えるために，同報告書の「社会的責任に関する指標と付加価値の分配」において，「ステークホルダーへの経済的付加価値の分配」と「社会的責任に関する指標」を提示している（図6.4及び表6.6を参照）[14]。同グループは，2005年度より社会的責任活動の客観的な把握を目的としてステークホルダー毎に指標を分類しているが，報告書の構成に合わせて「環境」に関する指標も開示している。

　それでは，同グループの「ステークホルダーへの付加価値の分配」に関する考え方を整理しておきたい。まず，「高品質な医薬品を提供することでお客様から対価をいただき，さまざまなステークホルダーに分配している。その一部は，新たな医薬品を生み出すための研究開発に投資され，創薬によってさらなる社会的・経済的な価値がもたらされる。こうした経済的活動を続けることで，

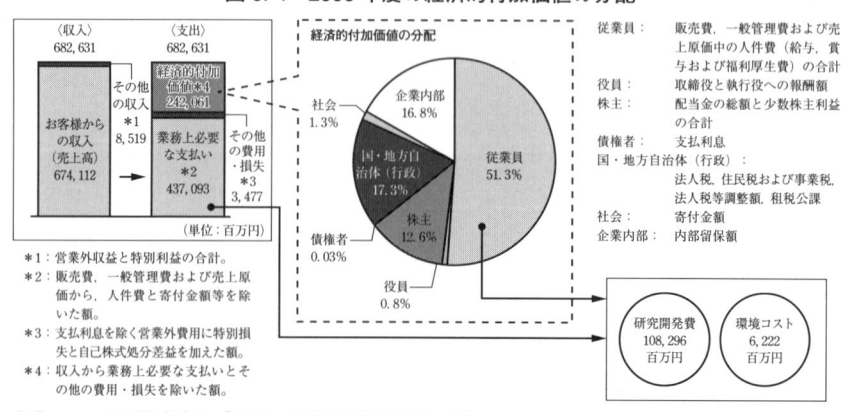

図6.4　2006年度の経済的付加価値の分配

〈収入〉682,631　〈支出〉682,631

お客様からの収入（売上高）674,112
その他の収入 *1　8,519
経済的付加価値*4　242,061
業務上必要な支払い *2　437,093
その他の費用・損失 *3　3,477
（単位：百万円）

経済的付加価値の分配：
企業内部 16.8%
社会 1.3%
国・地方自治体（行政）17.3%
従業員 51.3%
株主 12.6%
役員 0.8%
債権者 0.03%

従業員：販売費，一般管理費および売上原価中の人件費（給与，賞与および福利厚生費）の合計
役員：取締役と執行役への報酬額
株主：配当金の総額と少数株主利益の合計
債権者：支払利息
国・地方自治体（行政）：法人税，住民税および事業税，法人税等調整額，租税公課
社会：寄付金額
企業内部：内部留保額

研究開発費 108,296 百万円
環境コスト 6,222 百万円

*1：営業外収益と特別利益の合計。
*2：販売費，一般管理費および売上原価から，人件費と寄付金額等を除いた額。
*3：支払利息を除く営業外費用に特別損失と自己株式処分差損を加えた額。
*4：収入から業務上必要な支払いとその他の費用・損失を除いた額。

出典：エーザイ株式会社『環境・社会報告書2007』5頁。

新たな医薬品を生み出し，未だ満たされていない医療（アンメット・メディカル・ニーズ）を充足するという，同グループの使命を果たすことができる。持続的にこの活動のサイクルを繰り返していくためには，優れた医薬品を継続的に創出して提供するとともに，付加価値の分配にあたって自社の社会的影響に配慮することが重要である。」という考えに基づいて，「ステークホルダーへの経済的付加価値の分配」を作成している[15]。

さらに，「……（略）……，分配額だけでステークホルダーへの影響をすべてはかれるわけではありませんが，この分配の内訳を明らかにすることは，当社グループが社会に与える直接的な影響を客観的に表すために有効であると考えています。」という記述が付け加えられている点が注目に値する[16]。なぜなら，このような記述は同様の計算書を開示する他社には見られないものであり，同グループが開示する定量化情報の作成と開示にかかわる「目的」と「意義」が明確に示されているからである。

また，従来の会計情報である「収入」と「支出」の関係を経済的付加価値の視点から整理した上で，ステークホルダーへの分配という形で表現している点も，情報の受け手から見た場合に内容を理解する際の手助けとなる。ただし，他社の開示するCSR会計情報と同様に，CSR活動を通じてどのように付加価値が形成されたかという点については，今後の展開に期待したい。

「経済価値の創出」と「経営プロセス」を座標軸として，「社会的責任に関する指標」（表6.6）を体系的に把握しながらCSR活動を実践する同グループであれば，そうしたプロセスを可視化するための定量化の枠組みの設計と構築はそうは難しくはないであろう。ステークホルダーへの経済的付加価値の分配という「結果」に至る，グループ内でのCSR活動の「プロセス」を定量化して，同グループの組織内における取組みとステークホルダーへの影響を何らかの形で説明できるフレームワークの構築が望まれるところである。

表6.6 エーザイグループの社会的責任に関する指標

患者様との関わり

指標		個別／連結	期間	2004年度	2005年度	2006年度	
hhcプロジェクトの数		エーザイグループ	年度	537	427	441	*1
ナレッジ・リーダー研修　参加者		エーザイ	年度	352人	1,166人	1,324人	
累計参加者		エーザイ	年度	352人	1,518人	2,842人	
参加者率（累計参加者／社員数）		エーザイ	年度	9.2%	38.5%	69.1%	
申請中の医療用医薬品数	国内	エーザイ	年度	4品目	6品目	9品目	
	海外	エーザイグループ	年度	4品目	4品目	4品目	*2
承認取得した医療用医薬品数	国内	エーザイ	年度	—	1品目	2品目	
	海外	エーザイグループ	年度	1品目	1品目	2品目	*3
特許件数（特許出願件数）		エーザイ	年度	157件	216件	171件	
「お客様ホットライン」お問い合わせ数		エーザイ	年度	72,385件	72,464件	74,579件	
うちウェブサイトのフォームによるお問い合わせ数		エーザイ	年度	1,001件	1,248件	1,218件	
うちクレーム件数（製品の品質に関するクレーム）		エーザイ	年度	202件	231件	266件	
製品クレーム委員会実施回数		エーザイ	年度	12回	12回	12回	
製品情報連絡会実施回数		エーザイ	年度	12回	12回	12回	*4
お取引先	病院	エーザイ	年度末時点	—	5,818軒	5,822軒	
	診療所	エーザイ	年度末時点	—	96,285軒	95,892軒	
	調剤薬局	エーザイ	年度末時点	—	10,822軒	10,440軒	
	薬局	エーザイ	年度末時点	41,086軒	43,607軒	41,821軒	
	代理店	エーザイ	年度末時点	110社	114社	103社	
	ベンダー	エーザイ	年度末時点	202社	221社	211社	
ベンダーバリデーションの回数		エーザイ	年度	68回	77回	93回	*5
アリセプト承認取得国数		エーザイグループ	年度末時点	—	—	91カ国	
パリエット／アシフェックス承認取得国数		エーザイグループ	年度末時点	—	—	92カ国	

*1　各部門，組織において，hcc活動としてのテーマを決め，年間を通して推進していくプロジェクトです。
*2　医薬品は，有効性，安全性，品質などにかかわる各種試験を実施した後に，各国の審査当局（日本の場合は厚生労働省）に承認の申請を行います。この申請を行っている医療用医薬品の品目数です。
*3　各国の審査当局（日本の場合厚生労働省）に，医薬品として承認された医療用医薬品の品目数です。
*4　お客様の声を商品改善につなげるため，お客様ホットライン室に入った問い合わせ，クレーム，要望などを，商品を担当している事業等へフィードバックする会議です。
*5　原料・資材メーカーと品質保証書を取り交わすだけでなく，製造の現場を訪問し，実際の製造状況の確認および品質保証レベル向上の指導を行っています。

社員との関わり

指標		個別／連結	期間	2004年度	2005年度	2006年度	
従業員数		エーザイグループ	年度末時点	8,295人	9,081人	9,649人	＊1
地域別従業員数	日本	エーザイグループ	年度末時点	4,993人	5,144人	5,334人	
	米国	エーザイグループ	年度末時点	1,537人	1,787人	1,975人	
	欧州	エーザイグループ	年度末時点	503人	650人	765人	
	アジア	エーザイグループ	年度末時点	1,262人	1,500人	1,575人	
社員数	合計	エーザイ	年度末時点	3,815人	3,945人	4,111人	
	男性	エーザイ	年度末時点	3,070人	3,097人	3,186人	
	女性	エーザイ	年度末時点	745人	848人	925人	
	管理職	エーザイ	年度末時点	1,210人	1,235人	1,302人	
女性管理職比率（女性管理職／管理職（理事含む））		エーザイ	年度末時点	0.7%	1.1%	1.5%	
平均年齢		エーザイ	年度末時点	42.9歳	42.3歳	42.1歳	＊2
平均勤続年数		エーザイ	年度末時点	19.9年	19.1年	18.8年	
離職率		エーザイ	年度	1.1%	0.7%	1.6%	＊3
介護休職制度利用者数		エーザイ	年度	5人	4人	8人	
介護短時間勤務制度利用者数		エーザイ	年度	1人	0人	0人	
育児休職制度利用者数		エーザイ	年度	46人	41人	19人	
育児短時間勤務制度利用者数		エーザイ	年度	36人	53人	53人	
平均年間給与（有価証券報告書より）		エーザイ	年度	11,128千円	10,940千円	10,988千円	
障害者雇用率		エーザイ	年度末時点	1.99%	1.85%	1.82%	
年度内入社人数		エーザイ	年度	106人	270人	276人	＊2
所定労働時間（年間一人当たり）		エーザイ	年度	1,895時間	1,904時間	1,904時間	
労働災害発生件数		エーザイ	年度	33件	21件	25件	
社員満足度調査		エーザイグループ	2年に一度	―	実施	―	
健康診断の受診率	被保険者	エーザイ	年度	99.60%	99.40%	99.30%	
	配偶者	エーザイ	年度	61.70%	66.50%	68.10%	
労働組合加入率		エーザイ	年度末時点	98.50%	98.30%	98.90%	
有給休暇の平均取得日数（組合員一人当たり）		エーザイ	年度	13.7日	13.1日	12.8日	

＊1 業容の拡大に伴い，日・米・欧・アジアのすべてで従業員数が増加しました。特に研究開発部門および営業部門の人員が増加しました。
＊2 エーザイの正社員の人数をベースとしたものです。なお，有価証券報告書，決算短信・参考資料に記述してある従業員数は，エーザイから社外への出向を除き，社外からの当社への出向者を含んでいるものであり，ここで記述してある社員数とは異なります。
＊3 近年，採用が増加しており，雇用の流動化もあるため，離職率が若干増加しました。

社会との関わり

指標		個別/連結	期間	2004年度	2005年度	2006年度	
認知症啓発活動（もの忘れフォーラム）	開催回数	エーザイ	年度	8回	6回	2回	*1
	参加者数	エーザイ	年度	11,572人	7,603人	約5,600人	
クリニカル・カンファレンス・セミナー開催数		エーザイ	年度	—	約650回	約500回	*2
寄付金額		エーザイグループ	年度	2,503百万円	2,776百万円	3,081百万円	
納税金額		エーザイグループ	年度	34,938百万円	34,906百万円	41,850百万円	
くすり博物館来館者数		エーザイ	年度	37,419人	41,355人	45,136人	
工場見学者数	川島工園	エーザイ	年度	4,136人	5,029人	4,669人	
	美里工場	エーザイ	年度	485人	782人	678人	
厚生施設利用者		美里工場	年度	9,646人	11,137人	10,681人	

*1 2006年度は、東京と大阪の2大都市で、開催しました。
*2 医師の認知症診療の実践について支援を行うことを目的とした研修プログラムです。各地域で少人数の医師にお集まりいただき、認知症の診断と治療、そして患者様やそのご家族・介護者との対応法などの研修を行っています。

環境との関わり

指標	個別/連結	期間	2004年度	2005年度	2006年度	
CO_2排出量	エーザイグループ	年度	81,213t	86,283t	85,521t	*1
廃棄物発生量	エーザイグループ	年度	11,316t	12,776t	14,226t	
化学物質（PRTR法対象物質）取扱量	エーザイグループ	年度	1,026t	593t	983t	*2
グリーン購入金額	エーザイグループ	年度	220百万円	3,159百万円	4,009百万円	

*1 省エネ対策とエネルギー転換を計画通りに進めることができたため、業容が拡大する中でCO_2排出量を削減することができました。
*2 増加の要因は、業容拡大に伴うジクロロメタンの使用量増加があげられます。

コーポレートガバナンス／コンプライアンス

指標		個別/連結	期間	2004年度	2005年度	2006年度	
取締役数		エーザイ	年度末時点	11人	11人	11人	
うち社外取締役数		エーザイ	年度末時点	6人	7人	7人	
社外取締役比率（社外取締役数／取締役数）		エーザイ	年度末時点	54.5%	63.6%	63.6%	
執行役数		エーザイ	年度末時点	19人	20人	22人	
役員の平均年齢		エーザイ	年度末時点	59.5歳	57.0歳	55.8歳	
報酬額（基本報酬、賞与、退職慰労金）	取締役（社内）	エーザイ	年度末時点	—	150,933万円	11,923万円	
	取締役（社外）	エーザイ	年度末時点	—	8,150万円	10,150万円	*1
	執行役	エーザイ	年度末時点	—	79,360万円	113,590万円	
コンプライアンス研修	開催回数	エーザイ	年度	135回	206回	104回	
	延べ参加人数	エーザイ	年度	約9,200人	約8,500人	約7,900人	
人権研修	開催回数	エーザイ	年度	60回	38回	48回	
	人数	エーザイ	年度	3,000人	2,757人	3,922人	
コンプライアンスeラーニング平均実施率		エーザイ	年度	—	99.70%	98.90%	
「コンプライアンス・カウンター」アクセス数		エーザイ	年度	490回	578回	679回	*2
「GUIDEA（ガイディア）」相談件数		エーザイ	年度	—	—	59回	*3

*1 役員報酬は、有価証券報告書に記載の数字です。2005年度：基本報酬、賞与、退職慰労金（いずれも支払額）2006年度：基本報酬（支給額）、賞与（引当金）、ストック・オプション（公正評価額）、退職慰労金（引当金）
*2 コンプライアンスに関して、日常の業務における疑問や不安に応え、社員一人ひとりの行動を支援するため、2000年4月に開設しました。2003年より匿名でも受け付けています。
*3 仕事や職場に関する問題解決をはかるための一助として、2006年4月に開設しました。運営は社外に委託され、会社からは独立した機能となっています。秘密を守りながら問題解決の選択肢をともに考えます。

2. CSR報告書におけるCSR会計情報の類型化　165

株主との関わり

指標	個別／連結	期間	2004年度	2005年度	2006年度	
株主数	エーザイ	年度末時点	25,475人	30,019人	42,849人	
発行済株式総数	エーザイ	年度末時点	296,566千株	296,566千株	296,566千株	
外国法人等の所有株式数比率	エーザイ	年度末時点	37.7%	33.7%	31.1%	
「個人・その他」株主比率	エーザイ	年度末時点	93.4%	94.1%	95.6%	
自己資本利益率（ROE）	エーザイグループ	年度	12.6%	13.0%	13.2%	*1
配当性向	エーザイグループ	年度	29.0%	40.6%	48.4%	*2
純資産配当率（DOE）	エーザイグループ	年度	3.7%	5.3%	6.4%	*3
配当金総額	エーザイ	年度	16,045百万円	25,726百万円	34,088百万円	
一株あたり配当額	エーザイ	年度	56円	90円	120円	
投資家向け説明会の開催回数	エーザイ	年度	12回	11回	10回	

*1　自己資本利益率（％）＝当期純利益÷自己資本（期首期末平均）×100
　　自己資本を「元手」として，1年間でどれだけの利益をあげたかを見る企業の経営効率を測定する指標の一つです。
*2　配当性向（％）＝1株当たり年間配当金÷1株当たり当期純利益×100
　　会社が税引後の利益である当期純利益のうち，どれだけを配当金の支払いに向けたかを示す指標です。
*3　純資産配当率（％）＝1株当たり年間配当金÷1株当たり純資産（期首期末平均）×100
　　株主資本という「元手」に対して，株主に年間どれだけの配当金としての還元があったかをみる企業の経営効率を測定する指標の一つです。

出典：エーザイ株式会社，前掲報告書，6-8頁。

⑤　JR東日本グループ

　JR東日本グループは，運輸業，駅スペース活用事業，ショッピング・オフィス事業，その他事業を展開する東日本旅客鉄道株式会社を中核として，「運輸」「ショッピングセンター」「オフィス」「ホテル」「小売・飲食」などを運営するグループ会社から構成されている。同グループが事業の核とする鉄道事業は，「社会の発展を目的として建設し営まれてきた歴史，いわば『社会資本』という側面がある」との認識に基づき，「事業活動を通じて社会に貢献し，その責任を果たしていくという意識を企業風土へと高め，事業を展開」している[17]。

　同グループの「グループ理念」に関する記述の中で，社会的使命を，「お客様とともに歩み『信頼される生活サービス創造グループ』として，社会的責任の遂行と利益の創出を両立し，グループの持続的成長をめざします」と定めており，その具体的な内容は『社会環境報告書2007』に整理されている[18]。

　報告書の中身を概観すると，「……（略）……社会および環境に対する取り組みを，正確かつわかりやすく紹介することを目的として発行している」とい

う編集方針に基づき,「前半」と「後半」の二部構成によって同グループのCSRへの取組みが紹介されている[19]。「前半」は,「安全」と「サービス」「環境」の三つの視点から取組みに関する考え方の概要説明がなされており,「後半」においては社会環境活動の各テーマに関する概要と各種データの経年的開示を継続的に行っている。

　CSR活動の定量化に関しては,「特集」の「『経済』から見るステークホルダーとの経済的関わり」として触れられている。同グループは,事業活動とステークホルダーとの経済的関係をよりわかりやすく表現することに主眼を置き,連結財務諸表の数値を用いたステークホルダー別の経費などの内訳を示している点に特色がある[20]。

　表6.7に示した「連結財務諸表とステークホルダー別経費等内訳」では,ステークホルダーを「取引先など」「従業員」「株主」「公共部門」「債権者」の五つに分類して,数値の客観性を担保する意味合いから,連結財務諸表に基づいて経費等の内訳を計算している。また,同グループの開示するモデルの特徴として,上記のステークホルダー別経費等内訳を,同グループの売上高等内訳と

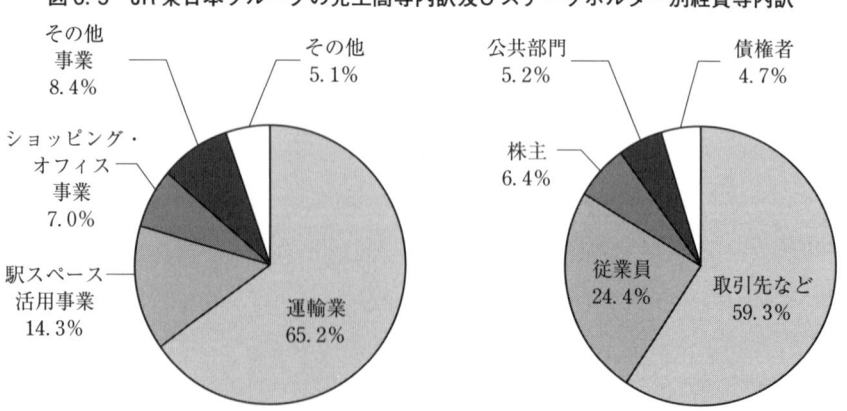

図6.5　JR東日本グループの売上高等内訳及びステークホルダー別経費等内訳

その他事業 8.4%
その他 5.1%
ショッピング・オフィス事業 7.0%
駅スペース活用事業 14.3%
運輸業 65.2%

公共部門 5.2%
債権者 4.7%
株主 6.4%
従業員 24.4%
取引先など 59.3%

※「その他」は「営業外収益」と「特別利益」の合計額としています。
※いずれも算出にあたっては,数値の客観性を担保するために,連結財務諸表の数値を用いています。
出典：東日本旅客鉄道株式会社『JR東日本グループ　社会環境報告書2007』23頁。

2. CSR報告書におけるCSR会計情報の類型化　167

表6.7　連結財務諸表とステークホルダー別経費等内訳

連結損益計算書		億円	
営業収益		26,573	
運輸業等営業費及び売上原価		17,185	(1)
販売費及び一般管理費	人件費	2,614	(2)
	諸税	187	(3)
	その他	2,304	(4)
	計	5,106	
営業利益		4,280	
営業外収益及び特別利益		1,440	
営業外費用及び特別損失	支払利息	1,313	(5)
	その他	1,341	(6)
	計	2,655	
税金等調整前当期純利益		3,066	
法人税,住民税及び事業税		1,405	(7)
法人税等調整額		△121	(8)
少数株主利益		23	(9)
当期純利益		1,758	(10)

※各値の端数処理の関係上,合計値は合わない場合があります。
※表示上,加除が必要な数値については,有価証券報告書記載の端数処理済の数値を使用しています。

ステークホルダー別経費等内訳	億円	
取引先など	16,619	(1) －★＋(4)＋(6)
従業員	6,826	(2)＋★
株主	1,782	(9)＋(10)
公共部門	1,471	(3)＋(7)＋(8)
債権者	1,313	(5)

★…単体損益計算書,運送営業費中の人件費　4,212

● 「ステークホルダー別経費等内訳」の算出方法

注)　従業員の経費を算出するにあたり,連結損益計算書では運輸業の人件費を「運輸業等営業費及び売上原価」に含んでいるため,単体損益計算書に記載の「運送営業費中の人件費」を加えて費用を算出し,より実体に近づけています。

取引先など：「運輸業等営業費及び売上原価」から単体損益計算書の運送営業費中の「人件費」を控除した額,「販売費及び一般管理費」から「人件費」「諸税」を控除した額,「営業外費用」から「支払利息」を控除した額,「特別損失」の合計額としました。

従　業　員：販売費及び一般管理費中の「人件費」及び単体損益計算書の運送営業費中の「人件費」との合計額としました。

株　　　主：「当期純利益」と「少数株主利益」の合計額としました。

公共部門：販売管理費及び一般管理費中の「諸税」及び「法人税,住民税及び事業税」「法人税等調整額」との合計額としました。

債　権　者：営業外費用中の「支払利息」としました。

出典：JR東日本グループ,前掲報告書,23頁。

対比する形で明示している点が挙げられる（図6.5を参照）。ただし，後者の資料については，それがどのような目的から作成されたのか，またそこに示された両者の間にはどのような相関関係があり，情報の受け手はこの資料をどのように解釈すればよいのかという説明は付されていない。

さらに，前者の「連結財務諸表とステークホルダー別経費等内訳」についても，数値の客観性は担保されているものの，この経費別の内訳によって同グループが提示する「ステークホルダーとの経済的関係」をよりわかりやすく表現できるかが今後のステークホルダーとのコミュニケーション促進に重要な役割を果たすだけに，両者の関係を十分説明しておくことが大切といえよう。つまり，ここで提示された内訳表では，「取引先など：16,619億円」「従業員：6,826億

円」「株主：1,782億円」「公共部門：1,471億円」「債権者：1,313億円」という結果のみの開示にとどまっており，この数値情報をどのように解釈すればよいかという点については，情報の受け手の解釈に委ねられていると受けとれるからである。

　数値の多寡は，財務的な視点から見れば当然の結果であり，数値がより大きいステークホルダーとの関係が重要であるという安易な判断にはつながらない。したがって，会計情報はその作成に至る目的やプロセスが明示され，そうした前提に基づいて企業活動のあり方を適切に表現することで，情報利用者にとって適切な企業評価を行う尺度とはなり得る点を踏まえると，そうした結果に至る情報フローについても併せて開示することが情報の質を高める上では重要といえるであろう。

⑥　日興コーディアルグループ

　日興コーディアルグループは,「リテール」「インベストメントバンキング」「アセットマネジメント」「マーチャントバンキング」「チャネルサポート」「グループサポート」の六つの事業から構成される，証券関連業務を中核に据えた金融サービスグループである[21]。

　同グループは，2003年度まで『サステナビリティレポート』という名称でCSRへの取組み等を公表してきたが,2004年度には名称を『社会的責任報告書』に，また2005年度以降は『CSRレポート』へと変更して，CSR活動への取組み等を公表している。報告書の中で，「CSR会計―価値分配を定量的に開示」としてCSRの定量化にも積極的に取り組んでいる[22]。

　同報告書によれば，同グループが取り組むCSR会計は，「株主やお客様，社員，地域社会など企業を取り巻く利害関係者に対して，企業が生み出した価値をどのように分配したか，経済責任並びに社会責任を数値化し，CSRへの取り組み状況を測定・集計・報告すること」を目的とすると述べている。つまり，企業がさまざまな利害関係者とのかかわりの中で事業を展開して利益を生み出している点に着目し，「お客様や取引先に対する貢献度や信用度は従来の財務諸表ではわかりにくく，また，地域社会活動や環境への取り組みも，大きな社

会的意義を持つにもかかわらず，客観的に評価できる"ものさし"がないのが現状」であるという認識に基づいてCSR会計に着手しているのである。

具体的には，利害関係者とのかかわりを定量的に評価する試みとして，図6.6のように「営業収益」「販売管理費，金融費用等」「その他損益等」「役員」「社員」「株主」「行政」「社会貢献」「環境」「内部留保」を指標として設定してその金額を算出するというものである。この定量的なデータは，他の定性的なデータと併せてCSRへの取組み状況として開示するとともに，試算したデータの分析と評価を通じて今後の活動に役立てられると説明している。

こうした定量化の枠組みそのものは，本書のステークホルダー別分配計算の考え方と同様の視点から作成されているが，異なる点を指摘すれば，ステークホルダーへの付加価値の分配に至る価値創出のプロセスが計算書として明示されていない点が挙げられる。同グループのCSR会計モデルでは，損益計算書の会計数値との関連は明示されているが，損益計算書の数値データをダイレクトに組み替えてステークホルダーへの分配情報を作成している点が，情報利用者の立場から見た場合に会計情報としての説得性にやや欠けてしまうのではないだろうか。

つまり，同グループがいかなる「CSR活動方針」を立案して，どのような活動を対象としながら実際にどの程度取り組んだ結果として計算書に示される付加価値を創出し，その上で付加価値を誰に対してどのように分配したかというプロセスが計算書ないしは補足情報によって表現されていると，CSR活動を事業活動に組み込むためのCSR会計情報の意義はより一層高まると期待できるからである。

CSRを企業戦略として事業活動に組み込むためには，CSR活動実績の定量化は必要不可欠な要素といえるが，定量化によって提供される情報を「評価」することは極めて難しい問題である。こうした数値の解釈の困難さをいかにして克服するかが，付加価値分配モデル全般の課題といえよう。

図6.6　日興コーディアルグループの経済価値の分配

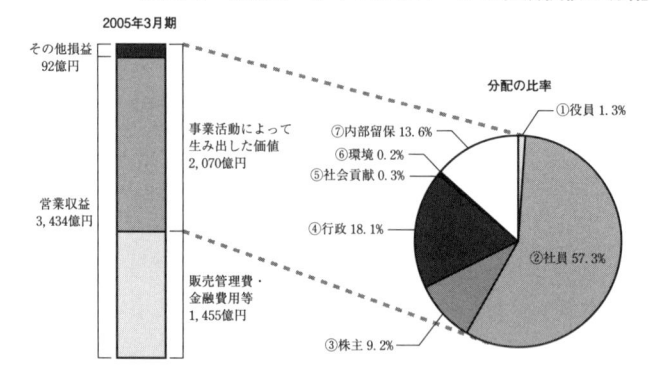

2005年3月期

- その他損益　92億円
- 営業収益　3,434億円
- 事業活動によって生み出した価値　2,070億円
- 販売管理費・金融費用等　1,455億円

分配の比率
- ①役員 1.3%
- ②社員 57.3%
- ③株主 9.2%
- ④行政 18.1%
- ⑤社会貢献 0.3%
- ⑥環境 0.2%
- ⑦内部留保 13.6%

(単位：百万円)

区　分	対応する損益計算書項目	2005年3月期	2006年3月	期増減額
営業収益	営業収益	343,449	488,513	145,064
販売管理費,金融費用等	販売管理費,金融費用（環境保全・株主関連コストをマイナス）	145,567	182,462	36,895
事業活動によって生み出した価値		197,881	306,051	108,170
その他損益等	その他の収入,その他の費用,損失等	9,203	2,394	-6,809
差引：事業活動によって生み出した価値(分配額,合計)		207,085	308,445	101,360
①役員	役員報酬,役員退職慰労金等	2,682	2,356	-325
②社員	人件費等	118,504	140,364	21,860
③株主	配当金等	19,020	33,547	14,527
④行政	租税公課,法人税,住民税および事業税,法人税等調整額	37,464	67,375	29,911
⑤社会貢献	寄付金等（政党への寄付金1,350万円含む）	695	661	-33
⑥環境	環境保全コスト（人件費含む）	499	472	-26
⑦内部留保	当期純利益等	28,218	63,668	35,451

- ●集計期間：2005年3月期（2004年4月1日～2005年3月31日），2006年3月期（2005年4月1日～2006年3月31日）
- ●集計範囲：CSR会計は有価証券報告書の範囲（連結）。環境会計は（株）日興コーディアルグループ，日興コーディアル証券，日興アセットマネジメントの本支店。
  ただし，日興コーディアル証券の廃棄物処理費用は主要な本支店。
- ●留意事項　(1)「株主」・「社会貢献」は2005年3月期で集計範囲を見直しています。
  (2)「環境」には人件費が含まれています。
- ●参考とするガイドライン：環境会計ガイドライン2005年版

出典：日興コーディアルグループ『CSRレポート2006』50頁。

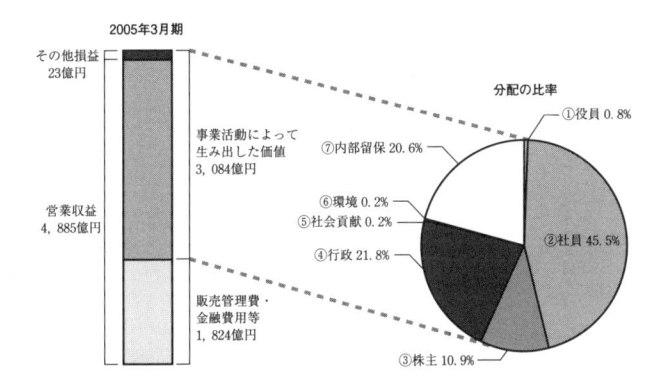

2005年3月期

- その他損益 23億円
- 営業収益 4,885億円
- 事業活動によって生み出した価値 3,084億円
- 販売管理費・金融費用等 1,824億円

分配の比率

- ①役員 0.8%
- ②社員 45.5%
- ③株主 10.9%
- ④行政 21.8%
- ⑤社会貢献 0.2%
- ⑥環境 0.2%
- ⑦内部留保 20.6%

環境保全コスト

(単位：百万円)

分　類		主な取り組みの内容	2005年3月期	2006年3月期
環境・社会事業コスト		日興エコファンド，グローブ	336	326
事業エリア内コスト	地球環境保全	省エネルギー	0	0
	資源循環	廃棄物処理・リサイクル	60	53
上・下流コスト		グリーン購入	0	0
内部管理コスト		ISO14001取得，環境会計構築	35	24
社会関連コスト		「WWF, UNEP, ASrIA」等	66	67
合　計			499	472

⑦ ノボノルディスクファーマ株式会社

　ノボノルディスクファーマ株式会社（本社：デンマーク）は，世界69か国に約20,000人の社員を擁し，170か国以上で製品を販売するグローバル企業としてその地位を確立している。同社は，糖尿病ケアの領域で80年以上の業績がある業界でも老舗企業であり，経営に対する姿勢として，社会責任，環境責任及び経済的持続性を示す「トリプルボトムライン」の実行を10年以上にわたって追及するCSR先進企業としても有名である。

　同社の発行する『トリプルボトムラインレポート2001』には，「企業憲章」が掲載されているが，同社は企業憲章を企業統治モデルの枠組みを形成する基礎と位置づけており，これによって取締役会が社会責任，環境責任及び経済的業績を含む業務全般を統括でき，さらに業務上の意思決定及び業務遂行のための基本原則の役割を果たすと説明している[23]。図6.7は，同社の経営理念（Novo Nordisk Way of Management：以下，「NNWoM」と略記する）と，トリプルボトムラインに関する考え方を整理したものである。

　図6.7に示したNNWoMは，同社にとって文化及びアイデンティティであると同時に歴史及び将来の基礎となるものであり，「トリプルボトムライン」には経営に対する同社の姿勢が示されている。同社の取組みの特色は，戦略目標を追求する中で，環境的，社会的及び生物倫理的な配慮を結びつけるためにこれら両者を関連づけている点にある[24]。

　「トリプルボトムライン」とは，社会的，環境的，財務的に責任のある方法で活動を行うことを意味するが，同社は戦略的に定めた七つの領域（価値観に基づいた行動，健康への権利，社員，動物の使用，環境効率，適合性，経済的貢献）に関して合計20項目の指標を定めて，長期的な実績の追跡を行うことを想定している。

　こうした取組みを補完する手法として，同社の価値観に基づいた経営システムを体系的かつ有効に実証するための「バランススコアカード」[25]「各報告書」[26]「ファシリテーター」[27]などの手法をNNWoMに組み込んで活動を行っているとのことである。

図6.7 ノボノルディスク社の経営理念とトリプルボトムライン

財務の健全性
企業の利益性と成長，社会経済，医療経済

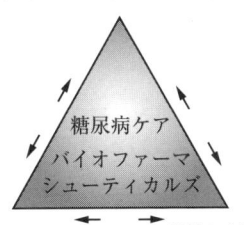

糖尿病ケア
バイオファーマ
シューティカルズ

社会的責任の遂行
社員，患者さん，
地域社会

環境に対する健全性
外部環境，動物の福祉

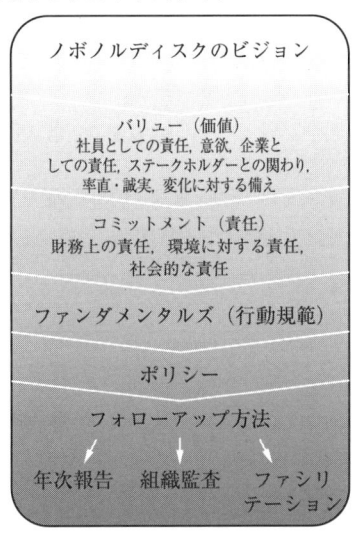

ノボノルディスクのビジョン

バリュー（価値）
社員としての責任，意欲，企業としての責任，ステークホルダーとの関わり，率直・誠実，変化に対する備え

コミットメント（責任）
財務上の責任，環境に対する責任，社会的な責任

ファンダメンタルズ（行動規範）

ポリシー

フォローアップ方法

年次報告　組織監査　ファシリテーション

出典：ノボノルディスクファーマ株式会社『年次報告書2005』9-10頁。

表6.8 ノボノルディスク社のキャッシュバリューの配分表

(単位：百万デンマーククローネ)

	キャッシュバリューの配分	2001年	受取現金	金銭的付加価値
顧客	1. 製品およびサービスに対する受取現金[1]	23,290	100%	
サプライヤー	2. 材料，設備，サービスに対して支払われた現金[2]	10,875[3]	47%	
当社現金	キャッシュバリュー（1 − 2）	12,415[4]	(53%)	100%
社員	3. 報酬	7,203	31%	59%
資金提供者	4. 配当および貸し手への支払い	1,021	4%	8%
公共部門	5. 税金	1,900	8%	15%
経営陣	6. 将来の成長	2,291	10%	18%

1) 純売上高からの受取現金。連結総売上高＋前期売掛金－今期売掛金＝受取現金
2) グループ外の現金支払い。ライセンスフィーおよびその他の営業収入からのキャッシュフロー，および政府機関への返済が含まれている。
3) 受取現金のうち，社外の経済的ステークホルダー（サプライヤー）に配分されている金額。
4) 受取現金のうち，当社付加価値から利益を得ているさまざまな経済的ステークホルダーグループに配分されている金額。
出典：ノボノルディスクファーマ株式会社『トリプルボトムラインレポート2001』39頁。

また，CSR定量化の観点からは，同社の「トリプルボトムラインレポート2001」において，同社の広範な経済的影響を分析するための有効な指標として，

表6.9 ノボノルディスク社の環境及び社会的業績

経済効果				2001	2002	2003	2004	2005
研究開発	売上高に対する研究開発費	%		16.6	15.9	15.5	15.0	15.1
投資	有形投資合計	100万DKK		3,829	3,893	2,273	2,999	4,009
雇用	全世界における雇用効果（直接・間接を含む）			56,200	62,400	64,900	69,500	74,200
輸出	デンマーク国の輸出におけるノボノルディスクの輸出	%		4.1	4.4	4.4	3.9	4.8
環境								
資源	水消費量	1,000m^3		1,790	2,044	2,621	2,756	3,014
	エネルギー消費量	1,000GJ		1,838	2,083	2,299	2,408	2,591
	原料・包装材料	1,000トン		88	93	110	111	150
廃水	COD	トン		830	971	1,187	1,448	1,303
	窒素	トン		86	111	122	121	126
	リン	トン		15	17	21	21	22
廃棄物	廃棄物（全体）	トン		14,866	12,935	21,356	21,855	23,776
	全廃棄物のリサイクル率	%		50	41	41	40	33
大気への排出	CO_2	1,000トン		174	199	206	214	226
	有機溶媒	トン		75	149	137	115	124
環境生産性指数	水EPI			102	116	110	107	108
(EPI)	エネルギーEPI			114	115	124	108	109
コンプライアンス	法定限界値違反			68	30	105	74	174
	流出事故			5	12	20	29	83
社会								
価値観の実現	企業理念（Novo Nordisk Way of Management）のファシリテーションによって実行されたアクションプランの数	%		90	95	99	96	100
健康へのアクセス	ノボノルディスクの営業拠点のある後発発展途上国の国数			–	30	30	35	35
	ノボノルディスクが優遇価格によりインスリンを提供する後発発展途上国の国数			–	19	16	33	32
社員	社員数（全）			16,693	18,372	19,241	20,725	22,460
	欠勤数	%		3.8	2.7	3.1	3.2	3.2
	離職率	%		7.7	6.4	7.1	7.3	8.0
健康と安全	労働災害発生率	100万労働時間当たり		8.2	8.9	5.4	5.6	7.3
	死亡			–	–	0	1	0
研修費	社員1人当たり年間研修費	DKK		8,201	8,189	7,518	8,992	9,899
対応特許	今日までの有効対応特許			590	654	701	778	812
	新規対応特許（1回目の申請）			107	114	140	145	130
動物購入	購入動物数			55,876	48,128	42,869	47,311	57,905
	社外・社内規格から削除された動物試験の割合	%		18	64	73	82	82

出典：ノボノルディスクファーマ株式会社『年次報告書2005』30頁。

世界的規模に及ぶ経済的影響の一部を示すデータを,「キャッシュバリュー配分」という形で示している点が, 同社の定量化手法の特徴ともいえる部分であろう[28]。具体的には, キャッシュバリューの配分にかかわるステークホルダーを,「顧客」「サプライヤー」「社員」「資金提供者」「公共部門」「経営陣」に区分しており, 同社の受取現金をキャッシュバリューとして, 47％は社外の経済的ステークホルダー（サプライヤー）に, 53％は同社付加価値から利益を得ているさまざまな経済的ステークホルダーグループに配分されたと分析している（表6.8を参照）。

しかし, その後, 同社はキャッシュバリュー配分という考え方をより発展させ, 2005年度版の年次報告書では,「環境及び社会的業績」という形で同社の取組みを定量的に表現している（表6.9を参照）。

このように, 同社はステークホルダーのニーズに応えるために, 活動方針にしたがって行動し, 社内の財務的利益又は株主の利益を超えた経済的付加価値を最大限に達成するためにこうした手段を講じている。さらに, 一連の取組みの最大の課題として, 堅固な財務データを求める株主と証券アナリストの要求, 及び同社が営む商業活動の広範な経済的かかわりに関連する他のステークホルダーの関心事との橋渡しをする点にあると指摘している点が, 今後のCSR会計情報開示のあり方を考える上で注目に値する。

⑧ エスエス製薬

エスエス製薬株式会社は,「全ての人々の健康を願い, 限りない探求と挑戦を続け, 信頼され, 親しまれるヘルスケアの担い手を目指す」ことを経営理念として掲げながら, 21世紀に求められる新しい価値を創造し, 社会そして環境や経済との調和を図った「CSR経営」の実践を目指している[29]。事業概要としては, 2005年4月に医療用医薬品事業の分割・譲渡を行い, OTC薬（一般用医薬品）事業を中心としたCHC（コンシュマーヘルスケア）事業に経営資源を集中して, 従来のOTC薬に加えて「インナービューティー＆ヘルス」などの顧客思考のブランド戦略を展開している[30]。

同社は, CSR経営を実現するための方策として,「ステークホルダーとの共生」

を目標に掲げ，積極的な対話と信頼の向上に努めるとともに，環境や社会をはじめとするCSR活動を推し進めるべく，社会的信頼のさらなる向上と持続可能な社会の実現に向けた『CSR報告書』を発行してさまざまな課題に取り組んでいる。

CSR活動の定量化については，「CSR会計」として表6.10に示した計算書を公開しているが，従来の財務会計報告とは異なった側面から社会との関わりの中でCSR活動にかかわるコストを開示する点に特徴がある[31]。より具体的な同社のCSR会計への取組みを見てみると，同社が対象とするステークホルダーを「お客様」「社員」「地域社会」の三つに区分して，施策ごとに取組みの

表6.10 エスエス製薬のCSR会計計算書

ステークホルダー	施策	項目	2005年金額（千円）	2006年金額（千円）	2007年度取り組み予定施策
お客様	お客様とのコミュニケーション	お客様相談室でのお客様対応	65,172	103,771	お客様とのコミュニケーション推進 適切な製品情報の提供活動
	適切な製品情報の提供	HPでの製品紹介など／製品パンフレット製作／製品パンフレットなど適切な情報開示の確認／薬局対応：説明会，質問への対応等／製品添付文書等の作成段階までの費用	264,722	256,563	
	個人情報保護対応	個人情報保護	10,397	2,107	個人情報保護への対応強化
小 計			340,291	362,441	
社員	人財育成	研修費用など	145,459	193,197	人財育成（研修内容の充実）働きやすい職場づくりの推進 社員の健康増進 労働安全衛生活動の充実
	働きやすい職場づくり（福利厚生・育児休業制度・相談窓口）	福利厚生費など	222,256	171,595	
	労働安全衛生	労働安全衛生対応費用	12,943	13,431	
	社員の健康	健康診断費用など	8,822	10,609	
小 計			389,480	388,832	
地域社会	社会貢献活動	災害義援金／その他寄付金／企業訪問対応	3,235	9,801	災害支援 CSR関係情報開示の拡大 地域貢献活動の推進
	事業所地域活動・CSR情報開示	CSR報告書関連／各工場・各事業所の取り組み（地域清掃など）	11,292	13,329	
小 計			14,527	23,130	
合 計			744,298	774,403	

※人件費は全社員対象の標準単価を使用しています。
出典：エスエス製薬株式会社『CSR報告書2007』14頁。

コストを報告する形式を採用している[32]。同社では，こうしたCSR会計情報をステークホルダーへの報告という側面だけでなく，ステークホルダーへの施策の充実と強化を通じて経営管理面にもフィードバックして活用することを念頭に置いていることが伺える。

　これは，同社のCSR会計計算書の項目が，「ステークホルダー」「施策」「項目」「金額」「取り組み予定施策」という五項目から構成されている点からも明らかである。つまり，同社はまずステークホルダーを特定することからとり掛かり，その上で各ステークホルダーとどのように共生して行けば良いかを「施策」「項目」として具体化するとともに，そうした活動や取組みに対してどの程度の資本を投下したのか，さらに結果を踏まえて次年度に向けた改善点や見直すべき点を分析するという，マネジメントシステムを活用したCSR経営との連携が取組みの基盤となっているのである。

　このような仕組みに基づいてCSR会計情報を作成し，広くステークホルダーに開示する姿勢は，情報利用者にとっても活動内容の理解が促進されると同時に，同社の取組みに対するステークホルダーからの理解を得る上で重要な役割を果たしていると考える。

⑨　東京ガスグループ

　東京ガスグループは，東京ガス株式会社を中心とした「ガスの製造・供給および販売」「ガス機器の製作・販売およびこれに関連する建設工事」「熱供給事業」「電気供給事業」を主な事業内容として展開する企業である。同グループの経営理念は，天然ガスを中心とした「エネルギーフロンティア企業グループ」として，「快適な暮らしづくり」と「環境に優しい都市づくり」に貢献するとともに，お客さま，株主の皆さま，社会から常に信頼を得て発展し続けていくことであり，同グループは社会的責任を「経営理念」の実現と位置づけて，本業を全うすることによって果たしていくべきものと捉えている[33]。

　CSR活動の定量化については，同グループが公開する『CSR報告書2007』に，「ステークホルダーとの経済的なかかわり試算」として掲載されている[34]。同グループは，表6.11の試算を行うにあたり，GRI及び他社事例を参考にしな

表6.11 ステークホルダーとの経済的なかかわり試算（2006年度）
集計範囲：東京ガス株式会社（単体）
集計期間：2006年4月1日～2007年3月31日

収　益

		金額（億円）	割合（%）
売上高（お客さま）	ガス売上	9,809	81.6
	受注工事	510	4.2
	器具販売など	1,116	9.3
	附帯事業	287	2.4
その他	営業外収益	159	1.3
	特別利益	136	1.1
合　計		12,017	100.0

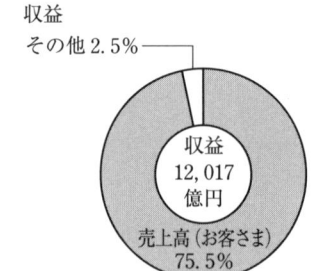

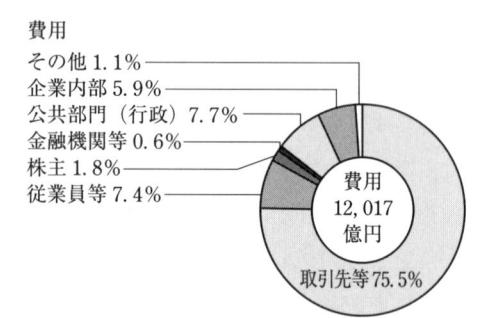

収益
その他 2.5%
収益 12,017 億円
売上高（お客さま） 75.5%

費用
その他 1.1%
企業内部 5.9%
公共部門（行政）7.7%
金融機関等 0.6%
株主 1.8%
従業員等 7.4%
費用 12,017 億円
取引先等 75.5%

費　用

	金額（億円）	割合（%）
取引先等※1	9,075	75.5
従業員等※2	887	7.4
株主※3	216	1.8
金融機関等※4	74	0.6
公共部門（行政）※5	931	7.7
企業内部※6	707	5.9
その他※7	127	1.1
合　計	12,017	100.0

※1 原材料費4,406億円含む。(主原料であるLNG価格は原油価格や為替の影響を受けて変動します。)
　　営業費用（製造費・供給販売費・一般管理費）から諸給与，賞与，福利費，退職金手当，教育費，租税課金，事業税を除いた金額及び受注工事費用，器具販売等費用，附帯事業費用。
　　広報部が主催・協賛する社会文化活動費4.07億円を含む。
※2 役員含む。
　　営業費用（製造費・供給販売費・一般管理費）の諸給与，賞与，福利費，退職手当，教育費および役員賞与
※3 中間配当額，配当金
※4 支払利息および社債利息
※5 租税課金，事業税，法人税等
※6 当期純利益から中間配当額，配当金，役員賞与を除いた金額
※7 営業外費用，特別損失
出典：東京ガス株式会社『CSR報告書2007』52頁。

がら，財務諸表の収益と費用をステークホルダー別に分類する方法に基づいて作成に着手している。

具体的には，まず全体を「収益」と「費用」項目に区分した上で，「収益」項目には「売上高（お客さま）」と「その他」に細分して，「金額」とその割合を提示している。また，「費用」項目については，「取引先等」「従業員等」「株主」「金融機関等」「公共部門（行政）」「企業内部」「その他」に細分化して「金額」と割合を明示している。

他社の公開する会計情報と異なる点は，全体を「収益」と「費用」に二区分してステークホルダーへの経済価値の分配状況を提示している部分である。なお，経済価値の分配状況等に関する補足説明は特に示されておらず，提示された情報を同グループがどのように分析・評価したかについては明らかにされていない。

⑩ NTTドコモグループ

NTTドコモグループは，株式会社エヌ・ティ・ティ・ドコモを中核としながら「携帯電話事業」を主な事業内容として展開している（その他の事業としては，「PHSサービス」や「クレジットビジネス」「無線LANサービス」「IP電話サービス」などを提供している）[35]。

同グループのCSR活動の定量化については，自社のホームページの「事業概要」において，「ステークホルダーとの経済的関係」として表6.12のようなCSR会計情報を公開している。同グループによれば，「……（中略）……さまざまなステークホルダーの皆さまとの関わりの中で，事業活動を行っています。……（中略）……事業活動とステークホルダーの皆さまとの経済的関わりは，下記の表（表6.12：著者注）のようになっています。数字は，客観性を確保するため，連結財務諸表の数字をベースにしています。」と述べている。

計算書の中身を見てみると，連結損益計算書の会計数値をベースとしながら，まず「営業収益」「営業費用」「営業利益」「営業外損益（費用）」「税引前利益」の五項目に大別した上で，「営業費用」を「人件費」「租税公課」「その他」に細分化して事業活動を通じた経費の分配状況を明示している。そして，「ステー

表6.12 ステークホルダーとの経済的関係

損益計算書（連結）／主要項目抜粋

損益計算書（連結）		（億円）
営業収益		47,881
営業費用	人件費	2,543
	租税公課	364
	その他	37,239
	計	40,146
営業利益		7,735
営業外損益（費用）		(6)
税引前利益		7,729
法人税など		3,137
持分法による投資損益（損失）		(19)
少数株主損益（利益）		(0)
当期純利益		4,573
現金配当支払額		1,769

※単位未満の数値処理により，合計数値は必ずしも一致しません．

ステークホルダー別経費等内訳	（億円）
政府・行政	3,501
社員	2,543
株主	1,769

※2006年度の1株あたりの配当金は年間4,000円です．

ステークホルダーとの経済的関係の試算方法	
政府・行政	営業費用中の「租税公課」と「法人税など」
社員	営業費用中の「人件費」
株主	「現金配当支払額」

出典：NTTドコモグループホームページ「ステークホルダーとの経済的関係」
　　　（http://www.nttdocomo.co.jp/corporate/csr/report/prop/outline/）．

クホルダー別経費等内訳」として,「政府・行政」「社員」「株主」という同グループのステークホルダーとの経済的関係を明らかにしている。

しかし,経費等内訳においては,上記三者の区分以外のステークホルダーについてはその関係が示されていないために,その他のステークホルダーとの関係を同計算書から読みとることはできない。この点が他社の公開している同様の計算書と異なる部分であるが,こうした定量化の枠組みを積極的に開示する取組みは,今後,さらにCSR経営を推進してステークホルダーとの良好な関係を構築するための第一歩と受け止められる。

同グループのように,上記の枠組みによって財務諸表の会計数値に基づいたCSR活動の定量化に取り組み,徐々にCSR活動の実態を把握するためのインフラを整備していくというスタンスは,これから企業が持続的な発展を遂げる上で重要な視点を提供してくれるであろう。

(2) CSR関連コスト主体型
① コクヨグループ

コクヨグループは,ステーショナリー用品やファニチャー用品の製造・仕入れ及び販売を主な事業内容として活動を展開している。同グループは「CSR報告書」において,事業活動は,「お客様や取引先をはじめとするさまざまなステークホルダー,社会全体と密接に関係し合って成立しています」という基本姿勢を示して,会計開示により経済的側面における同グループと社会のかかわりを明らかにすることに努めている[36]。

同グループの活動の特徴は,CSR報告書の公開にあたり,「経済的側面において,コクヨがどのようなステークホルダーと,それぞれどのように関係しているか認識することが重要である」として,ステークホルダーへの分配情報をCSR会計と位置づけて提供している点にある。

同グループが開示するCSR会計の具体的な枠組みは,2004年度までは「財務報告における連結財務諸表から,連結損益計算書,連結剰余金計算書の簡易な内訳を,表示区分を適宜組み替える」ことにより,「収入と支出の内訳ごとに,

特に深く関係のあるステークホルダーをそれぞれ明示」するという「収入支出対比型」を採用していた。そこで、2004年度の報告書をもとに、同グループが財務データをどのようにして「収入の部」と「支出の部」に分けてステークホルダーとの関係を明示していたか、「収入支出対比型」のCSR会計の概要を見ていきたい[37]。

まず、図6.8の「収入の部」から見ると、「お客様：売上高」「取引先：不動産収入」「その他、金融機関など：その他営業外収入・特別利益」に区分して内容を分析している。これに対して「支出の部」では、ステークホルダーを「従

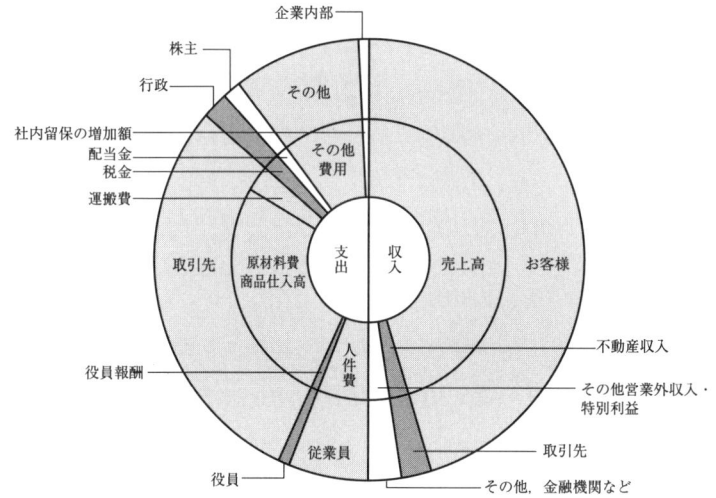

図6.8 コクヨグループのCSR会計情報（収入支出対比型）

支出の部		
従業員		
人件費		328億円
役員		
役員報酬		3億円
取引先（仕入先）		
原材料費・商品仕入高		1,723億円
取引先（物流委託先）		
運搬費		218億円
行政		
租税公課・法人税（調整額含む）		37億円
株主		
配当金		18億円
その他		
その他費用		452億円
企業内部		
社内留保の増加額		2億円
合　計		2,781億円

収入の部		
お客様		
売上高		2,735億円
取引先		
不動産収入		16億円
その他、金融機関など		
その他の営業外収益・特別利益		30億円
合　計		2,781億円

出典：コクヨ株式会社『コクヨCSR報告書2004』26頁。

184　第6章　CSR会計情報の諸類型と開示をめぐる問題

表6.13　コクヨグループのCSR会計情報（CSR関連コスト主体型）

(単位：千円)

	お客様	地域社会	環境保全	企業活動	人権尊重
コクヨの責任	お客様の視点に立って「商品・サービス」を提供すること	豊かな地域社会を創造すること	地球環境問題のために努力すること	公正な企業活動を行うこと	企業活動の場面において人権を尊重すること
責任を果たすための活動コスト	488,660	70,992	615,814	171,820	52,622
活動コストの主な内訳	・お客様満足の向上　385,596 ・お客様情報の適切な管理　26,560 ・お客様の進化をリード　62,020 ・マネジメント体制構築　14,485	・社会貢献　3,758 ・地域社会活性化　40 ・地域緑化　48,345 ・災害支援　4,500 ・マネジメント体制構築　14,279	・公害防止　69,305 ・温暖化防止　▲25,450 ・省資源・リサイクル　248,733 ・エコプロダクツの調達・提供　6,106 ・環境技術の調査研究　140,799 ・環境損傷対応　18,000 ・環境コミュニケーション　42,080 ・マネジメント体制構築　116,241	・コンプライアンス維持　2,877 ・取引先との公正取引　39,045 ・株主との対話　86,444 ・マネジメント体制構築　43,454	・人事制度の充実　17,565 ・機会均等，人材育成　21,195 ・労働安全衛生　6,282 ・マネジメント体制構築　7,620

▼集計対象組織：コクヨ（株），連結対象子会社20社
▼集計対象期間：2005年度（2005年4月1日～2006年3月31日）
▼算定方法：「コクヨグループCSR憲章」に定められた事項を実行するための費用を計上しています。費用は人件費，経費，減価償却費の合計。経費節減額，有価物収入は費用から差し引いて表示しています。なお，各項目の活動コストの算出精度は，経営資源配分の実際を映し出すにはいたっておりません。
▼参考ガイドライン：環境省「環境会計ガイドライン2005年度」
出典：コクヨグループ『コクヨグループCSR報告書2006』48-49頁を修正して本表を作成。

業員：人件費」「役員：役員報酬」「取引先（仕入先）：原材料費・商品仕入高」「取引先（物流委託先）：運搬費」「行政：租税公課・法人税（調整額含む）」「株主：配当金」「その他：その他費用」「企業内部：社内留保の増加額」に区分して，その関係を明らかにしている。このように，同グループと経済性ステークホルダーがどのように関係しているかという点を，収入と支出に分けて明らかにして開示することにより，企業の事業活動に対する考え方や基本姿勢が明確

2. CSR報告書におけるCSR会計情報の類型化　185

表6.13　（続き）

(単位：千円)

	お客様	地域社会	環境保全	企業活動	人権尊重
コクヨの責任	お客様の視点に立って「商品・サービス」を提供すること	豊かな地域社会を創造すること	地球環境問題のために努力すること	公正な企業活動を行うこと	企業活動の場面において人権を尊重すること
責任を果たすための活動コスト	413,890	86,733	511,911	133,695	118,632
活動コストの主な内訳	・お客様満足の向上　332,033 ・お客様情報の適切な管理　26,996 ・お客様の進化をリード　42,447 ・マネジメント体制構築　12,344	・社会貢献　1,278 ・地域社会活性化　30,248 ・地域緑化　47,485 ・災害支援　1,500 ・マネジメント体制構築　6,222	・公害防止　75,693 ・温暖化防止　▲25,998 ・省資源・リサイクル　171,088 ・エコプロダクツの調達・提供　4,208 ・環境技術の調査研究　133,352 ・環境コミュニケーション　57,710 ・マネジメント体制構築　95,858	・コンプライアンス維持　17,990 ・取引先との公正取引　3,200 ・株主との対話　80,467 ・社員啓発普及　8,344 ・マネジメント体制構築　23,694	・従業員満足度の向上　12,692 ・機会均等、人材育成　33,621 ・労働安全衛生　59,875 ・マネジメント体制構築　12,444

▼集計対象組織：コクヨ（株），連結対象子会社20社
▼集計対象期間：2006年度（2006年4月1日～2007年3月31日）
▼算定方法：「コクヨグループCSR憲章」に定められた事項を実行するための費用を計上しています。費用は人件費，経費，減価償却費の合計。経費節減額，有価物収入は費用から差し引いて表示しています。「マネジメント体制構築コスト」は本社関連費用を按分しています。
　なお，各項目の活動コストの算出精度は，経営資源配分の実際を映し出すには至っておりません。
▼参考ガイドライン：環境省「環境会計ガイドライン2005年度版」
出典：コクヨグループ『コクヨグループCSR報告書2007』48-49頁を修正して本表を作成。

になるとともに，企業の社会的な信頼性はこれまで以上に高まると同グループは説明している。

　しかし，2006年度版のCSR報告書（2005年度版以降）では，CSR会計に関する方針を転換して，「収入支出対比型」ではなく表6.13のようにCSR活動に伴って生じるコストのみを識別・測定する「CSR関連コスト主体型」へとモデルを変更しているが[38]，この変更の理由について報告書ではとくに説明は

なされていない。

それでは，表6.13に基づいて，変更されたCSR会計の具体的な中身（2006年，2007年）を概観しておきたい。まず，同グループは，「コクヨグループCSR憲章」の五つの項目（「お客様」「地域社会」「環境保全」「企業活動」「人権尊重」）毎に同グループの果たすべき責任を明示して，その責任を果たすための「活動コスト」及び「主な内訳」を列挙している。その上で，実際のコスト集計に際しては，「コクヨグループCSR会計集計マニュアル」にしたがってCSR活動を抽出し，それぞれの活動について「人件費」「経費」「減価償却費」を集計する。これらのコスト集計にあたっては，「環境会計」における集計方法に習い，「差額コスト」[39]のみを計上するよう努めていると述べている。

こうした新たな方法によって開示されたCSR会計情報は，同グループの掲げるCSR憲章の五項目にしたがい，それらの活動に要した費用額を集計するという流れで作成されているが，付加価値分配型の会計モデルと比較すると，五項目の属性が統一的な規準ないしは観点から導出されたものかどうか解釈することはできない。

一般的に，会計情報は一定のルールに基づいて識別・測定・集計を行うことで，数値の信頼性や検証可能性などの情報の質的特性要件を満たしているが，こうした視点は，情報利用者に対して有用な会計情報を提供する上で必要不可欠といえる。CSR活動と事業活動との関係を明らかにして，今後より積極的な活動を実践するには，情報の受け手が理解可能な形で会計情報を作成するための判断規準となる会計ルールの整備が求められよう。

② 富士フイルムグループ

富士フイルムグループは，「イメージングソリューション」「インフォメーションソリューション」「ドキュメントソリューション」部門を事業の中核に据えながら，映像と情報に関する幅広い製品とサービスを提供する企業である[40]。同グループは，近年のIT技術の急速な進展が映像と情報の分野に大きな変革をもたらしているとの認識から，「新たな成長戦略の構築」「経営全般にわたる徹底的な構造改革」「連結経営の強化」を基本戦略とした中期経営計画

表 6.14　富士フイルムグループの労働環境・社会会計計算書

▼ 2006 年度の労働環境・社会会計

(金額単位：百万円)

ステーク ホルダー	目　的	主な取り組み	コスト合計
従業員	労働安全衛生	労働安全衛生管理，消防設備充実など[*1] 健康診断・メンタルヘルス	1,149
	人材育成	学術・技術・技能に関する従業員教育	1,901
	多様性の確保	家庭と仕事の両立支援対策・障がい者雇用対応・高齢化社会への対応[*2]	157
	働きやすい職場づくり	カフェテリアプラン[*3]など福利厚生	1,764
お客様	お客様対応・安全確保	クレーム解析費用・お客様コミュニケーションセンター，安全情報提供，ピンクリボンなど	780
将来世代	将来世代への教育活動	写真づくり体験，小中学生環境日記協賛，大学講座	85
コミュニティ（地域社会・行政）	地域社会との調和	工場見学などイベント開催，社員のボランティア活動参加支援[*4]	183
	社会への文化芸術振興（国内）	富士フォトサロンなど	807
国際社会	国際社会の文化・社会への配慮	インドネシア大地震義捐金，国際映画祭協賛，WWF など	38
NGO・NPO	NGO・NPO との協働	拡大教科書製作支援など	52
調達先	製品への配慮	説明会開催（SCM）など	44
合　計			6,960

*1　労働災害強度率：0.03，労働災害度数率：0.22（富士フイルム単独）
*2　障がい者雇用率：1.78％，介護休暇取得数：1 名，育児休暇取得数：32 人（富士フイルム単独）
*3　富士ゼロックスの選択型福利厚生制度（旅行，健康，自己啓発など 2 万円／年・人）
*4　就業時間内ボランティア延べ時間は 4,143 時間

対象期間　2006 年 4 月 1 日〜 2007 年 3 月 31 日
労働環境・社会会計集計範囲　富士フイルムグループ国内 51 社
　（富士フイルムホールディングス，富士フイルム及び関係会社 18 社，富士ゼロックス及び関係会社 32 社）
出典：富士フイルムホールディングス『サステナビリティレポート 2007』82 頁。

「VISION75」を策定している。この中の具体的な取組みの一つとして,「コンプライアンスとリスクマネジメントの一体的な取り組みや環境課題への積極的対応をはじめとする CSR の推進」を重要課題としてとり上げている。

2004年4月には,「CSR 推進部」を設立してグループ全体の日常業務の中に CSR の考え方を定着させながら,持続可能な発展を目指した企画・事業へとつなげることを目標に掲げて活動を行っている。こうした活動の一環として公表されているのが,『サステナビリティレポート 2007』[41]である。中でも,同グループの CSR への取組みを定量的に評価する枠組みとして,「サステナビリティ会計」を開示している点に特徴を見出せる。

同社の作成するサステナビリティ会計とは,「企業の環境保全に関する投資や経費,その効果などを集計し開示する環境会計に,労働環境の整備や社会貢献などに要した費用など社会活動全般を加えたもの」を指す。集計に際しての考え方は,環境省が発行する『環境会計ガイドライン』に準拠して「環境会計」を実施するとともに,さらに社員の労働環境の整備及び社会貢献に費やした費用金額を「労働環境・社会会計」として集計するという内容になっている。要するに,同グループのサステナビリティ会計は,環境会計と労働環境・社会会計をセットにして会計情報として集計・整理する点に同グループの会計手法の特色が伺える。

労働環境・社会会計の具体的な枠組みは,「従業員」「お客様」「将来世代」「コミュニティ(地域社会・行政)」「国際社会」「NGO・NPO」「調達先」に区分したステークホルダー毎に費用金額を算出して集計するという流れで構成されている(表 6.14 を参照)。

同グループが公表する「労働環境・社会会計計算書」では,七つに大別されたステークホルダーにしたがって費用額を算出して集計しているが,この区分そのものは一定の尺度に基づいて活動領域を特定しており,情報利用者の立場からもその内容は理解しやすいと思われる。

ただし,計算書上に記載された数値情報と従来の会計情報との関連性など,数値の検証可能性を保証する内容に関してはとくに記載はなく,どのようなプ

ロセスを経てこうした情報が生成されたかという点まで説明がなされていない。このような形式でCSR活動実績を実数で示す場合には，その数値がどのような意味を持つのか，例えば，他のどのような項目と比較してその数値データを評価すればよいかという点にも言及すると，情報利用者にとって会計情報の有用性がより高まるのではないだろうか。

(3) CSR関連効果対比型
① ユニ・チャーム株式会社

　ユニ・チャーム株式会社は，織布・吸収体の成形及び加工技術をコアコンピタンスとして，ベビー，サニタリー，ヘルスケア，クリーン＆フレッシュ，ペットケア，幼児教育の六つの事業を展開するメーカーである。2004年には，「経済」「ものづくり（品質・環境・安全・薬事）」「社会」の三つの側面から，同社が定める五つのステークホルダー（「お客さま」「株主」「お取引先」「社員」「社会」）毎に関連の深い事項をとり上げ，各ステークホルダーに対する活動実績をまとめて，『CSR報告書2004』として公表している[42]。

　同社は，これまでにも商品安全や品質保証，環境負荷の軽減に取り組んできたが，2003年4月にCSR概念が社内で共通認識となり，効率的で迅速な対応ができるように，従来の商品安全や環境推進などの専門組織の統合を行って，コーポレート・ソシアル・レスポンシビリティ部を創設したとのことである。さらに，2004年4月には，社員が安心して働ける職場づくりの整備，組織の倫理確立と個人の倫理意識強化を目指して企業倫理室を新設している。また，新中期経営計画の最重要課題の一つに，「CSRの先端として，透明性の高い，誠実で尊敬される企業を目指すこと」を掲げて積極的にCSR活動に取り組んでいる。

　こうした取組みを定量的に表現する手段として，同社は「ステークホルダーに対する情報開示の一環として，ステークホルダー別の費用発生状況の報告」を目的としたCSR会計を導入している[43]。CSR会計の集計範囲と方法については，事業活動をはじめとするさまざまな取組みにかかわる会計データを定量

的に情報開示しているが，CSR 会計の目的及び CSR 活動と費用，効果がより明確となるようにステークホルダーごとに金額を集計している。

さらに，CSR 会計の役割は，社内的には各ステークホルダーのニーズを認識すると同時に事業活動を展開する際にどのような活動が妥当かを判断するツールとしての活用を想定して，対外的には開示情報の透明性を高めてステークホルダーに対するアカウンタビリティを遂行する点にあると説明している。

表 6.15　ステークホルダーテーマと CSR 会計

ステークホルダー		主要なテーマ	金額（千円）
お客様	商品開発品質保証	お客様満足を第一に考え，安心で安全な製品を市場に送りだします。	2,034,321
	お客様とのコミュニケーション	当社から積極的に情報発信するとともに，お客様に広くご意見を求め，双方向のコミュニケーションを重視しています。	
株主	株主とのコミュニケーション	持続的な事業成長により企業価値を向上させ，公正な情報開示を行うことで株主様の利益還元につなげます。	52,160
お取引先	サプライチェーンの取り組み強化	サプライヤー各社との Win-Win の関係を保ちながら，徹底した品質管理に取り組んでいます。	154,374
社員	労働環境	全社員が，公私ともに充実した生活を送れるように，働きやすい職場づくりと実用的な人事制度を整備します。	1,725,519
	人材育成	リーダーとして会社を牽引し，グローバルで活躍できる人材を育成します。	
社会	環境活動	使い捨てビジネスモデルの改善を目指し，資源節約と環境負荷削減に全グループで取り組んでいきます。	2,003,806
	社会貢献	社会全体の幸福を実現するために，社会や地域に密着した貢献活動を国内外で展開していきます。	
合　計			5,970,180

出典：ユニ・チャーム株式会社『CSR 報告書 2007』20 頁。

同社のCSR会計の具体的な仕組みは，前述の五つのステークホルダー毎に，「(主要な)テーマ」「実行プラン」「金額」「指標(効果)」を記載するという内容から構成されている（表6.15及び表6.16を参照）。

CSRの定量化の観点から検証すると，貨幣情報として費用金額を測定・集計し，これに対応させて効果に関する情報も開示している点に特徴がある。さらに，同社のCSR会計は，付加価値分配型のモデルを一歩前進させて，ステークホルダーへの付加価値分配情報に加え，CSR活動に伴ってどの程度の「効果」に結びついたかという点を定性的な情報も含めて整理している。また，ステークホルダーの特定に関しても，同社の考え方やスタンスを反映した絞り込みが行われており，活動実績との連携も十分図られている。

ただし，他社の開示例もそうであるように，計算書に計上された「金額」の識別・測定方法が明示されていないために，計算書で示された数値が一体どのようなプロセスを経て導出されたかという点を理解することが困難といえる。また，同社は，「指標」という形で「効果」を記載しているが，物量情報と記述情報（一部，財務情報も含まれる）から構成されるこれらの情報と，貨幣情報として集計されたコストの対比によって，情報の受け手に活動状況や取組度合を理解してもらうには少々難しい面もあろう。

しかし，後述するように，CSR活動に伴う「効果」の貨幣的尺度による識別と測定にはかなり難しい課題がある中で，同社は情報利用者にCSR活動への取組状況をより具体的に説明することに主眼を置きながら，そうした問題に積極的に挑戦している点は今後の発展的な活動につながるものと思われる。

② 西友グループ

西友グループは，「食料品」「家庭用品」「衣料品」などの小売チェーンの運営を主たる事業として企業活動を行っているが，2005年度には世界15カ国で事業を展開するアメリカの小売大手「ウォルマート社（Wal-Mart Stores, Inc.）」の一員となり，これまでの事業を大幅に拡大して今日に至っている。同グループのCSRへの取組みは，今後持続的な社会の実現（サステナビリティ）にどのように貢献していくのか，さらには各種ステークホルダーに対してどのような

表 6.16　ユニ・チャームの CSR 会計

ステークホルダー	テーマ	実行プラン
お客様	製品安全性確保の取り組み	安全性確保のための研究・試験／わかりやすい商品情報の表示／お客様情報のフィードバック／安全性確保の取り組み／自主基準・法の遵守／その他
	お客様とのコミュニケーション	広告，PR 実績，キャンペーン／お客様相談室対応／お客様情報モニタリング／市場調査／その他
合　計		
株　主	株主とのコミュニケーション	IR 関連費用／総会費用／アニュアルレポート作成，発送費用／IR 説明会
合　計		
お取引先	サプライヤーとのコミュニケーション強化	各種説明会／納品環境整備／サプライヤーの環境配慮検討／その他
合　計		
社　員	労働環境	雇用活動／企業倫理室（りんりんダイヤル）／社員倫理教育（e-learning）／福利厚生／メンタルヘルス／その他
	人材育成	社内企業家の育成／キャリア支援　各種教育支援制度／CSR 教育／その他
合　計		
社　会	環境保全	※環境会計参照（P52）
	社会貢献	地域の子どもたちとの関わり／地域協賛，工場見学／海外ボランティア／各種フォーラム・イベント協賛／商品提供／福祉活動協賛その他
合　計		
		合　計

出典：原表は，ユニ・チャーム株式会社『CSR 報告書 2007』20 頁，26 頁，32 頁，34 頁，36 頁，42 頁。これらに基づいて本表を作成。

金額（千円）	指標（効果）
37,036	●ベビーケア用紙おむつシェア 44%　●ベビー用ウェットティッシュ 33% ●大人用紙おむつシェア 45%　●大人用失禁パッドシェア 53% ●ナプキンシェア 38%　●女性用ライナー 21%
1,997,285	●化粧用パフ 28%　●一般用ウェットティッシュ 24% AC ニールセン・スキャントラックデータ（2007 年 3 月末時点）より
2,034,321	
52,160	●連結売上高 前年同期比 ＋ 11.7% ●連結当期経常利益 前年同期比 ＋ 4.3% ●株主資本率（ROE）9.6% ● FTSE 4 GOOD index 認定
52,160	
154,374	●新製品発表会を全国 17 会場で開催 ●環境推進評価 79.4 ポイント
154,374	
1,325,262	●育児休業取得者 35 名 ●ライフサポートフレックス制度利用者　20 名 ●障がい者雇用率　1.74%
400,257	●子育て支援企業認定
1,725,519	
1,895,053	
108,753	●寄付金で経済産業省より感謝状 ※環境面の効果は，環境会計参照（P52）
2,003,806	
5,281,647	

表 6.17 西友グループの社会環境会計

分類		取り組み内容		社会環境保全活動 2006年		ISO自己評価
				ISO14001目標	当年実績	
商品	環境配慮商品	「環境配慮商品」の売上拡大（食品）		6,888百万円 (3社)	14,912百万円 (6社)	○
		「環境配慮商品」の売上拡大（住居用品）		1,724百万円 (3社)	3,620百万円 (6社)	○
		計		—	—	—
気候変動	環境	地球環境保全	設備面の省エネ施策による電気量使用量の削減	2005年度対比 2%削減	2.46%	○
			新店舗への省エネルギー機器の導入	05年既存店実績対比 4%削減	18.20%	○
			物流センター供給車両排出CO₂削減 1000ケースあたりの軽油使用量	39.86ℓ	40.69ℓ	×
			計	—	—	—
		公害防止	大気汚染防止対策（ばい煙） ばいじん規制値超過件数／測定数	—	0／254	
			NOx 規制値超過件数／測定数	—	0／254	
			SOx 規制値超過件数／測定数	—	0／169	
			水質汚濁防止対策 BOD 規制値超過件数／測定数	—	22／651	
			ノルマルヘキサン規制値超過件数／測定数	—	136／729	
			騒音・振動対策	—	—	
			地下タンクの管理	—	—	
			PCB使用電気設備の保管・管理	—	—	
			計	—	—	—
		グリーン調達	グリーン調達基準適合	—	99.40%	
			グリーン電力（風力発電）の購入による省エネ	100万kwh	84万kwh	×
			計	—	—	—
資源循環		資源循環	包装用品（レジ袋等）使用重量の削減	5,118t	5,024t	○
			生鮮食品用容器包装資材使用重量の削減	2,412t	2,452t	×
			廃棄物のリサイクル率アップ（期末時点の率）	—	72.50%	
			食品リサイクル法による食品廃棄物の再利用率のUP（期末時点の率）	—	71.30%	
			衣料品通い箱・リサイクルハンガー納品拡大によるダンボール削減	16%（3社）	12.30%	×
			計	—	—	—
		容器包装リサイクル	容器包装リサイクル法への対応	—	—	
			店頭リサイクル活動の推進	—	2,880t	
		商品リサイクル	家電リサイクル法への対応	—	処理件数 31,596件	
			計	—	—	—
社会	コミュニティ	社会活動	エコ・ニコ学習会の実施	75%	49.5%	×
			地域環境イベントの実施	—	30回	
			マイバッグ持参率の向上	—	6.02%	
			環境NGOとの協働活動	—	—	
			計	—	—	—
	アソシエイト	管理活動	従業員への教育	—	—	
			社会環境マネジメントシステムの維持・管理	—	—	
			社会環境情報の公開	—	—	
			計	—	—	—
			合　計	—	—	—

【注記】
● ISO14001環境マネジメントシステムとの整合性を保ちました。
● ISO自己評価欄は，実績がISO14001環境目標を達成したかを表しています。
　　目標達成　○　　目標未達成　×
● 算出基準は毎年見直しを実施しています。前年値は参考値としてご覧ください。
出典：株式会社西友『西友　サステナビリティ・レポート2007』21頁。

社会環境保全コスト 2006年 投資	費用	経済的効果 2006年	考察	主管部門
-	-	-	地場野菜店舗数・有機野菜店舗数の拡大、非生鮮有機商品の拡大を行った。	商品本部
-	-	-	電球型蛍光灯の拡販キャンペーンを行った。	
216	77	265	計画通り、照明や冷蔵設備等の省エネ装置を導入した。	ディベロップメントセンター本部
14	0	11	熱田店ではGHP、Hf照明+調光システム、ガスコージェネレーションシステムによる排熱利用を行った。うしく店では、GHP、Hf照明+調光システムを採用した。	
-	-	-	車両積載率向上、アイドリングストップの徹底、軽油使用量の削減により、CO_2排出量を削減した。	流通推進本部
230	77	276		-
97	105	-	引続き定期的に測定を行い、大気汚染対策を推進していく。	ディベロップメントセンター本部
110	131	-	ノルマルヘキサンの超過件数136件と、05年に比べ11件増加した。	
0	0	-		
3	0	-	地下タンクの油漏洩事故件数0件。	
1	8	-	PCB使用機器の適正保管、事故件数0件。	
211	244	-		
-	-	-		ディベロップメントセンター本部
-	3	-	風量の不足から発電会社の発電が計画数量に達しなかった。	
-	3	-		
-	-	-	仕様変更により1枚あたり9%～12%の重量削減を行った。	
-	-	-	主に水産用トレイの軽量化で使用量を削減した。	ディベロップメントセンター本部
0	1,072	-	06年12月に関東地区において、お取引先の協力を得てコストアップなしでリサイクル推進を実施。	
-	-	-	店舗返送を一本化し物流費の引き下げでハンガー納品を拡大した。また家具の配送時梱包方法を変更し梱包材も再利用可能なものにした。	商品本部
-	1,072	-		-
-	251	-	(財)容器包装リサイクル協会への再商品化委託料金	CSR推進室
-	12	2	トレイ・紙パック・ペットボトル・ポリ袋等を回収した。また新型店頭リサイクル回収機の設置を促進した。	
-	263	2		
-	69	-	家電リサイクル法の対応に伴う、家電製品の引き取り件数と収集運搬経費の発生。	流通推進本部
-	69	-		
-	3	-	目標と実績は、「エコ・ニコ学習会」の年間店舗実施率。542回開催し、参加者は1万4308人。このうち学校やクラス単位での参加は511回。	CSR推進室
-	2	-	地域イベントへの出展費ほか。	
-	130	-	マイバッグ持参20回に対し返金100円の総発生経費。	
-	5	-	エコ・ニコ学習会で協働している「環境学習研究会」との活動費など。	
-	140	-		
-	106	-	社会環境に関するお客様＆アソシエイトコミュニケーションプログラム、マネージャー・店長等への環境研修を実施	人財部
-	16	-	ISO14001外部審査にかかる経費ほか。	
-	26	12	「西友サステナビリティ・レポート2006」「店頭環境ポスター」等の制作費。経済的効果はマスメディア掲載分を金銭換算したもの。	CSR推進室
-	148	12		-
441	2,016	290		

●考察の部分に環境保全効果、取り組みの結果、取り組みの解説などを記載しています。
●経済的効果は取り組みに伴う費用削減額及び一部の項目は収益を把握できる範囲で記載しています。
●投資の償却は財務会計上「投資」に分類されるものを、期間5年で均等償却します。
　但し、2004年より会計フォーマットを大きく変更した都合上、2003年以降の投資のみを反映しています。
●ISO14001目標値は一部3社で目標設定をしているものもあるので、その場合は数値の横に（3社）

価値を提供すべきかという観点から展開されている[44]。

　2007年度の取組みは，同グループが発行する『西友　サステナビリティ・レポート2007』によって詳細情報が報告されている。同レポートは，西友グループの主要小売会社六社（㈱西友，㈱北海道西友，㈱九州西友，㈱東北西友，㈱サニー，㈱エス・エス・ブイ）を対象として，「GRIサステナビリティレポーティングガイドライン」や環境省の「環境報告書ガイドライン」，経済産業省「ステークホルダー重視による環境報告書ガイドライン」に基づいて作成している。同グループが取り組むCSR定量化に関する内容は，同レポートの「経済」欄に「社会環境会計」として記載されている[45]。同グループは，1998年からISO目標と関連づけながら管理会計的視点から環境会計の作成と公表を開始していたが，2006年度のレポートでは「環境」に関する部分に「社会」に関する内容を追加して現在の様式に至っている。

　同グループでは，2004年度のCSR方針策定，2005年度のCSR目標設定など，環境マネジメントからCSRマネジメントへの拡大を進めており，こうした点から「社会」の「アソシエイト」欄にある「社会環境マネジメントシステムの維持・管理」費用に，「ISO14001外部審査にかかる経費ほか」を計上して，同社の推進する社会環境活動の収支と効果を明らかにしている（表6.17を参照）。

　同グループの開示する社会環境会計を検証すると，その最大の特徴は環境会計の延長線上で展開している点にある。しかし，詳細に内容を検討すると，環境会計が推奨する費用対効果という枠組みに基づきながらCSR活動を「商品」「気候変動」「資源循環」（「環境」）と「社会」に区分して，環境会計の枠組みを細分化する形で「社会」に関する項目（「コミュニティ（社会活動）」「アソシエイト（管理活動）」）を集計整理していることが分かる。マネジメントシステムに着目したCSR活動を推進し，そうした内容を反映させながら定量化を実施するには，CSRにかかわる企業内の活動を洗い出すことからとり掛かり，その上で定量評価を通じた活動プロセスの管理を実践するという視点も必要といえるであろう。

③　東京コカ・コーラボトリング株式会社

　東京コカ・コーラボトリング株式会社は，1956年に東京飲料株式会社として設立され，日本で初めてコカ・コーラを製造・販売した清涼飲料水の製造と販売事業を展開するメーカーである。同社は，ルートセールスやボトラー制度をはじめとするビジネスモデルを展開しながら，空き缶の回収活動等のリサイクル活動や各種の環境プロジェクトへの参画，スポーツ・文化・教育支援など，地域社会に密着した環境保全や社会的貢献活動を積極的に実践している[46]。

　2005年には，創立50周年を迎えるにあたり，持続発展可能な成長を遂げるための指標として同社グループの経営理念を制定している。また，2002年から作成・報告していた『環境・社会報告書』を2006年より『CSRレポート』へと名称を変更して，社会との関わりや環境に対する取組みをより推進する体制の整備に取り組んでいる。

　同社は，企業の健全な発展とステークホルダーとのよりよい関係構築に向けて，CSRへの取組みを重要な経営課題と位置づけている。その具体的な表現手段の一つとして，2005年の報告書から「CSR会計」を実施しているが，2006年度版以降は「社会に関するコスト」をより明確化して情報開示を行っている[47]。

　同社の実施するCSR会計の枠組みは，「費用対効果型」として展開されており，従来の環境会計の開示内容に加えて，「コンプライアンスコスト」「従業員満足コスト」「コミュニケーションコスト」（この項目は，さらに「スポーツ支援」「文化支援」「CS向上活動」に細分される）を社会に関するコスト項目として計上している点に特徴がある（表6.18を参照）。また，こうしたコスト面に対する効果として，「CSR会計効果」を「地球温暖化防止」「省エネルギー」に区分して物量情報によって整理している。

　それでは，同社が開示する社会コストの内容に触れておきたい。まず，「コンプライアンスコスト」は，「ホットライン維持費」と「従業員教育費」から構成されている。「従業員満足コスト」は，「研修費用」「福利厚生費用」によって構成される。「コミュニケーションコスト」は，「スポーツ支援」「文化支援」

表6.18 東京コカ・コーラボトリング株式会社のCSR会計とその効果

●集計範囲：本社, 33営業所　対象期間：2006年1月～12月　　　　　（単位：百万円）

分類			主な内容	投資額	費用額
社会	コンプライアンスコスト		●ホットライン維持費 ●従業員教育費	0	2
	従業員満足コスト		●研修費用 ●福利厚生費用	0	137
	コミュニケーションコスト			0	43
		スポーツ支援	●全日本少年サッカー大会への協賛 ●青梅マラソン大会への協賛　など	0	31
		文化支援	●さわやか一輪車指導者研修会への協賛 ●ジャパンカップマーチングバンドへの協賛　など	0	5
		CS向上活動	●工場見学の受け入れ	0	7
環境	(1) 事業エリア内コスト			2	16
		(1)-1 公害防止コスト	●水質汚濁防止工事 ●下水道料金	1	6
		(1)-2 地球環境保全コスト	●CNG車輌のリース費用 ●フロンの適正回収費用	0	10
		(1)-3 資源循環コスト	●廃棄物置き場の設備, 修繕工事費用 ●廃棄物処理委託費	1	0
	(2) 上・下流コスト		●空容器の回収, リサイクル委託費	0	129
	(3) 管理活動コスト		●ISO14001取得・運用費用 ●環境報告書作成費用	0	43
	(4) 研究開発コスト			0	0
	(5) 社会活動コスト		●環境に関わる社会活動費用 ●環境関連活動団体への寄付	0	9
	(6) 環境損傷対応コスト			0	0

CSR会計効果

	効　果	
地球温暖化防止※	本社, 営業所, 車輌におけるCO_2排出削減量（事業活動量調整比較）	－426 t
省エネルギー※	本社, 営業所における電力使用削減量（販売量調整比較）	－526千kWh

※事業活動量調整比較：2005年と2006年の事業活動量（販売量）によって2005年の環境負荷量及び費用を調整し, 2005年と2006年の値を求めました。
出典：東京コカ・コーラボトリング株式会社『CSRレポート2007』8頁に加筆・修正を加えて本表を作成。

「CS 向上活動」から構成されている。

　上記三つの区分にしたがって計上される社会コストそのものについては，同社の経営理念や方針に沿った独自の CSR 活動から生じたコストであり，その点を積極的に開示したことの意義は大きいといえる。ただし，ここで計上されたコストは，どのような枠組みないしは規準にしたがって抽出（測定）されたか，CSR 行動指針と CSR 会計とはどのような対応関係にあるのか，さらには同社が実践する CSR 活動に伴う貨幣的支出を同計算書ですべてカバーできているのか，などの点についても補足的な説明が加わると，情報利用者にとって具体的な内容がより理解しやすくなるであろう。

　この点については，CSR 会計効果に関しても同様であり，「地球温暖化防止」と「省エネルギー」活動に伴う効果は環境保全活動と対応しているが，2006年度版から開示された「社会コストに対応する効果」については特段記載がなされていない。同社の推進する環境保全活動では，体系的なマネジメントシステムと環境会計システムの運用・管理が実践されているが，その範囲を拡張して CSR 活動の体系化を図り，そうした前提に立って CSR 会計フレームワークを設計して運用すればより詳細な CSR 会計情報が提供できるのではないだろうか。

（4）　総合的 CSR 関連効果対比型
①　三井住友海上グループ

　三井住友海上グループは，「損害保険事業」「金融サービス事業」「リスク関連事業」「生命保険事業」「海外事業」を展開する保険・金融サービスの総合企業であり，2004 年度版の CSR レポートにおいて日本の金融機関で初めて本格的な CSR 活動の定量化に取り組んだのが，同グループである。

　まず，同レポートにおける CSR 会計に関する内容の全体構成を見ると，2006 年度の分析結果である「CSR 会計計算書」を紹介するにあたり，「目的」「特徴（「集計期間」「集計範囲」「集計方法」）」「参考指標」「参考（「ステークホルダー別分配額と CSR 会計との関係」）」について概要を説明している。

同グループは，説明の冒頭部分でCSR会計の目的を，「……（中略）……CSRは企業が永続的な発展を遂げていくための戦略的投資であるとの認識に立ち，CSRの取り組みに関連するコストと効果をできる限り定量的に把握・測定（後略）……」し，「ステークホルダーとのコミュニケーションツールの1つとして役立てるとともに，CSRをより一層企業文化として浸透させていく」ことにあると説明している。

定量化の測定範囲について同レポートでは，「社会貢献・福祉活動」「倫理・コンプライアンス活動」「環境保全活動」に関する取組みを対象としているが，これら活動領域については将来の拡充も視野に入れているとのことである。さらに，今回の定量化モデルの最大の特徴ともいえるCSRにかかわる「コスト」と「効果」については，それぞれ次のように定義している。

- CSR関連コスト……財務会計上の費用・損失あるいは通常よりも安価で商品・サービスを提供した場合の通常価額との差額等。
- CSR関連効果……自らの財務会計上の利益に貢献した効果を「内部効果」に，一般社会に与えた影響を「外部効果」に区分し，またそれぞれを貨幣単位で測定する「経済効果」と貨幣以外の数量で計測あるいは定性的に記述する「その他効果」に区分する。

このように同グループのCSR会計は，より広い視点からCSRに投じた費用と効果を集計して展開する点に特徴がある（表6.19を参照）[48]。

さらに，同グループのCSR会計モデルには，「参考指標」として「CSRV：企業価値への貢献」と「ステークホルダー別分配額とCSR会計との関係」に関する情報も含まれる（表6.21を参照）。CSRVは，「CSRへの取り組みは，リスクマネジメントの観点，ブランドイメージの維持向上の観点から見ると，自らの経済活動・事業活動における将来収益の安定化，持続的な成長に貢献するもの」という認識に基づき，「CSRの取り組みから生じているであろう見えない価値を計量化するための1つの手懸り」として推計した企業価値を意味する[49]。

また，表6.21に示した「ステークホルダー別分配額とCSR会計との関係」は，

表6.19 三井住友海上グループのCSR会計計算書

CSR会計計算書　2006年度

<table>
<tr><th colspan="2" rowspan="3"></th><th colspan="3">CSR関連コスト</th><th colspan="7">CSR関連効果</th></tr>
<tr><th rowspan="2"></th><th rowspan="2">2005年度</th><th rowspan="2">2006年度</th><th rowspan="2"></th><th colspan="3">内部効果</th><th colspan="3">外部効果</th></tr>
<tr><th colspan="2">経済効果</th><th rowspan="2">その他効果</th><th colspan="2">経済効果</th><th rowspan="2">その他効果</th></tr>
<tr><th colspan="2"></th><th></th><th></th><th></th><th>2005年度</th><th>2006年度</th><th>2005年度</th><th>2006年度</th></tr>
<tr><td rowspan="5">社会貢献・福祉活動</td><td>寄付活動に関するコスト</td><td>840</td><td>653</td><td>寄付活動に関する効果</td><td>1</td><td>—</td><td>—</td><td>825</td><td>633</td><td>＊1</td></tr>
<tr><td>施設等の提供に関するコスト</td><td>340</td><td>326</td><td>施設等の提供に関する効果</td><td>52</td><td>53</td><td>—</td><td>6</td><td>5</td><td></td></tr>
<tr><td>社会貢献活動と支援活動に関するコスト</td><td>154</td><td>167</td><td>社会貢献活動と支援活動に関する効果</td><td>—</td><td>—</td><td>—</td><td>122</td><td>129</td><td>＊2 ＊3</td></tr>
<tr><td>共通コスト</td><td>55</td><td>47</td><td></td><td></td><td></td><td></td><td></td><td></td><td></td></tr>
<tr><td>（小計）</td><td>1,390</td><td>1,192</td><td>（小計）</td><td>53</td><td>54</td><td>—</td><td>953</td><td>767</td><td>—</td></tr>
<tr><td rowspan="5">倫理・コンプライアンス活動</td><td>法令等遵守活動コスト</td><td>1,841</td><td>2,893</td><td>法令等遵守活動効果</td><td>12</td><td>10</td><td>＊4</td><td>—</td><td>—</td><td></td></tr>
<tr><td>情報・コミュニケーションコスト</td><td>760</td><td>928</td><td>情報・コミュニケーション効果</td><td>—</td><td>—</td><td>＊5</td><td></td><td></td><td></td></tr>
<tr><td>モニタリングコスト</td><td>625</td><td>658</td><td>モニタリング効果</td><td>—</td><td>—</td><td>＊6</td><td></td><td></td><td></td></tr>
<tr><td>商品・サービス提供コスト</td><td>235</td><td>241</td><td>商品・サービス提供効果</td><td>166</td><td>195</td><td>—</td><td>—</td><td>—</td><td>＊7</td></tr>
<tr><td>（小計）</td><td>3,462</td><td>4,720</td><td>（小計）</td><td>177</td><td>206</td><td>—</td><td></td><td></td><td>—</td></tr>
<tr><td rowspan="7">環境保全活動</td><td>事業エリア内コスト</td><td>312</td><td>247</td><td>事業エリア内コストに対応する効果</td><td>△48</td><td>△363</td><td>—</td><td>—</td><td>—</td><td>＊8 ＊9</td></tr>
<tr><td>上・下流コスト</td><td>3,827</td><td>4,292</td><td>上・下流コストに対応する効果</td><td>68</td><td>58</td><td>—</td><td>588</td><td>673</td><td>＊10 ＊11</td></tr>
<tr><td>管理活動コスト</td><td>112</td><td>120</td><td></td><td></td><td></td><td></td><td></td><td></td><td></td></tr>
<tr><td>研究開発コスト</td><td>3</td><td>2</td><td></td><td></td><td></td><td></td><td></td><td></td><td></td></tr>
<tr><td>社会活動コスト</td><td>35</td><td>51</td><td></td><td></td><td></td><td></td><td></td><td></td><td></td></tr>
<tr><td>共通コスト</td><td>3</td><td>3</td><td></td><td></td><td></td><td></td><td></td><td></td><td></td></tr>
<tr><td>（小計）</td><td>4,291</td><td>4,715</td><td>（小計）</td><td>20</td><td>△305</td><td>—</td><td>588</td><td>673</td><td>—</td></tr>
<tr><td>共　通</td><td>CSR共通コスト</td><td>79</td><td>66</td><td></td><td></td><td></td><td></td><td></td><td></td><td></td></tr>
<tr><td colspan="2">総　計</td><td>9,222</td><td>10,693</td><td></td><td>250</td><td>△46</td><td>—</td><td>1,541</td><td>1,440</td><td>—</td></tr>
</table>

出典：三井住友海上火災保険株式会社ホームページ（http://www.ms-ins.com/csr/csr_account/account.html）。

表6.20 CSR会計計算書の解説

■ CSR関連コストの主な内訳

区　分		主な内訳
社会貢献・福祉コスト	寄付活動に関するコスト	・社会貢献，福祉目的による寄付金 ・三井住友海上福祉財団，三井住友海上文化財団からの寄付，助成金
	施設等の提供に関するコスト	・しらかわホール等の維持，運営コスト（減価償却費含む）
	社会貢献活動と支援活動に関するコスト	・スマイルハートクラブの活動支援 ・スポーツ振興関連施設の維持コスト（減価償却費含む） ・自動車保険福祉車両割引
	共通コスト	・社会貢献，福祉活動全般に係る人件費
倫理・コンプライアンスコスト	法令等遵守活動コスト	・コンプライアンス活動に係るコスト 　（複合コストは06年度50%，05年度30%を集計）
	情報・コミュニケーションコスト	・コンプライアンス活動に係るコスト 　（複合コストは06年度30%，05年度40%を集計） ・人権啓発研修に係る人件費，物件費
	モニタリングコスト	・コンプライアンス活動に係るコスト 　（複合コストは06年度20%，05年度30%を集計）
	商品・サービス提供コスト	・インターリスク総研による倫理・コンプライアンス関連サービス提供に係るコスト
環境保全コスト	事業エリア内コスト	・公害防止コスト ・地球環境保全コスト ・資源循環コスト
	上・下流コスト（消費・サービス提供コストを含む）	・自動車保険エコカー割引 ・インターリスク総研の環境関連サービス提供に係るコスト
	管理活動コスト	・環境マネジメントシステムの整備，運用に関するコスト ・駿河台ビル屋上緑化のためのコスト
	研究開発コスト	・インターリスク総研による研究開発コスト
	社会活動コスト	・「エコ車検・整備」普及支援コスト ・環境保全団体に対する会費，寄付金
	共通コスト	・環境保全活動に共通するコスト
共通コスト	CSR共通コスト	・CSR活動の全社推進に関わるコスト

■ CSR 関連効果（経済効果）の主な内訳

区　分		主な内訳
社会貢献・福祉効果	寄付活動に関する効果	・寄付金等の拠出額，寄贈した物品の貨幣価値［外部効果］ ・物品の寄贈による廃棄費用節減額［内部効果］
	施設等の提供に関する効果	・施設提供に伴う収入［内部効果］
	社会貢献活動と支援活動に関する効果	・三井住友海上文化財団コンサート入場料の通常料金との差額［外部効果］
倫理・コンプライアンス効果	法令等遵守活動効果	・法定雇用率を超えて障がい者を雇用していることにより給付を受けた「障害者雇用調整金」［内部効果］
	商品・サービス提供効果	・インターリスク総研による倫理・コンプライアンス関連サービス提供に係る売上げ［内部効果］
環境取組効果	事業エリア内コストに対応する効果	・電力，ガス，熱供給，ガソリン費用の削減額 ・用水費の節減額，紙類費用の節減額 ・下水処理費用の節減額 ・廃棄物等処理費用の節減額
	上・下流コストに対応する効果	・インターリスク総研の環境関連サービス提供に係る売上げ［内部効果］ ・修理支払限度額設定特約，対物事故の超過修理費担保特約による資源節減効果※［外部効果］

※三井住友海上グループは，事業活動のうち外部経済的に社会環境面に与えているプラス効果を評価＊する研究会（Club ECOFACTURE™ のワーキンググループ）に参加しています。自動車保険の両特約については，本研究会における研究成果に基づき，次の項目を測定対象として効果を算出しました。
①資源消費の抑制（新車の部品・原材料使用量の抑制）
②産業廃棄物最終処分場の延命（全損車から発生するシュレッダーダストの抑制）

［算出方法の考え方］
本保険による修繕によって使用抑制（延命）される部品・原材料費および埋立処分費の延命効果を，期間4年，割引率1.1%等の前提をおいて算出しました。（対象台数は当年13,811台，前年12,050台）

＊EEBE® : External Economic Benefit Evaluation

■ CSR関連効果（その他効果）の主な内訳

区　分		主な内訳
社会貢献・福祉効果	寄付活動に関する効果	＊1　以下の活動の結果想定される［外部効果］ ▼株主優待品等の物品の寄付（延べ69団体） ▼国内留学生へのカレンダー6,116点、手帳558点を寄付（28団体） ▼使用済み切手100.8kg、使用済みプリペイドカード17,990枚、書き損じハガキ1,912枚、外国コイン5kgを収集し寄付
	社会貢献活動と支援活動に関する効果	＊2　以下の活動の結果想定される［外部効果］ ▼スマイルハートクラブの活動 ・チャリティーコンサートの開催（6回） ・クリスマスカードによる世界の子どもの支援（396の個人・団体が参加） ・セーター手編みボランティア（セーター1,276着、マフラー467本、帽子435個、ベスト43着をモンゴル・旧ユーゴスラビア地域の子どもへ寄付） ・ラオス・カンボジアの子どもへ絵本を届ける運動（254冊送付） ▼献血、骨髄ドナー登録（献血者637名、骨髄ドナー登録者数52名）
		＊3　以下の活動の結果想定される［外部効果］ ▼スポーツ振興の取り組みとして女子柔道、女子陸上競技の普及を推進
倫理・コンプライアンス効果	法令等遵守活動効果	＊4　以下の活動の結果想定される［内部効果］ ▼コンプライアンス部の要員増強による法令違反の調査などコンプライアンス体制の強化
	情報・コミュニケーション効果	＊5　以下の活動の結果想定される［内部効果］ ▼社員・代理店に対する各種研修実施によるコンプライアンスの徹底 ▼代理店に対する法令等の理解徹底のための確認テストの実施
	モニタリング効果	＊6　以下の活動の結果想定される［内部効果］ ▼営業・損害サービス拠点におけるコンプライアンス・プログラム実施状況等の巡回確認によるモニタリングの強化
	商品・サービス提供効果	＊7　以下の活動の結果想定される［外部効果］ ▼インターリスク総研の取組 ・企業等の内部管理・コンプライアンスに関するセミナー開催・講義‥‥1件 ・メディアへのリリース（取組内容・提言）‥‥26件
環境取組効果	事業エリア内コストに対応する効果	＊8　［外部効果］ ▼エネルギー消費量の削減 ・電気使用量　　4,009 MWh ・ガス使用量　　78,904 m³ ・熱供給使用量　473 GJ ・ガソリン使用量　253 kℓ ・水使用量　　　5,239 m³ ・紙使用量　　△2,122 トン
		＊9　［外部効果］ ▼大気への排出削減（自動車NOx・PM法に基づく報告資料より） ・NOx　159 kg ・PM　　6 kg ▼水域・土壌への排出量の削減　933 m³ ▼廃棄物等の排出量の削減　186 トン
	上・下流コストに対応する効果	＊10　以下の活動の結果想定される［外部効果］ ▼インターリスク総研の取組 ・環境保全に関するセミナー開催・講演‥‥4件 ・メディアへのリリース（取組内容・提言）‥‥1件
		＊11　以下の活動の結果想定される［外部効果］ ▼エコカー割引適用件数‥‥4,006千件（前年比＋561千件）

［集計の基本となる事項］
▼集計期間
事業年度と同じ2006年4月1日〜2007年3月31日です（比較のためコストおよび経済効果は前年度についても記載しました）。
▼集計範囲
三井住友海上火災保険、三井住友海上きらめき生命保険、インターリスク総研の3社および三井住友海上福祉財団、三井住友海上文化財団の活動を対象としました。ただし、環境保全活動については項目ごとに集計可能な範囲で国内グループ会社全体の数値を集計しました。
▼集計方法
1) 複数の活動に関わる複合コストは、合理的な按分基準あるいは簡便な按分基準を定めて集計しています。
2) 人件費は、該当する活動を行う者について人件費単価と従事割合から算出しています。
3) 環境保全活動に関しては、環境省の「環境会計ガイドライン2005年版」を参考に、分類・集計しています。
4) 環境保全活動にかかわる費用削減効果および環境負荷物質の削減効果は、前年度との単純比較により算出しています。
5) 数値は記載単位未満を四捨五入して表示しています。
出典：三井住友海上火災保険株式会社ホームページ（http://www.ms-ins.com/ pdf/csr/csr_ account/comment.html）。

表6.21 ステークホルダー別分配額とCSRとの関係

[参考指標] **CSRV**：企業価値への貢献

　CSRの取組みは、ブランドイメージの維持向上の観点からみると、自らの経済活動・事業活動における将来収益の安定化、持続的な成長に貢献するものと考えられます。しかしながら、CSR会計計算書上のコストと効果の比較からはこの価値を数値として測ることができません。
　CSRV（CSR Value）は経済産業省の「ブランド価値評価研究会」から報告されたブランド評価モデルを参考として、CSR活動により創出されたであろう見えない企業価値を推計したものです。

CSRV：企業価値への寄与	CSR活動により創出された企業価値への推計	735億円

＊算出の考え方については、当社ホームページ（http://www.ms-ins.com）をご覧ください。

[参考] ステークホルダー別分配額とCSR会計との関係

　三井住友海上グループのCSR会計は「社会貢献・福祉活動」「倫理・コンプライアンス活動」「環境保全活動」の3領域の取組みを対象としています。このうち「社会貢献・福祉活動」「環境保全活動」の2領域の取組みとして集計したコストの、各ステークホルダーに対する経済的な影響額（分配額）における量感はおおよそ下表のとおりとなっています。
　ただし、各ステークホルダーとの関係の重要性を金額の大小によって測ることはできません。

単位：億円

			2005年度	2006年度	主な項目
分配原資	お客さま		13,328	13,250	正味収入保険料
	その他		367	714	資産運用損益、責任準備金繰入額、その他調整額　など
	合計		13,695	13,964	
分配額	お客さま		7,873	8,286	正味支払保険料、支払備金繰入額
	代理店		2,199	2,139	代理店手数料
	役職員		1,466	1,472	人件費
	お取引先（委託先・購入先など）		1,032	1,111	物件費、再保険手数料
	地域社会　国際社会	税金	420	343	法人税等、租税公課
		社会貢献	14	12	社会貢献・福祉コスト（「CSR会計計算書」を参照）
	環境		43	47	環境保全コスト（「CSR会計計算書」を参照）
	株主		648	554	当期純利益
		（株主配当金）	185	198	
	合計		13,695	13,964	

＊各ステークホルダー別の分配額を厳密に計算することは困難なため、上記は損益計算書（単体）数値に基づき簡便な手法で作成しています。なお、各ステークホルダー別に区分できないものはその他欄に集計しています。

出典：三井住友海上火災保険株式会社『CSR Report 2007』36頁。

CSR会計の二領域（「社会貢献・福祉活動」と「環境保全活動」）の取組みとして集計したコストと，同グループの各ステークホルダーに対する経済的な影響額（金銭の分配額）との関係を明らかにすることを目的として作成されている。

以上のように，同グループの展開するCSR会計は，CSR関連のコスト情報に対応させて，効果についても「内部効果」と「外部効果」に区分して総合的な会計情報として開示する点に最大の特徴がある会計モデルといえよう。

3. CSR会計をめぐる開示情報の検証

(1) CSR会計の現状と課題

前節では，CSR活動の定量的な把握と分析・評価を実践する企業の開示例を，五つのタイプに類型化してCSR会計の現状に関する検証を行った。現在，開示されている定量化モデルの共通点は，CSR報告書を情報開示の媒体とするという点である。本章でとり上げた開示例の中には，物量情報によって活動内容を表現するケースもあるが，大半の企業は貨幣情報を中心とした会計情報の開示を試みている。一部のケースを除いて，これらCSR報告書を媒介手段とする開示例と本書が提案するCSR会計の異なる部分は，本書ではまず第1段階として，CSR会計情報を補足情報として財務報告書で開示することを想定しており，従来の企業会計フレームワークの延長線で財務会計の一部と位置づけた定量評価の枠組みを展開する点にある。

次に，CSR定量化モデルが抱える課題について考えてみたい。会計がCSR問題に象徴される新たな事態に直面すると，「費用対効果」というメインフレームの中で定量化を行うという試みがこれまで幾度となく行われてきた。しかし，とりわけ「効果」については，外生的要因にかかわる部分（外部効果）までをその範囲に含めなければ結果を導けないという壁が立ちはだかり，従来の会計的な手法による識別・測定，及び財務諸表との連携を図ることはかなり困難な状況にあると推察される。

こうした外生的な要因の展開の結果を会計の対象に含めた定量化の枠組みを考える場合には，まず，それは誰に対してどのような情報を提供するのか，というCSR会計の対象と範囲を明確にしておかなければならない。その上で，企業会計フレームワークの延長線上でそうした活動内容が認識可能であるか否かという点を検討し，もし必要性が認められれば枠組みそのものを拡張するとか，再構成を行うという方向で段階的にそのあり方を検討すべきと考える。

さらに，CSR活動の定量化を行う場合には，情報の受信者である各種のステークホルダーの理解が得られやすい情報の提供が求められる。この点は，情報の信頼性や検証可能性などの質的特性の問題とも密接に関連している。これまで企業が提供してきた会計情報（財務諸表）は，すでに広く社会に定着しているという点と，情報の受け手側もその内容を理解するための基礎知識を有している点において，企業価値評価の尺度としてある程度確立しているといってよいだろう。まだ統一的な規準が提示されていない現状では仕方ないことであるが，新たな手法に基づいて情報の開示を行う場合には，情報の受け手にとって理解可能な形式で内容を整理して開示することを心掛けなければならない。

これらの点を強く意識した結果として，本書では，企業会計のフレームワークに内部CSR会計システムを組み込むという流れで再構成を行うことで，従来の財務会計の枠組みにおいてCSR活動を識別・測定・開示する会計モデルの展開を試みている。このような枠組みの採用により，従来の財務会計が対象としてきた事業活動と，新たな取組みであるCSRにかかわる活動を，同じフィールドの上で定量的に把握することが可能となり，ステークホルダーに対しても企業の活動実態をより忠実に反映した情報として開示できるからである。

しかし，財務会計（財務諸表）の目的は，あくまでも投資意思決定に有用な情報を提供する点にあることを考慮すれば，上記のプロセスを経てアウトプットされる情報の範囲はどうしても限定的にならざるを得ない。このような場合，CSR会計からアウトプットされる情報のより具体的な内容については，記述情報や物量情報も対象とするCSR報告書によって活動内容を補完す

るという方法が有効であると考えられる[50]。

　CSR活動を企業活動全体に統合して捉えて今後のCSR会計の方向性を模索するには，会計情報として把握できる部分については財務報告書で開示を行い，より詳細な情報に関してはCSR報告書で開示する，という報告書間の連携—ディスクロージャー媒体のネットワーク—も視野に入れることが重要な要素といえるのではないだろうか。こうした発展の可能性も視野に入れると，CSR会計の導入により，これまで関連性が見出しにくかった財務報告書とCSR報告書を有機的に結びつける連結環としての役割を担うことも想定できる。

　いまだ統一化ないしは共通化されたCSR会計に関する枠組み自体が存在しない状況において，自社の取組みを独自の視点から整理することは大変有益な取組みといえる。しかし，今後より一層CSR会計を普及させて定着させるには，共通化ないしは統一化された会計モデル，すなわち汎用性の高い定量化の枠組みの早急な整備が求められる。

(2) CSR活動をめぐる「効果」の検討

　本書では，CSR会計と同様の観点から企業会計のフレームワークの拡張を視野に入れたCSR定量化の手法として，第1章において英国シグマ・プロジェクトの「サステナビリティ会計」の考え方を紹介した。国内外で見られるこうした定量化の動きは，企業がCSR問題に取り組む場合に，経営意思決定のツールとして，またステークホルダーとのコミュニケーションツールとして，一定の情報要求を満たすことのできる共通の「物差し」の必要性を喚起していると受け止められる。

　その手段として，CSR報告書などのレポーティングシステムの活用も有効であるとの指摘を行ったが，本書では取り扱う情報の範囲を企業価値に重大な影響を及ぼす可能性があるCSR問題のインパクトの識別と測定に論点を絞り，会計的な手法，すなわち貨幣的尺度によるCSR関連コストの識別・測定・評価・伝達に関する議論を中心に検討を行った。

このように，CSR定量化の第一段階として，コストアプローチによるCSR活動実績の把握が有効であるという考えに基づいてCSR会計のあり方を模索したが，情報の利用者（ステークホルダー）は，貨幣的支出を伴うCSR活動の結果として，どの程度の効果（ベネフィット）が得られたのか，という点に非常に高い関心を持っている。そこで，今後の検討課題ともいえる「効果」の問題についてもう少し考えてみることにしたい。

まず，外生的要因の展開の結果と捉えられてきたCSRの定量化を行う場合に問題となるのは，「効果」の識別と測定が非常に難しいという点であろう。効果を大別すると，一般に「内部効果」と「外部効果」に区分されるが，前者の「内部効果」はCSR問題に取り組むことによってリスクを回避できた部分，すなわち「コストの削減額（saving cost）」として認識することは可能である。この点については，第1章で検証したシグマ・プロジェクトの「サステナビリティ会計」の計算書例において，その大半が「内部効果」として例示されている点からも明らかである。

しかし，「外部効果」については，その影響が事業に反映されるまでにタイムラグがあり，さらに支出したコストとの直接的な関係性が見出しにくい点で，問題はより深刻といえる。すなわち，影響の度合いが不確定な外部効果の認識は，従来の会計フレームワークとの融合を図るという観点に立脚すると，効果とみなして経済計算を行うことにいささか問題があるからである。こうした現状を踏まえると，現段階では，効果をコストと同様に会計処理することは難しい状況にあるといえる。

本書で提案したCSR会計では「効果」について特に言及していないが，それは次のような理由からである。CSR会計の基本機能の部分でも説明したが，CSR問題にかかわる諸事象を定量化する場合に配慮しなければならない点は，情報の利用者である各種ステークホルダーがこれまで提供されてきた事業活動にかかわる会計情報と同等のレベルで理解できる情報を提供できるか，という部分である。つまり，従来の評価尺度とは全く別の新たな枠組みに基づく情報が提供されるとすれば，利用者サイドはその情報の理解が難しいだけでなく，

これまで提供されてきた情報との関連性を見出すことさえ出来なくなってしまうであろう。

　こうした点を考慮して，本書で展開するCSR会計は，CSRリスクのマネジメントのあり方に焦点を合わせ，企業会計フレームワークの再構成を通じて財務会計の一部として機能する点に主眼を置く。したがって，CSR会計によってアウトプットされる私的CSR関連コストが，財務会計における私的コストの一部であるという点を踏まえると，CSR活動から得られる効果は，当該年度の財務会計上の収益にかかわる部分にすでに含まれているか，次年度以降の収益に反映されると考えてよいだろう。

　以上の考えに基づき，本書ではCSR活動に関連する「効果」をコストに対応させて表示するのではなく，あくまでも「注記」という形式で「有効性に関する推計」と併わせて関連情報として記載する方法──貨幣情報に限定せず，物量情報等も含む──を採用している。しかし，例えば，期間コストとして識別・測定された私的CSR関連コストから内部効果であるコスト削減額を差し引き，その差額として「純私的CSR関連コスト」を算出するといった，コスト体系に効果部分を反映させる方法なども想定できる。このように，「効果」の識別・測定問題についてはまだまだ検討の余地が残されており，今後，CSR会計を発展させていく上であらためて検討すべき重要な課題と位置づけられる。

4. 補足情報としてのCSR会計情報の位置づけ

　近年のCSR情報に関する開示面の特徴として，企業の社会的な行動をプラスの企業評価に結びつけるために，自ら積極的にCSR報告書等の媒体を用いて活動内容を公開している点が挙げられる。それでは，CSR会計システムからアウトプットされる会計情報も，こうした媒体によって開示すべきであろうか。本書では，現在の情報開示の動向を踏まえつつ，CSR会計情報を財務諸表の補足情報と位置づけて開示できないかという観点に立ち，情報利用者が有用な意思決定を行う際に必要となる補足情報のあり方を，国内外の事例に基づ

4. 補足情報としてのCSR会計情報の位置づけ　211

いて検証しておきたい。

　現在，補足情報と呼ばれるものには，わが国の「企業内容等の開示に関する内閣府令」の改正に伴う「事業等のリスク」「MD&A」「コーポレート・ガバナンスの状況」の三項目，米国の「MD&A」，英国の「OFR」が存在する。

　国内外で補足情報の開示要求が高まる背景には，企業活動の高度化や証券市場の国際化に伴って，従来の財務諸表が提供する情報ではあまりにも内容が複雑化してしまい情報利用者のニーズを十分満たせないこと，及び昨今の不正な財務報告に歯止めが掛からないこと，などの理由がある。こうした動向を見る限り，現在のディスクロージャー制度の中核である財務の状況による企業分析だけでは，企業活動全体の把握が困難であるばかりか，適切な意思決定に至らない恐れもあり，結果としてディスクロージャー制度の崩壊にもつながりかねない。そこで，企業財務に重要な影響をもたらす事項については，情報利用者の意思決定の判断材料として，財務報告書に補足情報が開示される運びとなったわけである。

　それでは，CSR問題を補足情報として開示するには，CSRにかかわる諸事象をどのような観点から捉えればよいか，英国のOFR制度の動向を参照しながら検討しておきたい。OFR開示制度では，SEE（社会・環境・倫理）問題をはじめとするCSRにかかわる諸事象に関して，会社法で補足情報としての開示を義務づける方向で議論が進んでいた[51]。これは，企業活動においてCSR問題に伴う事業リスクの重要性が以前にも増して高まっていることと，企業財務に重大な影響を及ぼすとの判断が存在する証左といえよう。こうした動向も考慮し，かつ日本企業の現状を勘案すると，日本の新規三項目の内容についてもCSR問題を企業活動の重要な事業リスクと認識して，財務報告書の補足情報として開示する必要性が認められる。

　CSRにかかわる諸事象を補足情報として開示する場合，米国（SEC）型のMD&Aに準拠して細則主義を選択するのか，それとも英国型のOFRに準拠して原則主義を選択するかが問題となってくる。わが国の補足情報が米国のMD&Aに端を発する点を考慮すれば，実践段階では細則主義を基礎とした内

容とする方が妥当かもしれない。しかし，前述のSOX法で細則主義から原則主義への転換が検討されている点やOFRの現状，さらにCSR活動の内容が企業によって異なる点に配慮するならば，原則主義にしたがって開示を行う可能性も残されている。いずれにしても，一定の柔軟性を持たせることで企業の実態が把握できるのであれば，基本的には経営者の専門家としての判断に委ね，そうした専門的な判断をレビューする仕組みを企業組織内に編成する方向で議論が進むと予想される。

　諸外国において補足情報の取り扱いに進展が見られる中で，わが国は今後，新規三項目をどのように整理・関係づけて，補足情報の開示に対応すべきであろうか。わが国の新規三項目の開示状況を概観すると，情報利用者に有用な情報が開示されているとはいいがたい状況にある。具体的な問題点としては，それぞれの開示項目が単独に扱われているために，体系的に企業活動の状況を捉えにくい点が挙げられる。今後の方向性は，各項目の内容をそれぞれ別個に取り扱うのではなく，相互に連携させるべく各項目の記載する内容を吟味して，財務諸表の補足情報としての役割を果たさなければならない。

　そこで，CSR会計システムからアウトプットされるデータを財務諸表の補足情報としてどのように開示すればよいか考えてみたい。これまでの議論を踏まえながら，CSRMSの導入・運用と，そのサブシステムとしての内部CSR会計システムから算出される会計情報を前提として，以下のように記載することが望ましいと考える。

　第一に，「事業等のリスク」項目には，リスク管理に重点を置くコーポレート・ガバナンス体制のもとで吸い上げた事業リスク（CSRリスクを含む）の状況を，具体的に明示しなければならない。例えば，そのリスクに見合うリターンは見込めるのか，またリスクをどのようにコントロールしようとしているのかなどの内容をより明確に記載することが重要となる。

　第二は，「コーポレート・ガバナンスの状況」項目についてである。ここに記載される内容には，内部統制システム及びリスク管理体制の整備の状況が含まれる。ディスクロージャーにおいて近年最も重視されるのは，企業組織内に

リスク管理体制が整備されていることと，リスクの表面化によって企業価値が著しく毀損する恐れがないか明示する点にある。具体的には，CSRMSとCSR会計システムの導入によってリスク管理を実践するとともに，そうした体制のもとで検討されたすべての事業リスクへの対応状況を開示することが望まれる。

　第三に，「財政状態及び経営成績の分析」項目には，経営陣が事業リスクをどのように認識して対策を講じたかを示す情報として，把握した事業リスクに対して今後どのように対処する予定なのか具体的に記載しなければならない。また，リスク評価にあたっては，会計数値の解釈を含むあらゆるシステムから得られた情報をもとに検討を行う必要がある。

　前述したように，新規三項目には何らかの関連性がある点を考慮すれば，各項目の内容を連携させた形でのディスクロージャーが望ましく，この点を踏まえた企業の抱えるリスク関連情報は，情報利用者の意思決定に有用な情報源として今後より一層重要性が高まると推察される。

　しかし，アウトプットされる開示項目に相当の検討がなされていなければ，リスク管理の不備を露呈させてしまう結果となり，CSRMSが形骸化していると判断される恐れさえある。組織改編の初期段階においてすべての潜在的な事業リスクを洗い出すことは困難であろうが，最も重要な点は，一連の取組みを通じて徐々に企業組織内に倫理的風土を構築していく点にあることを指摘しておきたい。こうした点からも，CSRMSが有効に機能するためには，CSRリスクの状況を適切に把握して評価できるディスクロージャーの仕組みが整っているか否かがそのカギを握っていることが理解できるであろう。

　以上，わが国における新規三項目のあり方について考察を行い，今後の情報開示のあり方を検討した。ここで留意すべきは，本書が対象とするCSR会計は制度で規制されているわけではないので，現段階でCSR会計情報を財務報告書に組み込むことは理論的には合理性があったとしても，実践的には困難を伴うという点である。しかし，近年のCSR問題の進展に伴う，ディスクロージャーの媒体としてのCSR報告書等の存在を考慮すれば，そうした媒体によ

るCSR会計情報の開示は十分可能であると考えられる。CSR会計が従来の企業会計フレームワークの延長線上での展開を想定する点を踏まえると，CSR報告書によるCSR会計情報の開示は，財務報告書とCSR報告書の連携を可能とするだけでなく，機関投資家などに対する投資意思決定情報としてこれまで以上に貢献できる可能性を秘めている。

　補足情報のあり方に関する議論は，いまだ発展段階にある。CSR問題をはじめとした外生的要因が企業会計のフレームワークに多大な影響を与えるとすれば，公的開示による会計基準を頂点とした会計規範の体系を一元化するために，私的開示と公的開示の相互作用を踏まえた会計基準設定に関する議論が今後必要となるであろう[52]。

5. おわりに

　本章では，現在CSR報告書等においてさまざまな形式で開示されるCSR会計モデルを二つの視点から類型化し，それぞれの開示内容について検証を行った。現時点における開示形式を類型化すると，「ステークホルダーとの関係を従来の会計情報との関連から明らかにしようとするもの」と「CSR活動に伴って発生したコスト項目を洗い出して，それらを対比して活動実績を明示するもの」に大別できるが，さらに五つのタイプに細分して本書で提案するCSR会計との比較を通じて開示方法や内容に関する問題点と課題を指摘した。上記の点に加えて，CSRMSの運用・管理を通じて明らかとなったCSR活動に関する諸事象を，どのような媒体によってステークホルダーに開示することが望ましいか，財務諸表の「補足情報」としてディスクローズする可能性についても言及している。

　CSR会計情報の開示例の検証によって得た結論は，定量化されたCSR情報のみを開示するのではなく，CSRに対する取組みが社内でどのように検討されたのか，なぜそうしたCSR活動に取り組むことになったのかなど，CSR活動やステークホルダーを特定する際のプロセスも明示する点がアカウンタビリ

5. おわりに

ティを遂行する上で極めて重要であり，そうした結果に至る活動状況を領域別に財務諸表との連携を図りながら定量化することが，CSR会計の確立につながるという点である。すなわち，CSR会計情報の開示には，会計期間を通じてどのような組織体制のもとで，いかなるCSRリスクを認識したか，そうしたリスクに対する対応はどのように実践されたかなど，一連の経営プロセスを企業内外のステークホルダーに対して明らかにする点に狙いがあり，また，社会に対して自社独自のCSR活動に取り組んだ結果についても，併せてディスクローズするという意味合いも含まれる点を確認した。

さらに，情報利用者に対してより有用な意思決定材料を提供するには，CSR会計情報を財務諸表の補足情報と位置づけて，会計ディスクロージャーのあり方を検証する必要があるとの見方も提示した。しかし，現状を勘案すると，CSR会計情報を補足情報として財務報告書に組み込むことには理論的合理性があったとしても，CSR報告書等の媒体による開示によって財務報告書とCSR報告書の連携を図ることが現実的であり，そうした観点に照らして，報告媒体間のディスクロージャー・ネットワークの可能性を探るべきであるとの結論を示した。

注

（1） 現在，著者が把握している CSR 会計に関する情報を開示している企業は16社である。
（2） 収入支出対比型については，現時点の開示例では該当するものが存在しないため，現在はCSR関連コスト主体型に分類されるコクヨグループの説明と併せて検証を行う。
（3） ここで類型化した開示企業名については，会計の対象範囲に基づく名称を使用している。したがって，表6.1で示した企業名と報告書の発行主体名とは必ずしも一致していない点を断っておきたい。
（4） 大和証券グループの事業概要等に関する内容は，大和証券グループ『持続可能性報告書2007』6頁に基づく。
（5） 同グループのCSRにかかわる会計開示の内容は，大和証券グループ，前掲報告書，47-48頁に基づく。
（6） 東芝グループの事業概要等の内容は，株式会社東芝『CSR報告書2007：社会的責任・環境経営報告』7頁に基づく。
（7） 同グループのCSRにかかわる会計開示の内容は，株式会社東芝，前掲報告書，7頁に基づく。
（8） 同社の社名については，報告書の発行主体として記載する場合には「株式会社イトーヨーカ堂」という名称を用いるが，報告書内の記述等では「イトーヨーカドー」という名称を使用している。
（9） 同社の事業概要等の内容は，株式会社イトーヨーカ堂『企業の社会的責任報告書2005』2頁に基づく。
（10） 株式会社イトーヨーカ堂，前掲報告書，20-21頁。
（11） 「イトーヨーカドーの事業活動によって生み出された価値」は，「営業収益」と「その他の収入」の合計から「取引先への支払い」と「その他の費用・損失」を差し引いて算出している。
（12） 「環境経費」については，「包材とグリーン購入」「廃棄物の適正処理とリサイクル」「社会活動とコミュニケーション」分野の経費額の合計として算出している。この点については，同社のHP「環境会計」欄において，流通業は製造業と異なり，純粋に環境保全のみを目的とした設備導入や研究開発などが少なく，環境負荷削減の大部分が「通常業務の効率化」によって達成されるという基本スタンスを明示しており，通常の事業コストと環境コストのいずれに計上すべきか判断が困難な項目は，明確に環境負荷削減の投資・費用とみなすことができるものに限定して算出すると説明している。
（13） エーザイグループの事業概要等の内容は，エーザイ株式会社『環境・社会報告書2006』8頁及び『環境・社会報告書2007』5頁に基づく。
（14） 同グループのCSRにかかわる会計開示の内容は，エーザイ株式会社『環境・社会報告書2007』5-8頁に基づく。
（15） エーザイ株式会社，前掲報告書，5頁。

(16) エーザイ株式会社，前掲報告書，5頁。
(17) JR東日本グループの事業概要等の内容は，東日本旅客鉄道株式会社『JR東日本グループ　社会環境報告書2007：持続可能な社会をめざして』2-3及び20頁に基づく。
(18) 東日本旅客鉄道株式会社，前掲報告書，20頁。
(19) 東日本旅客鉄道株式会社，前掲報告書，2頁。
(20) 同グループのCSRにかかわる会計開示の内容は，東日本旅客鉄道株式会社，前掲報告書，23頁に基づく。
(21) 日興コーディアルグループの事業概要等の内容は，日興コーディアルグループ『CSRレポート2006』15頁に基づく。
(22) 同グループのCSRにかかわる会計開示の内容は，日興コーディアルグループ，前掲報告書，50頁に基づく。
(23) ノボノルディスクファーマ株式会社『トリプルボトムラインレポート2001』12頁。この憲章は，ノボノルディスク社の基本的な経営原則である，「Values（バリュー＝価値）」「Commitments（コミットメント＝責任）」「Fundamentals（ファンダメンタルズ＝行動規範）」「Follow-up methodologies（フォローアップ方法）」を説明したものである。
(24) ノボノルディスクファーマ株式会社『サステナビリティレポート2003』1-2頁。
(25) 同社の目標を組織全体にとり込み，段階的に実施していくためのツールとして「バランススコアカード」を導入しており，基幹となる業務プロセスや年間の戦略策定のプロセス，長期的なシナリオの立案とも密接に関連している。
(26) 目標や戦略，活動及び新たな目標に対する実績を解説する報告書として，「年次財務報告書」「年次活動報告書」「サステナビリティレポート」の三つの報告書を作成している。
(27) 同社は，問題の解決，及び合意を促進するために「ファシリテーション」を3年から4年ごとに実施している。ファシリテーターは，長年の役員経験と業務に関する専門技術を持つ国際的なチームで構成され，各資料の精査，経営陣及び社員との面談，関連のある業務プロセスの分析などの作業を通じて，NNWoMの実践と理解がどのように社員に浸透しているか評価する。同社は，この取組みを，トリプルボトムラインアプローチに関する「健康診断」としての機能を果たすために行っていると説明している。
(28) キャッシュバリューの配分は，2001年の年次財務報告書に記載された「連結キャッシュフローおよび財源」に基づく。ノボノルディスクファーマ株式会社『トリプルボトムラインレポート2001』39頁。
(29) エスエス製薬株式会社の事業概要等の内容は，エスエス製薬株式会社『CSR報告書2007』3頁に基づく。
(30) エスエス製薬株式会社，前掲報告書，5頁。
(31) エスエス製薬株式会社，前掲報告書，14頁。
(32) エスエス製薬株式会社，前掲報告書，14頁。
(33) 東京ガスグループの事業概要等の内容は，東京ガス株式会社『CSR報告書2007』1頁に基づく。

218　第6章　CSR会計情報の諸類型と開示をめぐる問題

(34)　同社のCSRにかかわる会計明示の内容は，東京ガス株式会社，前掲報告書，52頁に基づく。
(35)　NTTドコモグループの事業概要等の内容は，エヌ・ティ・ティ・ドコモ株式会社『NTTドコモグループCSR報告書2007』44頁に基づく。
(36)　コクヨグループの事業概要等の内容は，コクヨ株式会社『コクヨCSR報告書2004』25頁に基づく。
(37)　2004年度のCSRにかかわる会計開示の内容は，コクヨ株式会社，前掲報告書，26頁に基づく。
(38)　2006年度以降のCSRにかかわる会計開示の内容は，コクヨグループ『コクヨグループCSR報告書2006』48-49頁及び『コクヨグループCSR報告書2007』48-49頁に基づく。
(39)　ここでいう差額コストは，CSR目的以外のコストをできる限り控除したコストを指す。この考えに基づき，同グループが意識してCSR活動に取り組むために追加的に発生したコストのみを，通常のコストとの「差額コスト」として計上している。
(40)　富士フイルムグループの事業概要等の内容は，富士フイルムホールディングス『サステナビリティレポート2007』7-8頁に基づく。
(41)　同グループのCSRにかかわる会計開示の内容は，富士フイルムホールディングス，前掲報告書，82頁に基づく。
(42)　ユニ・チャーム株式会社の事業概要等の内容は，ユニ・チャーム株式会社『CSR報告書2004』48頁に基づく。
(43)　同社のCSRにかかわる会計開示の内容は，ユニ・チャーム株式会社『CSR報告書2007』20頁に基づく。
(44)　西友グループの事業概要等の内容は，株式会社西友『西友　サステナビリティ・レポート2007』1頁に基づく。
(45)　同グループのCSRにかかわる会計開示の内容は，株式会社西友，前掲報告書，21頁に基づく。
(46)　東京コカ・コーラボトリング株式会社の事業概要等の内容は，東京コカ・コーラボトリング株式会社『CSRレポート2007』33-34頁に基づく。
(47)　同社のCSRにかかわる会計開示の内容は，東京コカ・コーラボトリング株式会社，前掲報告書，8頁に基づく。
(48)　三井住友海上火災保険株式会社『CSR Report 2007』35-36頁。
(49)　三井住友海上火災保険株式会社，前掲報告書，36頁。
(50)　CSR報告書では，「①報告書の総括的情報：編集方針，報告内容の範囲，対象期間，問合せ先，②経営トップのコミットメント，企業のビジョンや戦略，③CSR推進についての具体的な内容」が基本情報として記載される。この点については，次の文献を参照されたい。田中宏司『CSRの基礎知識』日本規格協会，2005年，103-105頁。
(51)　OFRは，2005年3月22日施行のOFR導入法によって改正された会社法により，新たに開示規制されることになった年次報告書上の記述情報（narrative reporting）であり，

その目的は，株主に対して自社の事業戦略とその成否を評価するための支援情報を提供することにある。英国におけるOFR制度化の経緯については，上妻義直「OFRとは何か」『企業会計』Vol.57 No.9，2005年，115-121頁を参照。
(52) この点については，次の文献が詳しい。古庄修「開示プロセスの階層構造と財務報告制度：英米における会計規制の外延的拡大」『JICPAジャーナル』No.598，2005年。

第7章 総括と展望

1. 本書の要約と結論

(1) 本書の要約

　わが国においてCSR問題への関心が高まった理由として，近年の相次ぐ企業不祥事の発覚によって企業への信頼性が著しく低下した点が挙げられるが，こうした事態を個々の企業の社会的責任問題として狭く捉えてしまうと，問題の本質を見失う恐れがある。これは，今日のCSR問題への対応が，内部統制を含む企業組織のあり方と密接不可分の関係にあるからである。

　このような認識に基づき，本書ではCSR問題をめぐるコーポレート・ガバナンスや内部統制などの組織を取り巻く環境と会計による企業活動の映し方との関係に焦点を絞り，各章においてCSR会計フレームワーク形成のプロセス―企業組織内におけるCSR会計情報フローの仕組みの再編成―に関する会計学的考察を行った。

　第1章では，CSR問題の特性とCSR定量化の目的に関する考察を行った上で，先行研究としての企業社会会計論と企業と社会との関係を定量的に把握しようと試みた英国シグマ・プロジェクトの「サステナビリティ会計」，そして環境省が公表した「環境会計ガイドライン」の理論的枠組みを会計学的見地から整理・評価して，CSRリスクのコントロールをめぐる会計情報フローの仕組みのあり方を，財務報告プロセスの視点を加味しながら問い直した。

　CSR問題をはじめとする事業リスクの及ぼすインパクトは，企業価値評価にも大きな変化を促しており，企業の経営主体はCSRにかかわる諸事象から生じたリスクを適切にコントロールしながら低減させるために，CSR問題を

企業活動全体に統合して捉える必要がある。そこで，CSR 会計問題に接近する具体的な方策として，まず従来の企業組織体制の見直しを図るとともに，情報をつくり出す組織—リスクマネジメントシステム—の再編成に取り組むべきとの課題を提起した。

さらに，財務報告を含むディスクロージャーの観点から見たコーポレート・ガバナンスの問題，すなわち情報の利用者に対してどのような会計情報を提供するかという点が，企業組織内の情報フローの仕組みのあり方に少なからず依存していることと，企業活動を映す役割を担う会計は，企業活動の戦略を策定し，実行し，評価するさまざまな部門の協同なくしてはその役割を果たし得ない，企業活動そのものの変化という制約を受ける仕組みになっている点を指摘した。本章では，以上の分析視角に基づいて，CSR 会計研究の展開の方向性と本書で検証すべき課題を明示している。

第2章では，CSR 活動の「識別」にかかわる会計問題に焦点をあて，CSR リスクマネジメントと内部統制との関係—すなわち，CSR をめぐる会計（学）とコーポレート・ガバナンスに関する問題を中心に，信頼性と透明性の高い会計情報をつくり出す仕組みを組織内にどのように構築すべきかを洞察して，CSR 会計の展開（定義，フレームワーク，基本機能）について検証を行った。

今日の財務報告（制度）にとって重要な課題は，「情報の利用者に対してどのような会計情報を提供すべきか」という視点だけでなく，「そうした情報をつくり出すための仕組みを，企業組織内においてどのような観点から策定すべきか」という議論へと重点が移行している。このような捉え方は，企業活動とそれに至る意思決定プロセスを会計によってどのように映し出すのか，またそうした会計情報フローを企業組織内の情報フローとどのように関連づけるか，という新たな問いを会計学に投げかけている。

したがって，財務報告プロセスとの関連から CSR 活動の「識別」に関する問題を考えると，企業活動を所与としてスタートするのではなく，「企業活動とそれに至った意思決定そのものにフォーカスした，会計による企業活動の映し方」を主題として，企業組織内における会計情報フローの仕組みのあり方を

再検討すべきことが明らかとなる。こうした観点に照らすと，会計システムによってリスクの把握と評価を行い，企業活動の継続的改善につなげる一連の会計行為が，CSR会計フレームワークの設計と構築に際して不可欠な要素であるという見解が導き出される。

さらに，CSRリスクマネジメントをめぐる内部統制問題の考察から，CSR活動の「識別」にかかわる会計問題に接近するには，まず企業組織内に内部統制のフレームワーク（リスクマネジメントプロセス）を導入して自律的かつ横断的なCSRMSを構築すること，そして会計がCSRMSと一体となって機能する必要があるとの見方が示された。

第3章では，CSR活動によって生じたコスト部分を，企業会計のフレームワークにおいてどのような方法で把握すればよいかという問いに対し，会計学的見地から考察を行う手掛かりとして，企業の社会的側面に関する定量化の手法を検証している。

具体的には，従来の企業会計フレームワークの延長線上でCSR会計を展開する際に，どのような視点からCSR活動の「測定」問題に取り組めばよいか，CSR会計発展の方向性を模索した。ここでは，従来の私的コストから「私的CSR関連コスト」を識別して分離・独立させる定量化の施策と，CSR会計が対象とする領域及びその情報ニーズを，自社のCSR問題にかかわる活動内容をマネジメントシステムに依拠して特定化する枠組み—内部CSR会計システムによってCSR関連コストを「共通事項」と「個別事項」に区分して識別・測定・集計する方法—によって明らかにしている。

さらに，CSR会計情報を介したステークホルダーとのコミュニケーション促進の要件として，CSR会計が情報開示者に対して求める情報の重要原則—CSR会計情報の質的特性—についても提示した。

企業がCSR問題に取り組む背景には，企業価値を毀損する恐れがあるCSRリスクのマネジメントのあり方と，CSRパフォーマンスをいかにして向上させるか，という二つの課題をどのような仕組みによって解決するかという問題が潜む。本章では，これらの課題の解明を目的として，効率的かつ効果的に事

業活動とCSR活動を実践するための，CSR会計における会計処理のメカニズムを説明した。

　第4章においては，企業の経済的側面と社会的側面とをその両輪としながら適正な事業活動へと導くために，CSR活動に伴って支出したCSR関連コストをいかなる様式で集計・整理して「開示」すべきかという点を，CSR会計計算書の構成とCSR会計情報をめぐるディスクロージャーの側面から検証した。具体的には，CSRMSを会計学のキーコンセプトと位置づけた会計の総合的な観点から，CSR会計情報と財務報告のあり方をめぐる課題と関連づけて，CSR会計計算書の体系と構成要素を明らかにしている。

　さらに，CSR会計は企業会計と別個に存在するのではなく，会計を新たな糸口からみる可能性を秘めているとの認識に基づき，今後，財務報告書とCSR報告書との相互関係が確立できれば，ディスクロージャーの有用性がより一層高まるという指摘を行った。このように，CSR会計情報の開示のあり方を，CSRをめぐる報告媒体のネットワーク化という視点から捉えることも，CSR問題を検討する上で有用である点を確認した。

　以上のように，CSR会計が従来の企業会計フレームワークの延長線上で展開される点を踏まえると，CSR報告書によるCSR会計情報の開示は，財務報告書とCSR報告書の連携を可能とするだけでなく，機関投資家などに対する投資意思決定情報としてこれまで以上に貢献する可能性を秘めている。さらに，CSR会計によるこうしたディスクロージャーが実践できる体制が整えば，アカウンタビリティの遂行を通して公共の利益にも資するとの見方を示した。

　第5章では，CSR会計の導入と運用のプロセスを通して，CSR会計システムからアウトプットされる情報と従来の会計情報とをどのように連携させて，企業組織内でCSR活動の適正な分析と評価へと導くかを，以下に示す課題の検証を通して明示している。

　第一に，CSR会計を実務に適用するに際して，情報利用者の投資意思決定や経営意思決定に有用なCSRにかかわる会計情報の提供を可能とするには，企業組織内における各業務部門を横断的につないだ全社的な情報フローの実現

が求められること。第二に，CSR 会計が対象とする CSRMS は，「結果」重視ではなく，CSR に関する要求事項を満たすための「プロセス」をコントロールする仕組みを具備したものでなければならず，そのためにはコンプライアンスを CSRMS の中核に据えて，法令がカバーする範囲においてできるだけ広範な CSR 分野をとり込み，その達成に向けて取り組むインセンティブを構成するようマネジメントシステムと CSR 会計の統合による CSR 活動定量化を実践すべきこと。

そして，第三に，CSR 会計システムは事業活動における各種 CSR リスクに対処するための取組みや諸活動を，従来の会計情報から抽出して分離・独立させる会計的装置であり，従来の私的コストから CSR 活動に伴って発生する CSR 関連コストを抽出する仕組みを，マネジメントシステムに依拠しながら，「データ連携」「データ集計」「データの分析と評価」というプロセスに沿って展開すべきことをあらためて確認した。第四に，CSR 会計情報の開示には，会計期間を通じてどのような組織体制のもとで，いかなる CSR リスクを認識したか，そうしたリスクにどのように対応しているか，さらに社会に対して自社独自の CSR 活動に取り組んだ結果についても併せてディスクローズするなど，一連の経営プロセスを企業内外のステークホルダーに対して明らかにする狙いがあるとの見解を示した。

第 6 章においては，現在 CSR 報告書等においてさまざまな形で開示される CSR 会計モデルを二つの視点から類型化するとともに，CSR 会計理論の視点から問題点と課題を浮き彫りにした。具体的には，CSR 活動を会計的手法によって定量評価する企業各社の試みを，CSRMS に依拠して会計学的見地から理論構築を試みる本書の主張と照らし合わせて，CSR 会計情報を作成して開示する際の留意すべき点を事例の検証を通して明らかにしている。

CSR 会計情報の開示例の検証によって得た結論は，定量化された CSR 情報のみを開示するのではなく，CSR に対する取組みが社内でどのように検討されたのか，なぜそうした CSR 活動に取り組むことになったのかなど，CSR 活動やステークホルダーを特定する際のプロセスも明示する点がアカウンタビリ

ティを遂行する上で極めて重要であり，そうした結果に至る活動状況を領域別に財務諸表との連携を図りながら定量化することが，CSR会計の確立につながるという点である。

さらに，情報利用者に対してより有用な意思決定材料を提供するという観点に立つと，CSR会計情報を財務諸表の「補足情報」と位置づけて会計ディスクロージャーのあり方を模索すべきであり，CSR報告書等の媒体を通じた開示によって財務報告書とCSR報告書の連携を図りながら，報告媒体間のディスクロージャー・ネットワークの可能性を探ることが重要であるとの見解も示した。

(2) 結　　論

CSRとは，企業がステークホルダーに対して果たすべき責任であり，法令，倫理的基準に沿った事業活動により持続して社会的効用を生み出す経済主体としての義務と，ステークホルダーのニーズに沿った社会的貢献を行う主体としての義務の履行を意味する。現在，こうした企業の社会的責任が，ディスクロージャーを含むアカウンタビリティの枠組みを組み替える動因となっている。

CSR会計研究の意義は，CSRをキーコンセプトに据えた会計学のフレームワークの再構成を目的とする点にある。つまり，CSR会計は，会計情報や財務報告を創出する企業組織の再編成，それが会計情報及び財務報告のあり方に及ぼす影響を，財務会計のみでなく監査，管理会計における情報の有用性をも視野に入れた，新たな会計学のフレームワークの構築を目指している。近年，CSRが幅広い研究領域において重要なコンセプトとして議論されているが，会計学においては，以前から企業の社会的責任をキーコンセプトとして会計フレームワークの体系化を試みてきたという経緯がある。その意味において，「CSR会計」は決して時流に対応したものではなく，会計学にとって「古くて新しい問題」なのである。

本書の考察を通じて得られた結論は，CSR会計フレームワークの再構成において重要となる視点が，第一に，一連の会計行為に至る財務報告プロセスに

1. 本書の要約と結論　　227

着目して企業組織内における会計情報フローの仕組みのあり方を検討すること，そして第二に，組織改編をめぐる企業活動のあり方を会計によって映し出す場合，CSRリスクをコントロールするための共通の枠組みを提示すべきこと，の二点に集約される。したがって，CSR定量化問題に取り組むにあたり，まずCSRリスクマネジメントをめぐる企業組織の自律的かつ横断的な再編成が議論の前提となる。この点は，企業組織内における倫理的風土の構築と深くかかわっているが，このような取組みこそが今日のCSR問題，すなわち「戦略」あるいは「マネジメント」へと論拠が変化する社会的責任論に接近する際に重要な視点といえる。

　こうした視点に基づき，本書では企業組織内におけるマネジメントシステムのあり方に焦点をあてながら，どのような方法によって従来の会計情報と連動させて「CSR関連コスト」を識別・測定・評価すればよいか，企業の経済的側面と社会的側面をその両輪として適正な事業活動へと導くCSR会計フレームワーク形成のプロセスを明示した。

　以上が，これまでに実践的な試みがなされてきた企業の社会的側面にかかわる識別・測定への取組みと大きく異なる部分であり，CSR会計の最大の特徴ともいえる。

　本書で概観したCSR会計の長所を整理すると，次の二点に集約できる。

- CSR会計は財務諸表と連携している点において，CSRへの取組みを統一的尺度で評価できる。
- 財務諸表（損益計算書）の数値をステークホルダーのジャンルに移し変えたことで，経済価値の分配状況を明確に表現している。

　上記の特徴を有するCSR会計の導入により，CSR活動領域とステークホルダー，そして具体的な取組内容の洗い出しを行い，従来の会計情報と連動させながらCSR活動に要したコストの趨勢を可視化できる仕組みが整うと，事業活動とCSR活動の一体化が促進され，開示すべき新たな情報の特定と提供が可能となる。しかし，こうした仕組みを構築する際には，CSR活動を企業戦略として事業活動に組み込むことで，企業を持続的発展へと導くという経営主

体の強い信念が必要である。

　まずは，企業組織内でCSRに関する共通認識の醸成からとり掛かり，次なるステップとして，活動実績の可視化によってCSRリスクのコントロールを図る会計システムの導入へと段階的にCSR経営に向けた推進体制を整えることが，CSRを評価軸とした企業経営実践の第一歩といえるであろう。

2　展　　望

(1) CSRリスクによる資産構造の変質への対応

　CSR会計フレームワーク形成に関する考察では，すでに期間コストとして当該会計期間に費用処理されたものの中から「私的CSR関連コスト」を分離・独立させることを主題として，会計学的見地からその理論構成を試みている。しかし，結果としてCSRにかかわるコスト部分をすべて期間コストとして処理することに妥当性があるのか，という疑問が残ってしまう。

　この疑問は，一連の処理によって得られた会計情報が，CSRリスクをマネジメントする際に有用な情報として機能するのかという問題と密接に関連している。とりわけ，CSRリスクのマネジメントのあり方という観点に立つと，「積極的かつ自主的なCSRへの取組みが，企業価値形成にどの程度のインパクトを与えたのか」という情報ニーズに応えるには，その財務的影響を及ぼすプロセスを企業会計のフレームワークに組み込んだ，より広い視点からのシステム設計と構築が求められる。

　したがって，上記のコストに関する期間対応の問題を，CSRリスクが企業価値に及ぼす影響を資産構造の変質という側面から捉えると，従来の物的資産や金融資産に加えて無形資産の存在を明らかにすることも，CSR会計研究の今後の検討課題の一つであるという見方ができるであろう[1]。こうしたアプローチは，CSR問題との関連から無形資産の劣化の度合いを会計的な手法で明らかにすべきことを意味する。

　CSR問題が今後より一層重要視されることを勘案すれば，本書の外延には，

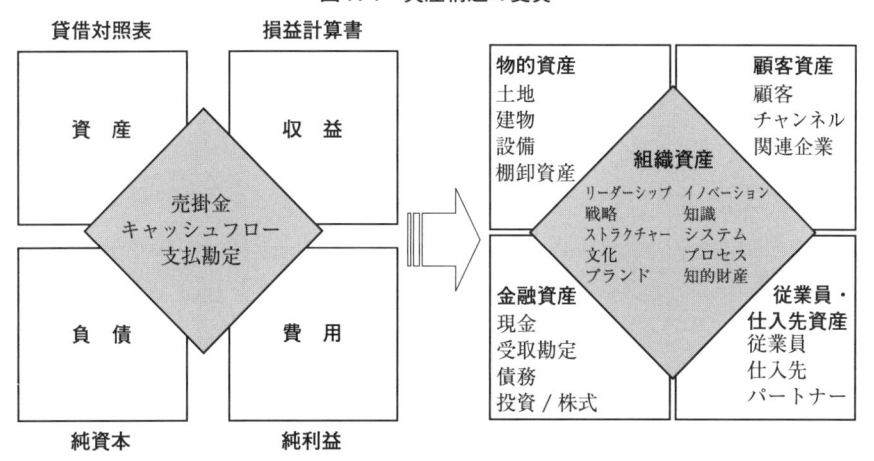

図7.1 資産構造の変質

貸借対照表: 資産／負債／純資本
損益計算書: 収益／費用／純利益
中央: 売掛金　キャッシュフロー　支払勘定

物的資産
土地
建物
設備
棚卸資産

顧客資産
顧客
チャンネル
関連企業

組織資産
リーダーシップ　イノベーション
戦略　知識
ストラクチャー　システム
文化　プロセス
ブランド　知的財産

金融資産
現金
受取勘定
債務
投資／株式

従業員・仕入先資産
従業員
仕入先
パートナー

出典：Boulton, Richard E. S., Barry D.Libert and Steve M.Samek, *Cracking the Value Code : How successful businesses are creating wealth in the New Economy,* Harper Business, 2000, pp. 28-30 に加筆・修正を加えて本図を作成。

従来の金融資産と物的資産以外に，CSR に関連する無形資産として「組織資産」「従業員・仕入先資産」「顧客資産」を認識・測定・評価する枠組みをどのような視点から構築すべきかなど，「資産構造の変質にかかわる会計問題」等の検討すべき課題が山積している。

図7.1は，CSR リスクの発生が，資産構造にどのような影響をもたらすかという視点から，資産を物的資産，金融資産，組織資産，従業員・仕入先資産，顧客資産の五つの要素に分類したものである[2]。こうした視点に立てば，私的 CSR 関連コストとして識別したものの一部を無形資産として認識して，その劣化の度合いを一定の係数によって算出することにより，CSR リスクによる資産価値の劣化にかかわる減損部分の評価も，CSR 定量化の重要な側面と捉えられるのではないだろうか（図7.2を参照）。こうした新たな試みは，前述した CSR 活動の成果としての「効果と有効性」を推計する際に重要な情報を提供し得ると考えられる。

組織資産や従業員資産などの無形資産の会計処理については，「人的資源会

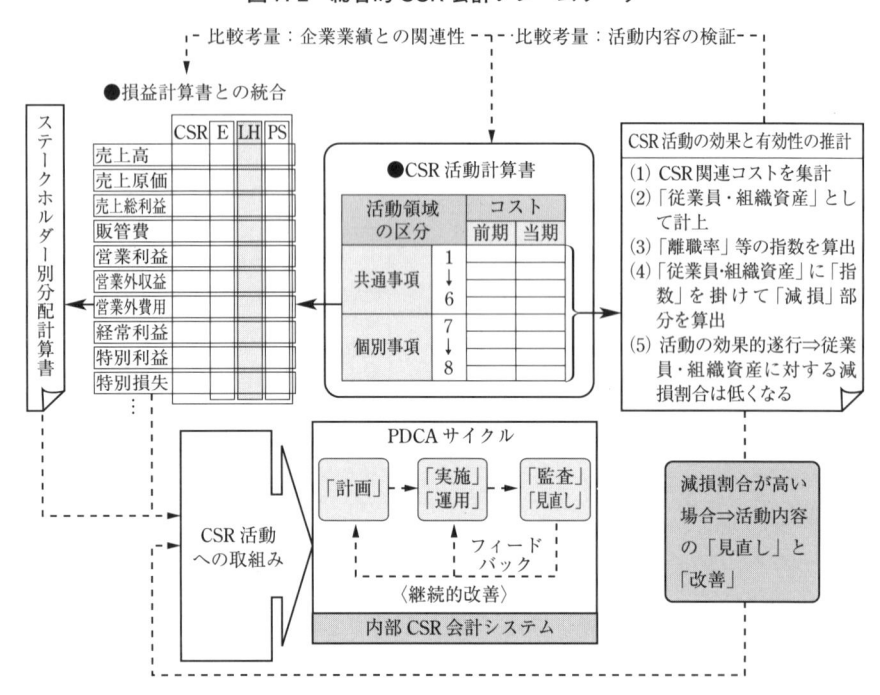

図7.2 総合的CSR会計フレームワーク

計」ないしは「人間資産会計」と呼ばれる研究領域において，すでに人的資源への投資を貨幣的に測定・評価するという会計測定法が試みられている[3]。また，こうした会計測定法に対して，会計の計算構造にとらわれずに人的資源を分析する新たな展開も見られる[4]。

確かに，資産の中に有形，無形の価値源泉が含まれなければならないという認識は，資産価値についての新しい見方を提供しており，企業会計のフレームワークにおいて無形資産を認識できれば総合的なCSR会計フレームワークが構築可能となり，CSR問題にかかわる諸事象が企業価値に及ぼすインパクトをより具体的な形で論証できるかもしれない。

従来の資産に無形資産を加えてこれらすべてを評価することは，CSR問題を事業活動の中に統合してCSRに関連する価値を会計的に把握できるという

点でより重要といえよう[5]。しかし，無形資産を会計的な識別・測定の対象とする場合には，それらのどのような側面を分析・評価の対象とすればよいのかという理論的な裏付けが必要となる。

これら無形資産に関する研究領域においては，会計測定モデルとして理論的には優れていたとしても，いまだ実践レベルで活用できる方法が確立されていない。こうした課題の理論的な解明こそが，CSR会計問題を含めたこれからの企業会計のフレームワーク再構成にとって重要なテーマであることは間違いないといえるだろう。

(2) CSR会計による企業情報の質的改善

本書の基本的なスタンスは，CSR会計フレームワーク形成のプロセスを会計学的見地から明らかにすることを目的として，企業価値に重大な影響を及ぼす可能性のあるCSR問題を「CSR＝リスク」という図式で捉え，そのインパクトの評価をCSR関連コストという形で把握するというものである。このような観点から，CSR会計の目的を，「企業会計のフレームワークにおいて，CSR問題にかかわるインパクトを貨幣的な尺度で定量化し，情報開示へとつなげる会計行為」と位置づけて会計学的考察を行った結果，企業価値を新たな角度から評価するCSR定量化の試みとしてCSR会計のフレームワークを定立した。

CSR会計情報を適切に把握して開示することは，CSR活動を通じた貨幣的支出の時系列的な検証を可能とするだけでなく，CSR会計情報の分析と評価を通じたマネジメント体制の整備や，企業外部のステークホルダーに対してアカウンタビリティを遂行する際にも重要な役割を果たす。このように，本書の考察を通じて，CSR会計情報がCSR全般にかかわる企業のアカウンタビリティを履行する重要な手段となり，企業の社会的信頼性を高める上で必要不可欠な要素であることが明らかにされた。

しかし，その一方で，CSRをめぐる会計問題は，現在の企業会計のフレームワークや財務報告（書）のあり方に対してあらためて検討すべき課題を投げ

かけており，今後の会計フレームワーク（とりわけ財務会計）の展開のプロセスに大きな変化をもたらしている点も指摘された。つまり，現在企業が直面するCSRリスクと内部統制の関連から会計問題を考えると，それは財務報告プロセスの再編だけでなく，コーポレート・ガバナンス・システムの強化までを対象としたより広範な視点からCSR会計の問題を捉える必要性を促していると受け止められるからである。

　本書では，CSR会計システムからアウトプットされる情報が，財務諸表にかかわる会計情報として生成される仕組みを，CSRリスクマネジメントをめぐる企業組織のあり方と関連づけて検討したが，CSRが本来は企業活動全体に組み込まれるべきものであるという観点に照らすと，CSR会計も企業会計の一部を構成するガバナンス機能を担った仕組みと捉えられる。現時点のCSR会計は，こうした会計の有するガバナンス機能にフォーカスしているが，CSR問題を含む事業リスクにより柔軟に対応するには，前述したCSRに関連する無形資産をめぐる「資産構造の変質にかかわる会計問題」も今後取り組むべき重要な検討課題と位置づけられる。

　本書で提案した財務諸表の補完機能を有するCSR会計システムの活用により，CSRMSが有効に機能することが可能となれば，個々の企業が取り組むべきCSR活動（分野）は次第に明らかとなるはずである。そのためにも，CSR会計情報が財務報告書において財務諸表の補足情報を提供する役割を果たせるよう，情報の質的側面に関する再検討が次なる課題といえるであろう。

　さらに，CSR活動を通して企業が取り組んだ具体的な活動内容やその結果であるパフォーマンス等の情報については，財務報告書だけでなく，CSR報告書などの媒体によってより詳細な開示を試みれば，企業情報の質は一層高まり，これまで以上のソリューションが提供できると予想される。このようなディスクロージャーのあり方は，CSRリスクマネジメントと会計問題を媒介手段とする「財務報告書とCSR報告書との連携」を強く意識したものであり，今後こうした観点から情報利用者のニーズに合わせた報告媒体間のディスクロージャー・ネットワークの方向性を模索しなければ，情報利用者の期待に十分応

えることは難しいといえよう。

　これらの課題の解決は容易なことではないが，企業会計フレームワークの再構成という観点に立つと，CSR問題を会計の内生的要因として捉えてCSRに関連する価値を把握するには，まずCSRを企業活動全体の中に組み込むための論理を明らかにすることが極めて重要である。本書を終えるにあたり，新たな企業会計フレームワークの再構成も視野に入れてCSRにかかわる会計問題の意味を検討していくことが，CSR会計フレームワーク形成のプロセスにおいて有効なアプローチである点を強調してCSR会計への展望としたい。

注

(1) この点の詳細については，次の文献を参照されたい。今福愛志「CSR会計のフレームワークの再構成：CSRリスクマネジメントと会計」『企業会計』Vol. 56 No. 9, 2004年, 20-21頁。
(2) The Institute of Chartered Accountants in England and Wales, *New reporting models for business*, 2003, p. 46.
(3) この研究領域では，人的資源への投資を貨幣的に測定する試みとして，「支出原価法」や「取替原価法」などさまざまな測定方法が議論されている。中でも実務で応用されたことのある「支出原価法」は，人的資源の募集・採用及び教育訓練のコストを人的資源と考えて資産計上する点に特徴があるが，人的資源のサービス・ポテンシャル（潜在用益可能性）が人的資源の獲得・開発によってだけ増加するとみなす点に問題がある。人的資源の会計測定法については，次の文献が詳しい。若杉明『人間資産会計』ビジネス教育出版社，1980年，90-109頁。
(4) ホワイトカラーの生産性の測定や，企業業績への寄与度による人的資源の測定については，次の文献を参照されたい。石崎忠司『企業の持続的成長分析』同文舘，1999年，240-251頁。
(5) 今福，前掲稿，20-21頁。Boulton, Richard E. S., Barry D. Libert and Steve M. Samek, *Cracking the Value Code : How successful businesses are creating wealth in the New Economy*, Harper Business, 2000, p. 30.

I 欧文参考文献

Abt Associates Inc., *Annual Report+Social Audit*, 1976（山形休司『社会責任会計論』同文舘, 1977年, 214-219頁）.
Abt, Clark C., *The Social Audits for Management*, New York, 1977.
Accounting Standards Board, *Statement of Principles for Financial Reporting*, December 1999.
Accounting Standards Board, *Reporting Standard 1: Operating and Financial Review*, May 2005.
Accounting Standards Steering Committee., *The Corporate Report*, London, ASSC, 1975.
Association of British Insurers, *Investing in Social Responsibility: Risk and Opportunities*, MARSH, 2001.
Bai, Kazuhiro and Kenichiro Yoshida, "Accounting Measurement and Disclosure of CSR Activity," Ilbon Kundaehak Yungu, *The Journal of Korean Association of Modern Japanology*, 2004.
Barney, Jay B., *Gaining and Sustaining Competitive Advantate*, Second Edtion, Pearson Education, Inc., 2002（岡田正大訳『企業戦略論：競争優位の構築と持続（上）〜（下）』ダイヤモンド社, 2003年）.
Bauer, Raymond A. and Dan H. Fenn Jr, *The Corporate Social Audit*, Basic Books, Inc., 1972（大矢知浩司, 道明義弘訳『社会的責任と監査：アメリカにおける社会監査の展開』白桃書房, 1978年）.
Beliveau, Barbara, Melville Cottrill and Hugh M. O'Neill, "Predicting Corporate Social Responsiveness: A Model Drawn from Three Perspectives," *Journal of Business Ethics*, Vol. 13 No. 9, 1994.
Benston, George, Michael Bromwich, Robert E.Litan and Alfred Wagenhofer, *Following the Money*, AEI-Brookings Joint Center for Regulatory Studies, 2003（田代樹彦, 石井康彦, 中山重穂訳『会計制度改革への挑戦：フォローイング・ザ・マネー』税務経理協会, 2003年）.
Boulton, Richard E. S., Barry D.Libert and Steve M. Samek, *Cracking the Value Code: How successful businesses are creating wealth in the New Economy*, Harper Business, 2000.
Brewster, Mike, *Unaccountable: How the Accounting Profession Forfeited a Public Trust*, John Wiley & Sons, Inc., 2003.
Bricker, Robert and Nandini Chandar, "On Applying Agency Theory in Historical Accounting Research," *Business and Economic History*, Vol. 27 No. 2, 1998.
Capaldi, Nicholas, "Corporate social responsibility and the bottom line," *International Journal of Social Economics*, Vol. 32 No. 5, 2005.
Carmichael, Douglas R., "The PCAOB and the Social Responsibility of the Independent Auditor," *Accounting Horizons*, Vol. 18 No. 2, 2004.
Committee of Sponsoring Organization of the Treadway Commission, *Internal Control-Integrated Framework*, AICPA, September 1992 and May 1994（鳥羽至英, 八田進二, 高田敏文共訳『内部統制の統合的枠組み：理論編及び『内部統制の統合的枠組み：ツール編』白桃書房, 1996年）.

—————, *Enterprise Risk Management Framework*, AICPA, 2004.

Cooper, Christine, "Accounting for the public interest: public ineffectuals or public intellectuals?," *Accounting, Auditing & Accountability Journal*, Vol. 18 No. 5, 2005.

Estes, Ralph W., *Corporate Social Accounting*, John Wiley & Sons, Inc., 1976（名東孝二監訳，青柳清訳『企業の社会会計』中央経済社，1979 年）.

Gernon, Helen, "International Accounting Research: A Review of its Ecology, Contending theories and Methodologies," *Journal of Accounting Literature*, Vol. 14, 1995.

Goodpaster, Kenneth E., "Some Challenges of Social Screening," *Journal of Business Ethics*, Vol. 43 No. 3, 2003.

Gordon, Irene M., "Enhancing Students' Knowledge of Social Responsibility Accounting," *Issues in Accounting Education*, Vol. 13 No. 1, 1998.

Gray, Rob, Dave Owen and Carol Adams, *Accounting & Accountability: Chages and callenges in corporate social environmental reporting*, Prentice Hall Europe, 1996（山上達人監訳，水野一郎，向山敦夫，國部克彦，冨増和彦訳『会計とアカウンタビリティ：企業社会環境報告の変化と挑戦』白桃書房，2003 年）.

Holland, Leigh, "Experiences from a student programme designed to examine the role of the accountant in corporate social responsibility (CSR)," *International Journal in Higher Education*, Vol. 18 No. 5, 2004.

Hopwood, Anthony G. and Peter Miller, *Accounting as Social and Institutional Practice*, Cambridge University Press, 1994（岡野浩，國部克彦，柴健次監訳『社会・組織を構築する会計：欧州における学際的研究』中央経済社，2003 年）.

Hutton, R. Bruce, Louis D'Antonio and Tommi Johnsen, "Socially Responsible Investing," *Business and Society*, Vol. 37 No. 3, 1998.

International Accounting Standards Committee, *Framework for the Preparation and Presentation of Financial Statements*, IASC, 1989.

Kapp, K.W., *The Social Costs of Private Enterprise*, Harvard University Press, 1950（篠原泰三訳『私的企業と社会的費用』岩波書店，1970 年）.

Kinney Jr, William R., "The Relation of Accounting Research to Teaching and Practice: A 'Positive' View," *Accounting Horizons*, Vol. 3 No. 1, 1989.

Klumpes, Paul J. M., "Implications of Four Theoretical Perspectives for Pension Accounting Research," *Journal of Accounting Literature*, Vol. 20, 2001.

Kraft, Kenneth L. and Jerald Hage, "Strategy, Social Responsibility and Implementation," *Journal of Business Ethics*, Vol. 9 No. 1, 1990.

Laughlin, Richard, "Empirical research in accounting: alternative approaches and a case for 'middle-range' thinking," *Accounting, Auditing & Accountability Journal*, Vol. 8 No. 1, 1995.

Likert, Rensis, *New Patterns of Management*, McGraw-Hill Book Company, 1961（三隅二不二訳『経営の行動科学：新しいマネジメントの探求』ダイヤモンド社，1966 年）.

—————, *The Human Organization: Its Management and Value*, McGraw-Hill Book Company, 1967（三隅二不二訳『組織の行動科学：ヒューマン・オーガニゼーションの管理と価値』ダイヤモンド社，1971 年）.

Lingane, Alison and Sara Olsen, "Guidelines for Social Return on Investment," *California*

Management Review, Vol. 46 No. 3, 2004.

Lukka, Kari and Eero Kasanen, "The problem of generalizability: anecdotes and evidence in accounting research," *Accounting, Auditing & Accountability Journal*, Vol. 8 No. 5, 1995.

Mangos, Nicholas C. and Neil R. Lewis, "A socio-economic paradigm for analyzing managers' accounting choice behaviour," *Accounting, Auditing & Accountability Journal*, Vol. 8 No. 1, 1996.

McDaniel, Linda S. and John R. M. Hand, "The Value of Experimental Methods for Practice: Relevant Accounting Research," *Contemporary Accounting Research*, Vol. 13 No. 1, 1996.

Mcwilliams, Abagail and Donald Siegel, "Corporate Social Responsibility: A Theory of the Firm Perspective," *Academy of Management Review*, Vol. 26 No. 1, 2001.

Michalski, W., *Grundlegung eines Operationalen Konzepts der Social Costs*, J.C.B. Mohr (Paul Siebeck) Germany, 1965 (尾上久雄, 飯尾要訳『社会的費用論』日本評論社, 1976年).

Mitchell, Lawrence E., *Corporate Irresponsibility: America's NewestExport*, Susan Schulman Literary Agency, Inc., 2001 (斎藤裕一訳『なぜ企業不祥事は起こるのか』麗澤大学出版会, 2005年).

Moir, Lance, "What do we mean by Corporate Social Responsibility?," *Corporate Governance*, Vol. 1 No. 2, 2001.

Morley, M. F., *The Value Added Statement: A Review of its Use in Corporate Reports*, The Institute of Chartered Accountants of Scotland, 1978 (伊藤俊雄訳『付加価値計算書：コーポレート・レポートの利用についての一考察』中部日本教育文化会, 1985年).

Murnighan, J. Keith and Max H. Bazerman, "A Perspective on Negotiation Research in Accounting and Auditing," *The Accounting Review*, Vol. 65 No. 3, 1990.

Neu, Dean and Cameron Graham, "Accounting research and the public interest," *Accounting, Auditing & Accountability Journal*, Vol. 18 No. 5, 2005.

Nichols, D. Craig and James M. Wahlen, "How Do Earnings Numbers Relate to Stock Returns? A Review of Classic Accounting Research with Updated Evidence," *Accounting Horizons*, Vol. 18 No. 4, 2004.

Norman, Wayne and Chris MacDonald, "Getting to the Bottom of Triple Bottom Line", *Business Ethics Quarterly*, Volume14, Issue 2, 2004.

O'Dwyer, Brendan, "Conceptions of corporate social responsibility: the nature of managerial capture," *Accounting, Auditing & Accountability Journal*, Vol. 16 No. 4, 2003.

Paine, Lynn Sharp, *Value Shift*, McGraw-Hill, 2003 (鈴木主税, 塩原道緒訳『バリューシフト：企業倫理の新時代』毎日新聞社, 2004年).

Palepu, Krishna G., Paul M. Healy and Victor L. Bernard, *Business Analysis & Valuation: Using Financial Statements Second Edition*, International Thomson Publishing, 2000 (斎藤静樹監訳『企業分析入門 第2版』東京大学出版会, 2001年).

Parker, Lee and James Guthrie, "Editorial Welcome to the rough and tumble," *Accounting, Auditing & Accountability Journal*, Vol. 18 No. 1, 2005.

Quarter, Jack and Betty Jane Richmond, "Accounting for Social Value in Nonprofits and For-Profits," *Nonprofit Management & Leadership*, Vol. 12 No. 1, 2001.

Ramsay, Robert J. and Richard M. Tubbs, "Analysis of Diagnostic Tasks in Accounting Research

Using Signal Detection Theory," *Behavioral Research in Accounting*, Vol. 17, 2005.

Robins, Fred, "The Challenge of TBL: A Responsibility to Whom?," *Business and Society Review*, Vol. 111 No. 1, 2006.

Root, Steven J., *Beyond COSO: Internal Control to Enhance Corporate Governance*, John Wiley & Sons, Inc., 1998.

Ruf, Bernadette M., Krishnamurty Muralidhar, Robert M. Brown, Jay J. Janney and Karen Paul, "An Empirical Investigation of the Relationship Between Change in Corporate Social Performance and Financial Performance: A Stakeholder Theory Perspective," *Journal of Business Ethics*, Vol. 32 No. 2, 2001.

Saudagaran, Shahrokh M. and Joselito G. Diga, "Evaluation of the Contingency-Based Approach in Comparative International Accounting: A Case for Alternative Research Paradigms," *Journal of Accounting Literature*, Vol. 18, 1999.

Smith, N. Craig, "Corporate Social Responsibility: Whether or How?," *California Management Review*, Vol. 45 No. 4, 2003.

Steiner, G. A., *Business and Society,* Second Edition, Random House, Inc., 1975.

The Institute of Chartered Accountants in England and Wales, *Internal Control: Guidance for Directors on the Combined Code*, September 1999.

―――――, *New reporting models for business*, 2003.

The SIGMA Project, *THE SIGMA Guidelines-Toolkit: Sustainability Accounting Guide*, The SIGMA Project, September 2003.

Trigueiros, Duarte and Richard Taffler, "Neural Networks and Empirical Research in Accounting," *Accounting and Business Research*, Vol. 26 No. 4, 1996.

Van der Laan, Sandra and Nina Lansbury, "Socially Responsible Investing and Climate Change: Contradictions and Challenges," *Australian Accounting Review*, Vol. 14 No. 3, 2004.

Van de Veide, Eveline, Wim Vermeir and Filip Corten, "Finance and Accounting Corporate social responsibility and financial performance," *Corporate Governance*, Vol. 5 No. 3, 2005.

Walton, Clarence C., *Ethos and the Executive: value in managerial decision making*, Prentice-Hall, Inc., 1969（企業制度研究会訳『エグゼクティブの知性：経営者の意思決定における価値』雄松堂書店，1974年）．

II 和文参考文献

KPMGビジネスアシュアランス編『CSRと内部統制』別冊商事法務278，2004年。
青柳文司編著『会計理論の基礎知識』中央経済社，1990年。
合崎堅二，能勢信子共編『企業会計と社会会計』森山書店，1971年。
會田義雄「ソシャル・コストの原価性」『企業会計』Vol. 11 No. 4, 1959年。
秋本敏男『経営分析と企業評価』創成社，2006年。
浅羽二郎『財務報告論の基調』森山書店，1994年。
足達英一郎，金井司『CSR経営とSRI：企業の社会的責任とその評価軸』金融財政事情研究会，

2004 年。
飯田修三編著『社会関連会計の生成と発展』白桃書房，1992 年。
石川純治『変わる社会，変わる会計』日本評論社，2006 年。
石崎忠司『企業の持続的成長分析』同文舘，1999 年。
伊丹敬之『経営戦略の論理 第 3 版』日本経済新聞社，2003 年。
伊藤邦雄，加賀谷哲之「ブランドリスクマネジメントと企業価値」『一橋ビジネスレビュー』54 巻 3 号，2006 年。
伊藤邦雄『ゼミナール企業価値評価』日本経済新聞出版社，2007 年。
稲上毅，森淳二朗編『コーポレート・ガバナンスと従業員』東洋経済新報社，2004 年。
今福愛志「社会的責任投資をめぐるディスクロージャーのネットワーク化：イギリスにおける年金基金の投資システムの構築」『経済集志』第 73 巻第 3 号，2003 年。
――――「CSR 会計のフレームワークの再構成：CSR リスクマネジメントと会計」『企業会計』Vol. 56 No. 9，2004 年。
――――「フィデュシャリー関係と財務報告制度の展開」『JICPA ジャーナル』No. 591，2004 年。
――――「財務報告をめぐる情報フローの再編成：ディスクロージャー委員会とコーポレート・ガバナンス問題」『産業経理』Vol. 64 No. 2，2004 年。
――――「企業統治の会計学（一）～（三）」『會計』第 167 巻第 4-6 号，2005 年。
――――「企業統治の会計学への視座：『エンティティとしての企業』の会計の意義」『企業会計』Vol. 59 No. 12，2007 年。
今福愛志編著『企業統治の会計』東京経済情報出版，2003 年。
梅田徹『企業倫理をどう問うか：グローバル化時代の CSR』日本放送出版協会，2006 年。
大橋照枝『「満足社会」をデザインする第 3 のモノサシ：「持続可能な日本」へのシナリオ』ダイヤモンド社，2005 年。
岡本大輔，梅津光弘『企業評価＋企業倫理：CSR へのアプローチ』慶應義塾大学出版会，2006 年。
小澤弘道，倍和博『ERP で会社を変える』日刊工業新聞社，1999 年。
小野桂之介『CSR 入門』日本規格協会，2004 年。
小野隆弘『有価証券報告書の「事業リスク/MD&A/ガバナンス」情報の記載実務』中央経済社，2004 年。
椛田龍三「会計における概念フレームワークとコンバージェンス」『大分大学経済論集』第 58 巻第 5 号，2007 年。
亀川雅人『資本と知識と経営者』創成社，2006 年。
亀川雅人，高岡美佳編『CSR と企業経営』学文社，2007 年。
河野正男『環境会計：理論と実践』中央経済社，2001 年。
環境省『環境会計ガイドライン 2005 年度版（公開草案）』2004 年。
神林比洋雄「ガバナンスを支えるリスクマネジメントと内部統制：最近の法規制を踏まえて」『一橋ビジネスレビュー』54 巻 3 号，2006 年。
企業会計基準委員会基本概念ワーキンググループ『討議資料：財務会計の概念フレームワーク』2004 年。
菊谷正人『国際的会計概念のフレームワークの構築：英国会計の概念フレームワークを中心

として』同文舘, 2002年。
記虎優子『会計ディスクロージャー論』同文舘, 2005年。
工藤秀幸『経営の知識 [新版]』日本経済新聞社, 1997年。
黒澤清『近代会計学入門』中央経済社, 1984年。
黒澤清編『会計と社会』中央経済社, 1973年。
経済産業省『企業の社会的責任 (CSR) に関する懇談会 中間報告書』2004年。
―――『コーポレートガバナンス及びリスク管理・内部統制に関する開示・評価の枠組について：構築及び開示のための指針』2005年。
経済産業省リスク管理・内部統制に関する研究会『リスク新時代の内部統制：リスクマネジメントと一体となって機能する内部統制の指針』2003年。
経済法令研究会編『金融CSR総覧』経済法令研究会, 2007年。
上妻義直「OFRとは何か」『企業会計』Vol. 57 No. 9, 2005年。
―――「CSR報告の記載事項はどのように決められるのか（前編）〜（後編）」『会計・監査ジャーナル』Vol. 19 No. 2-3, 2007年。
上妻義直編著『環境報告書の保証』同文舘, 2006年。
古賀智敏『知的資産の会計：マネジメントと測定・開示のインターラクション』東洋経済新報社, 2005年。
國部克彦『環境会計 改訂増補版』新世社, 2000年。
―――「環境会計における効果の考え方」『国民経済雑誌』第182巻第6号, 2000年。
國部克彦, 中嶌道靖『マテリアルフローコスト会計：環境管理会計の革新的手法』日本経済新聞社, 2002年。
國部克彦, 伊坪徳宏, 水口剛『環境経営・会計』有斐閣, 2007年。
後藤敏彦『CSRレポートを作成する』日本規格協会, 2005年。
斎藤静樹編著『討議資料・財務会計の概念フレームワーク』中央経済社, 2005年。
櫻井通晴『コーポレート・レピュテーション：「会社の評判」をマネジメントする』中央経済社, 2005年。
佐藤郁哉, 山田真茂留『制度と文化：組織を動かす見えない力』日本経済新聞社, 2004年。
渋谷博史, 首藤恵, 井村進哉『アメリカ型企業ガバナンス：構造と国際的インパクト』東京大学出版会, 2002年。
社団法人経済同友会『第15回企業白書：「市場の進化」と社会的責任経営』社団法人経済同友会, 2003年。
髙巖編著, 森哲郎, 出見世信之, 猿丸敦子『ECS2000:このように倫理法令順守マネジメント・システムを構築する』日科技連, 2001年。
髙巖, T・ドナルドソン『ビジネス・エシックス [新版]：企業の社会的責任と倫理法令遵守マネジメントシステム』文眞堂, 2003年。
髙巖, 辻義信, Scott T. Davis, 瀬尾隆史, 久保田政一『企業の社会的責任：求められる新たな経営観』日本規格協会, 2003年。
髙巖＋日経CSRプロジェクト編『CSR企業価値をどう高めるか』日本経済新聞社, 2004年。
髙巖『コンプライアンスの知識』日本経済新聞社, 2004年。
―――『「誠実さ」を貫く経営』日本経済新聞社, 2006年。
田中宏司『CSRの基礎知識』日本規格協会, 2005年。

谷本寛治編著『社会責任投資入門：市場が企業に迫る新たな規律』日本経済新聞社，2003年．
土田義憲『財務報告に係る内部統制の実務：経営者による評価と監査人監査 第2版』中央経済社，2004年．
寺本義也，原田保『無形資産価値経営：コンテクストイノベーションの原理と実践』生産性出版，2006年．
徳谷昌勇『企業社会会計論』白桃書房，1986年．
鳥羽至英『内部統制の理論と実務：執行・監督・監査の視点から』国元書房，2005年．
冨塚嘉一『会計認識論：科学哲学からのアプローチ』中央経済社，1997年．
中西晶『高信頼性組織の条件：不測の事態を防ぐマネジメント』生産性出版，2007年．
中原章吉『企業付加価値計算書の研究』白桃書房，1989年．
日本規格協会編『CSR企業の社会的責任：事例による企業活動最前線』日本規格協会，2004年．
日本経営分析学会編『経営分析事典：経営分析－その伝統と革新』税務経理協会，2005年．
日本公認会計士協会編『企業経営のための環境会計』日経BP社，2000年．
日本公認会計士協会『経営研究調査会研究報告書第26号：CSRマネジメント及び情報開示並びに保証業務の基本的考え方について』2005年．
沼上幹『行為の経営学：経営学における意図せざる結果の研究』白桃書房，2000年．
野々山隆幸，水尾順一，佐藤修編著『ITフロンティアの企業変革と産業マップ』同友館，2001年．
倍和博, 末吉竹二郎「会計手法によるCSR業績評価：R-BEC004「CSR会計」モデルについて」『証券アナリストジャーナル』Vol. 42 No. 9, 2004年．
倍和博『簿記システム基礎論［第4版］』創成社，2007年．
―――「CSR会計を俯瞰する」『Cyber Security Management』Vol. 6 No. 63, 2005年．
―――「"CSR会計"へ理論的側面からのアプローチ」『Cyber Security Management』Vol. 6 No. 64, 2005年．
―――「CSR会計とディスクロージャーの在り方」『Cyber Security Management』Vol. 6 No. 65, 2005年．
―――「企業価値評価としてのCSR会計の基本フレーム：CSRの測定方法とディスクロージャーの視点から」『青山マネジメントレビュー』No. 7, 2005年．
―――『CSR会計を導入する』日本規格協会，2005年．
―――「リスクマネジメントをめぐるCSR会計の体系化：CSR活動の『認識』『測定』問題を中心として」『経営会計研究』第5号，2005年．
―――「CSR会計に関する基礎理論研究」『経営会計研究』第6号，2006年．
―――「CSR会計システムの導入と運用のプロセス」『経営会計研究』第8号，2007年．
原田富士雄「環境問題と社会責任会計」合崎堅二，若杉明，河野正男編著『現代社会と会計』中央経済社，1994年．
廣瀬治彦『開示統制の構築』東洋経済新報社，2005年．
広瀬義州，間島進吾編『コンメンタール国際会計基準Ⅰ』税務経理協会，1999年．
藤井良広，原田勝広『現場発CSR優良企業への挑戦：アイデア，連携，組織づくりの成功ノウハウ』日本経済新聞社，2006年．
古庄修「英国会社法改正議論とOFR開示規制」『會計』第164巻第1号，2003年．
―――「CSR情報開示と財務報告制度：英国のOFR開示規制を機軸として」『企業会計』

Vol. 56 No. 9, 2004年。
─── 「開示プロセスの階層構造と財務報告制度：英米における会計規制の外延的拡大」『JICPAジャーナル』No. 598, 2005年。
町田祥弘『会計プロフェッションと内部統制』税務経理協会, 2004年。
─── 『内部統制の知識』日本経済新聞社, 2007年。
水口剛『企業評価のための環境会計』中央経済社, 2002年。
─── 『社会的責任投資（SRI）の基礎知識』日本規格協会, 2005年。
─── 『社会を変える会計と投資』岩波書店, 2005年。
水口剛, 國部克彦, 柴田武男, 後藤敏彦『ソーシャル・インベストメントとは何か』日本経済評論社, 1996年。
水尾順一『セルフ・ガバナンスの経営倫理』千倉書房, 2003年。
─── 『CSRで経営力を高める』東洋経済新報社, 2005年。
宮澤清『財務会計概念序説：FASB概念報告書をめぐって』白桃書房, 2001年。
─── 『財務会計論』白桃書房, 1995年。
向山敦夫『社会環境会計論：社会と地球環境への会計アプローチ』白桃書房, 2003年。
─── 「CSRの数量化と測定方法」『企業会計』Vol. 56 No. 9, 2004年。
村田直樹, 春日部光紀編著『企業会計の歴史的諸相：近代会計の萌芽から現代会計へ』創成社, 2005年。
森哲郎『ISO社会的責任（SR）規格はこうなる：生き残るためのCSRマネジメント』日科技連出版社, 2004年。
─── 『推進組織体制を構築する』日本規格協会, 2005年。
森川八洲男, 佐藤紘光, 千葉準一『会計学』有斐閣, 1992年。
諸井勝之助「社会的コストと私的コスト」『企業会計』Vol. 6 No. 6, 1954年。
山形休司『社会責任会計論』同文舘, 1977年。
山上達人『付加価値会計の研究』有斐閣, 1984年。
─── 『社会関連会計の展開』森山書店, 1986年。
湯田雅夫『ドイツ環境会計：環境原価と環境負荷の統合に向けて』中央経済社, 2001年。
米山正樹『(増補版) 減損会計：配分と評価』森山書店, 2003年。
麗澤大学企業倫理研究センター編『倫理法令遵守マネジメント・システム（ECS2000 v1.2）』麗澤大学企業倫理研究センター (http://r-bec.reitaku-u.ac.jp/files/ECS2000J.pdf), 2001年。
─── 『R-BEC004：CSR会計ガイドライン』麗澤大学企業倫理研究センター, 2004年。
─── 『R-BEC007：CSR会計ガイドライン』麗澤大学企業倫理研究センター (http://r-bec.reitaku-u.ac.jp/files/R-BEC007.pdf), 2007年。
若杉明『人的資源会計論』森山書店, 1973年。
─── 『人間資産会計』ビジネス教育出版社, 1980年。
若杉明編著『コーポレート・ガバナンスと企業会計』ビジネス教育出版社, 1999年。

【CSR報告書関係】

エーザイ株式会社『環境・社会報告書2004』2004年。
─── 『環境・社会報告書2005』2005年。
─── 『環境・社会報告書2006』2006年。

―――『環境・社会報告書 2007』2007 年。
エスエス製薬株式会社『CSR 報告書 2007』2007 年。
株式会社イトーヨーカ堂『企業の社会的責任報告書：社会・環境活動報告 2003』2003 年。
―――『企業の社会的責任報告書：社会・環境活動報告 2004』2004 年。
―――『企業の社会的責任報告書 2005』2005 年。
株式会社セブン＆アイ HLDGS.『CSR report 企業の社会的責任報告書 2006』2006 年。
株式会社西友『西友 サステナビリティ・レポート 2005』2005 年。
―――『西友 サステナビリティ・レポート 2006』2006 年。
―――『西友 サステナビリティ・レポート 2007』2007 年。
株式会社東芝『CSR 報告書 2005：社会的責任・環境経営報告』2005 年。
―――『CSR 報告書 2006：社会的責任・環境経営報告』2006 年。
―――『CSR 報告書 2007：社会的責任・環境経営報告』2007 年。
コクヨ株式会社『コクヨ CSR 報告書 2004』2004 年。
コクヨグループ『コクヨグループ CSR 報告書 2005』2005 年。
―――『コクヨグループ CSR 報告書 2006』2006 年。
―――『コクヨグループ CSR 報告書 2007』2007 年。
大和証券グループ『持続可能性報告書 2004』2004 年。
―――『持続可能性報告書 2005』2005 年。
―――『持続可能性報告書 2006』2006 年。
―――『持続可能性報告書 2007』2007 年。
東京ガス株式会社『CSR 報告書 2007』2007 年。
東京コカ・コーラボトリング株式会社『環境・社会報告書 2005』2005 年。
―――『CSR レポート 2006』2006 年。
―――『CSR レポート 2007』2007 年。
日興コーディアルグループ『サステナビリティレポート 2003』2003 年。
―――『社会的責任報告書：サステナビリティレポート 2004』2004 年。
―――『CSR レポート 2005』2005 年。
―――『CSR レポート 2006』2006 年。
ノボノルディスクファーマ株式会社『トリプルボトムラインレポート 2001』2001 年。
―――『サステナビリティレポート 2003』2003 年。
―――『年次報告書 2005』2005 年。
東日本旅客鉄道株式会社『JR 東日本グループ　社会環境報告書 2005：持続可能な社会をめざして』2005 年。
―――『JR 東日本グループ　社会環境報告書 2006：持続可能な社会をめざして』2006 年。
―――『JR 東日本グループ　社会環境報告書 2007：持続可能な社会をめざして』2007 年。
富士フイルム株式会社『社会環境レポート 2004』2004 年。
―――『社会・環境レポート 2005』2005 年。
―――『社会・環境レポート 2006：持続可能な発展を目指して』2006 年。
富士フイルムホールディングス『サスティナビリティレポート 2007』2007 年。
三井住友海上火災保険株式会社『CSR Report 2004』2004 年。
―――『CSR Report 2005』2005 年。

──────『CSR Report 2006』2006 年。
──────『CSR Report 2007』2007 年。
ユニ・チャーム株式会社『CSR 報告書 2004』2004 年。
──────『CSR 報告書 2006』2006 年。
──────『CSR 報告書 2007』2007 年。
NTT ドコモ株式会社『NTT ドコモグループ CSR 報告書 2007』2007 年。

索　引

〔あ〕

IR	33
IASC 概念フレームワーク	76

〔い〕

ERM	53
ERM フレームワーク	53

〔う〕

売上原価	71

〔え〕

営業外費用	71
営業・財務概況	118
エンティティとしての企業	45
ECS2000	131
SRI	36

〔お〕

OFR	118

〔か〕

会計	9
会計コントローラー	40
会計主体	15
会計責任	78
開示統制	41
外部効果	200, 209
外部 CSR 会計システム	79
貨幣情報	76
環境会計	27
環境会計ガイドライン	27
環境損傷対応コスト	30
環境配慮活動計算書	94
環境保全効果	29
環境保全コスト	28
環境保全対策に伴う経済効果	31
勘定科目の分解	130
管理活動コスト	30

〔き〕

企業	33
企業改革法	1
企業社会会計論	13
企業の社会的責任	1
記述情報	76
基準準拠性	85
キャッシュバリュー配分	175
狭義の法令遵守	91, 132
共通事項	99, 100
金融資産	229

〔け〕

経営意思決定の公正性	83
経営の透明性	83
経済効果	200
経済的価値	150
経済付加価値計算	27
継続性	85
研究開発コスト	30
検証可能性	84

〔こ〕

行為	51
公害防止コスト	30
効果と有効性	229
コーポレート・ガバナンス	37, 92

顧客資産	229	シグマ・ガイドライン	21
コストアプローチ	209	シグマ原則	21
個別事項	99,103	資源循環コスト	30
コンプライアンス	91,92	持続可能性	22
コンプライアンス・マニュアル	137	実質性	84
Corporate Social Responsibility	1	実質的効果	31
COSO レポート	51	私的コスト	70
		私的 CSR 関連コスト	71
		社会活動コスト	30

〔さ〕

財務会計	78	社会環境会計	196
財務諸表の利用者	77	社会監査	16
財務報告の目的	77	社会原価	14
財務報告プロセス	9	社会貢献	91,132
差額コスト	186	社会的コスト	15
サステナビリティ会計	22,149	社会的・財務的損益計算書	17
		社会的・財務的貸借対照表	17

〔し〕

		社会的 CSR 関連コスト	71
CSR	1,59,226	社会的責任投資	36
CSRV	200	社会的ベネフィット	15
CSRMS	12,91,100	従業員・仕入先資産	229
CSR 会計	2,58	収入支出対比型	148
CSR 会計ガイドライン	57	重要性	83
CSR 会計システム	129	純私的 CSR 関連コスト	210
CSR 活動計算書	97,98	上・下流コスト	30
CSR 活動に対する外部評価一覧表	95	情報の重要原則	82
CSR 活動方針書	95	慎重性	84
CSR 関連効果	200	人的資源会計	229
CSR 関連効果対比型	148	信頼性	84
CSR 関連コスト	34,70,200,	倫理綱領	137
CSR 関連コスト主体型	148	倫理実践	132
CSR 基本方針	95		
CSR 経営	175	〔す〕	
CSR 指標	156	推定的効果	31
CSR 定量化の目的	10	ステークホルダー	1,63,77
CSR マネジメントシステム	12	ステークホルダー別分配計算書	
CSR リスク	8		94,97,107
事業エリア内コスト	30		

〔せ〕

製品・サービス責任活動計算書	94
前給付費用	109
潜在的 CSR 関連コスト	71

〔そ〕

総合的 CSR 関連効果対比型	148
組織資産	229
SOX 法	1
その他効果	200
その他コスト	30
その他の調整項目	109
損益計算書との統合計算書	97, 104

〔ち〕

地球環境保全コスト	30
注記	118, 210
中立性	84

〔て〕

ディスクロージャー委員会	40
ディスクロージャー・コントロール	41
ディスクロージャー・ネットワーク	226
適時性	85

〔と〕

特別損失	71
トリプルボトムライン	23, 172

〔な〕

内部効果	24, 200, 209
内部 CSR 会計システム	71, 75, 78
内部統制	51, 52
内部統制システム	50, 52
内部統制の目的	52

〔に〕

人間資産会計	230

〔は〕

販売費及び一般管理費	71

〔ひ〕

比較可能性	85
費用節減	31
費用対効果型	197

〔ふ〕

付加価値	18
付加価値計算書	18
付加価値分配型	148
物的資産	229
物量情報	76
プロセス	51
プロセス監査	18
分配額	109
分配原資	109

〔ほ〕

包含性	83
報告エンティティ	15
補足情報	38, 118, 211

〔ま〕

マネジメントシステム	73, 92
マネジメント体制に関する報告書	95
マルチステークホルダー	107

〔み〕

見積環境財務諸表	27
見積社会財務諸表	27

みなし計算	18	リスクベースアプローチ	55
〔む〕		リスクマネジメントシステム	34,39,54
		倫理実践	91
無形資産	228,229	倫理法令遵守マネジメント	
〔も〕		システム監査	140
		〔れ〕	
網羅性	84		
目的適合性	83	レポーティングシステム	208
モニタリング	139	〔ろ〕	
〔ゆ〕		労働環境・社会会計	188
有効性に関する推計	210	労働・人権配慮活動計算書	94
〔り〕			
理解可能性	84		

〔著者略歴〕

倍　和博（Kazuhiro Bai）

1967年　宮崎県生まれ
現在　麗澤大学国際経済学部／大学院国際経済研究科准教授
　　　麗澤大学企業倫理研究センター運営委員／研究員
博士（経営学）
現職の間，（社）全国経理学校協会作問委員，日本経済新聞社「CSR会計研究会」主査，経済産業省健康資本増進グランドデザインに関する研究会委員等を歴任。

〔主な著書〕

『現代企業の経営分析』（共著）中央経済社，1996年
『会計情報分析の形成と展開』（共著）同友館，1998年
『ERPで会社を変える』（共著）日刊工業新聞社，1999年
『簿記システム基礎論』創成社，2000年〔第4版，2007年〕
『コンピュータ会計用語辞典』（編著）日刊工業新聞社，2001年
『CSR会計を導入する』日本規格協会，2005年
『金融CSR総覧』（共著）経済法令研究会，2007年　などがある。

CSR会計への展望

2008年5月2日　初版第1刷発行

著　者　Ⓒ　倍　　和　博

発行者　　　菅　田　直　文

発行所　有限会社　森山書店　〒101-0054　東京都千代田区神田錦町1-10 林ビル
TEL 03-3293-7061　FAX 03-3293-7063　振替口座 00180-9-32919

落丁・乱丁本はお取りかえします　　　　印刷・製本／三美印刷

本書の内容の一部あるいは全部を無断で写複製することは，著作権および出版社の権利の侵害となりますので，その場合は予め小社あて許諾を求めてください。

ISBN 978-4-8394-2062-8